外研社·HSK课堂系列
HSK Class Series

HSK
Vocabulary
Master

HSK

词汇宝典
1~4级

（第2版）

潘海峰　李　凰 ／编著
赵　莹　许歆媛

外语教学与研究出版社
北京

图书在版编目（CIP）数据

HSK词汇宝典. 1~4级 ／ 潘海峰等编著. -- 2版. -- 北京：外语教学与研究出版社，2016.3（2024.11重印）
（外研社·HSK课堂系列）
ISBN 978-7-5135-7296-5

I. ①H… II. ①潘… III. ①汉语－词汇－对外汉语教学－水平考试－自学参考资料 IV. ①H195.4

中国版本图书馆 CIP 数据核字（2016）第 062510 号

出 版 人　王　芳
项目策划　李彩霞
责任编辑　刘虹艳
执行编辑　向凤菲
封面设计　姚　军　梧桐影
版式设计　李双双
出版发行　外语教学与研究出版社
社　　址　北京市西三环北路 19 号（100089）
网　　址　https://www.fltrp.com
印　　刷　河北虎彩印刷有限公司
开　　本　787×1092　1/16
印　　张　26.5
版　　次　2016 年 4 月第 2 版 2024 年 11 月第 4 次印刷
书　　号　ISBN 978-7-5135-7296-5
定　　价　65.00 元

出版说明

"外研社·HSK 课堂系列"是根据孔子学院总部 / 国家汉办 2015 版《HSK考试大纲》编写的一套训练学生听、说、读、写各方面技能的综合性考试教材。

2009 年，国家汉办推出新汉语水平考试（简称新 HSK），在吸收原有 HSK优点的基础上，借鉴国际语言测试研究的最新成果，提出"考教结合"的原则，为汉语学习者提供了新的汉语水平测试和学习平台。为帮助考生熟悉新 HSK考试，有效掌握应试策略和备考方法，并真正提高汉语能力，外语教学与研究出版社推出了"外研社·新 HSK 课堂系列"，含综合教程、专项突破、词汇突破、全真模拟试卷等多个子系列产品。该系列自推出后受到广大读者的广泛好评，销量居同类图书前列，不少品种均多次重印。

2015 年，孔子学院总部 / 国家汉办对 2009 版大纲进行修订，根据主题式教学和任务型教学的理论及方法，增加了话题大纲、任务大纲，改进了语言点大纲，并细化了词汇大纲。针对 2015 版大纲的最新变化，并结合广大教师及考生对"外研社·新 HSK 课堂系列"提出的宝贵意见和建议，外研社组织具有丰富 HSK 教学及研究经验的专家、教师编写了这套全新的"外研社·HSK课堂系列"。

"外研社·HSK 课堂系列"旨在帮助考生掌握 HSK 的考试特点、应试策略和应试技巧，培养考生在真实考试情境下的应对能力，进而真正提高考生的汉语语言能力。全套丛书既适用于课堂教学，又适用于自学备考，尤其适用于考前冲刺。

本系列包含如下产品：

- "21 天征服 HSK 教程"系列
- "HSK 专项突破"系列
- "HSK 词汇"系列（含词汇突破、词汇宝典）
- "HSK通关：攻略·模拟·解析"系列
- "HSK 全真模拟试题集"系列

本系列具有如下主要特点：

全新的 HSK 训练材料

- 详细介绍 HSK 考试，全面收录考试题型，提供科学系统的应试方案和解题技巧。
- 根据最新 HSK 大纲，提供大量典型例题、专项强化训练和模拟试题。
- 对 HSK 全部考点进行详细讲解和答题技巧分析，帮助考生轻松获得高分。
- 所有练习均为模拟训练模式，让考生身临其境，提前备战。

全面、翔实的备考指导

- 再现真实课堂情境，帮助考生计划时间，针对考试中出现的重点和难点提供详细指导，逐步消除考生的紧张心理。
- 将汉语技能融合到考点中讲授，全面锻炼考生的汉语思维，有效提高考生在 HSK 考试中的应试能力。
- 提供多套完整的模拟试题和答案解析，供考生在学习完之后，根据自身情况进行定时和非定时测验。
- 试题训练和实境测试紧密结合，图书与录音光盘形成互动。所有听力试题在光盘中均有相应内容，提供的测试时间与真实考试完全一致，考生能及时了解自身水平。

我们衷心希望外研社的这套"HSK 课堂系列"能够为考生铺就一条 HSK 考试与学习的成功之路，同时为教师解除教学疑惑，共同迎接美好的未来。

编 写 说 明

　　《新 HSK 词汇宝典 1—4 级》自 2013 年出版以来，陆续被海内外相关院校及培训机构选用作为 HSK 辅导教材。2015 年，孔子学院总部／国家汉办发布了新版的《HSK 考试大纲》，对 HSK1—6 级的各级词汇进行了调整，后又陆续公布了部分真题。这使我们感到有必要对《新 HSK 词汇宝典 1—4 级》进行更新和完善，使本书能更好地满足广大考生学习、备考的需求。因此，我们修订编写了《HSK 词汇宝典 1—4 级（第 2 版）》。

　　本书根据 2015 版 HSK 词汇大纲，在第 1 版的基础上进行了相应的增补和删改，并对部分词条的词性、拼音、搭配、例句、英文注释等进行了修订，例题部分引入了新近公布的真题。此外，将 HSK1—4 级新版词汇大纲中的"附表 1：重组默认词"、"附表 2：减字默认词"、"附表 3：特例词" 3 个附表完整呈现在本书的附录部分，为学习者进行补充、扩展学习提供方便。

　　本书的适用对象是想通过 HSK 四级考试的海内外汉语学习者，编写目的是帮助广大考生短期突破词汇难关，轻松掌握 HSK1—4 级的全部词汇。本书从考点出发，对词汇进行全方位解读，以使考生扎实掌握每个词语的用法，是广大考生必备的词汇学习宝典。

　　本书具体特点如下：

一 化整为零，逐步击破

　　把 1200 个词语分为 20 个单元，另附 100 道自测题作为最后一个单元，这样全书一共 21 个单元，每天一个单元，方便考生合理安排复习时间，实现短期突破。每单元 60 个词语又分成三部分：学习重点、词语解析、模拟自测。学习重点包括每单元各级词语的分布、数量和需要注意的语言点；词语解析是每单元的重点，包括例句、真题、补充等；模拟自测包括 30 道自测题。各单元既有联系又相互独立，每个单元都是一个具体的小目标，每完成一个单元就离总目标又近了一步。

二 考点例句，题型涵盖

　　为了帮助考生记忆，每个词语除了给出汉语读音、词性和英语解释外，还给出了一个或多个例句。这些例句是以 HSK 大纲给出的语法条目为基础，以 HSK 样题和真题为依据，针对考试题型（包括听力、阅读、书写）预设语境而给出的。建议考生在阅读此书时最好熟记例句。

三 真题出击，直通考点

　　本书在 HSK 大纲样卷和 H41001—H41005 五套真题的基础上，又加入了汉办 2013 年、2014 年、2015 年三年陆续公布的一些真题（2013 年的真题标为 H41111~，

2014 年的真题标为 H41221~，2015 年的真题标为 H41330~）。真题后附解题思路、应试技巧或考点说明，不但能使考生在真实语境中掌握词语，而且便于他们熟悉 HSK 四级的考试题型和测试方式。

（四）精要补充，全真模拟

每单元中的重点和难点词语，根据考点的不同，给出了 [补充]、[辨析]、[搭配]、[反义] 等，除了 [补充] 部分的少数几个词语外，其他都包括在 HSK 四级大纲要求的 1200 词内。为了方便考生学习和使用，我们特用"互见"的形式标出了每个出现词语的序号，详细说明如下：

1. 补充包括：

口语用法, 如：52. 变化③ [补充] 口语中也说"变"，如：你变了。"变"只能做动词，有时后可加状态补语，组成"变得……"，如：你变得我都不认识了。

常用结构, 如：45. 比② [补充] 常用结构"A 比 B+ *adj.*（+ 一点儿 / 得多 / 时量补语）"，如：我今天来得比你早 / 早一点儿 / 早得多 / 早二十分钟。

词义网络中的同类词, 如：14. 爸爸① [补充] 妈妈（579）、爷爷（1015）、奶奶（620）、哥哥（275）、姐姐（442）、弟弟（179）、妹妹（599）；儿子（214）、女儿（644）、孙子（830）、孙女（granddaughter）。

扩展构成的新词, 如：61. 宾馆② [补充] x 馆：图书馆（877）、博物馆（museum）、展览馆（exhibition hall）、茶馆（teahouse）。

2. 辨析如下：

161. 道歉④ [辨析] 道歉 vs. 抱歉（35），"道歉"是动作，"道"是"说"的意思。"歉"表示对不起，道歉就是"说对不起"。"道歉"后不能加宾语，所以常用结构是"向 + 人 + 道歉"或"为……向 + 人 + 道歉"。"抱歉"是一种感觉，后面也不能加宾语，常用"感到 / 表示抱歉"，所以，我们不说"我抱歉你 / 这件事"，而说"我对你 / 这件事感到抱歉"。

3. 搭配如下：

80. 参加③ [搭配] 参加 + 晚会（party）/ 比赛（48）/ 考试（490）/ 演出（1003）/ 活动（372）。

4. 反义如下：

43. 笨④ [反义] 聪明（124）；127. 粗心④ [反义] 仔细（1174）、认真（725）、细心（careful）。

同时，每单元后都有 30 道全真模拟题，以便考生自测，前 20 道选词填空主要帮助考生记忆单词，后面5道完成句子和5道看图用词造句一直是四级考试的难点，建议考生在自测完后，记忆其结构。

本教材既适用于课堂教学和辅导，也适用于自学。我们建议：

第一，每单元前面的要点，都是考卷中出现频率较高的考点，也是课堂讲解的重点；每单元中例句结构也是讲解重点，讲解中可让学生仿照结构造出相似的例句，以便真正做到举一反三。

第二，真题部分可以用于拓展讲解，也可用于测试学生；补充部分的联想记忆和构词技巧等可用于课堂小游戏，近义词辨析供老师教学参考。

第三，单元自测部分可以当堂测试也可以留作课后作业。

第四，最后一天的自测100题可以用于课程的最后测试。

至于课时安排，我们建议：

按每课时45分钟计算，词语解析部分2课时，模拟自测35分钟（严格按照四级考试时间要求，前20个题每分钟一个，后10个题每一分半钟一个）；模拟自测讲解和单元要点回顾1课时。这样每个单元全部在课堂上完成需4课时。第21单元自测用3课时（前两个题用时55分钟，后两个题用时70分钟，共用时125分钟），讲解1课时。

对于自学的考生，我们建议每单元分三步走：第一步，掌握词语，熟记例句；第二步，自学真题，并根据提示弄懂考点；第三步，完成每单元的自测30题和最后的自测100题。这样，用21天攻破HSK四级1200词。

本书第1版的编者潘海峰、李凰、赵莹、许歆媛都是同济大学国际文化交流学院的青年教师，一直从事对外汉语教学和HSK辅导工作，有丰富的教学经验，对HSK都进行过深入的分析和研究。第2版的修订编写工作由潘海峰、赵莹、李凰三位教师完成。

感谢外研社李彩霞老师在编写和修订过程中提供的指导和帮助。

书中疏漏之处恳请使用者和各位同行批评指正。

编　者

2016年3月

目 录

第 **1** 天

 学习重点

本部分共有一级词汇 6 个，二级词汇 7 个，三级词汇 23 个，四级词汇 24 个。

需要注意的语言点主要有：① "把"字句；② "被"字句；③ "比"字句；④ 结构"别……了"；⑤ 离合词"帮忙、报名"的用法。

1. 阿姨③ āyí　名. aunt; nursery maid

例 妈妈有两个姐姐，一个妹妹，所以我有三个阿姨。My mother has two elder sisters and one younger sister, so I have three aunts.

例 阿姨在打扫房间。The nursery maid is cleaning the room.

补充 叔叔（797）

2. 啊③ ā/à　叹.（ā）used to express surprise or admiration
（à）used to express realizing something

例 啊（ā），这儿的风景太美了！Ah, the scenery here is so beautiful!

例 啊（à），原来你是中国人呀！Ah, it turns out that you are Chinese!

辨析 啊 vs. 呢（628）vs. 吧（15）vs. 吗（584），见"呢（628）"。

3. 矮③ ǎi　形. low（in height）; short（in stature）

例 这座楼比那座矮。This building is lower than that one.

例 他是我们班最矮的学生。He is the shortest student in our class.

题 请选出正 男：这个椅子太矮了，坐着不舒服。
确答案： 女：右边那个绿色的怎么样？比这个要高一些，而且更便宜。
　　　　　 问：他们最可能在哪儿？　　　　　　　　　　　　（H41001-23）

　　A 商店　　　　B 电影院　　　　C 咖啡馆儿

💡 对话中没有直接出现表示地点的词，男的的第一句话就提到了"椅子"，女的接着又说到了椅子的颜色、高矮、价格等，可以推测他们应该是在买椅子，所以他们最可能在商店，答案为 A。

辨析 矮 vs. 低（171）vs. 短（200）
"矮"是指个子、建筑物等；"低"是指温度（904）、水平（810）、程度（degree）、能力（632）、价格（403）、工资（284）、奖金（415）、收入（786）等，它们的反义词都是"高(271)"；"短"是指衣服、东西、时间等，它的反义词是"长(88)"。

4. 爱① ài　动. to love; to be fond of

例 我爱我的祖国，爱我的家人。I love my country and my family.

例 张东不爱吃水果。Zhang Dong doesn't like to eat fruits.

5. 爱好③ àihào　名. hobby 动. to be fond of or keen on

例 妹妹有很多爱好。My younger sister has lots of hobbies.

例 王芳喜欢看书，我的爱好跟她不一样，我爱好运动。Wang Fang likes reading books, but my hobby is different from hers. I am fond of sports.

6. 爱情④ àiqíng　名. romance; (romantic) love

例 浪漫的爱情故事总是很吸引人的。Romantic love stories are always appealing.

补充 x情：友情（friendship）、亲情（family love）、感情（265）

7. 安静③ ānjìng　形. quiet; peaceful; calm

例 王芳是一个安静的姑娘，她总是安安静静地坐在那儿。Wang Fang is a quiet girl, and she always sits there peacefully.

题 判断对错：我挺喜欢现在住的地方，很安静。不像以前住的地方，虽然交通方便，但是周围很吵。

他现在住的地方很安静。　（　　）　　　　　　　　　　　　　（H41003-2）

💡 根据第一句"我现在住的地方，很安静"，可以知道答案为（√）。

反义 热闹（720）

8. 安排④ ānpái　动. to arrange

例 你这次来上海有什么安排？去外滩吗？ Are there any arrangements in your trip to Shanghai this time? Will you go to the Bund?

例 学会安排自己的业余时间非常重要。Learning how to make use of our spare time is very important.

9. 安全④ ānquán　形. safe; secure

例 请保持安全的距离。Please keep the safe distance.

3

例 飞机马上就要起飞了，请乘客们系好安全带。The plane will take off soon. Please fasten your safety belt.

题 请选出正确答案：人脑不是电脑，所以密码不能太复杂，不过也不能太简单，否则不安全。想要密码安全，最好不要用手机号码、生日等。

用手机号码作密码： (H41003-78)

A 太复杂　　B 不安全　　C 会引起误会　　D 很浪费时间

💡 从"想要……，最好不要用……"，可得出答案为B。本题中出现的生词有"复杂（255）"、"误会（916）"、"浪费（531）"。

反义 危险（896）

10. 按时④ ànshí　副. on time; before deadline

例 他每天都按时来上课。He comes to class on time every day.

题 请选出正 男：明天的面试很重要，你千万不要迟到。
确答案： 女：我知道，你别担心了，我一定会准时到的。
　　　　 问：男的希望女的怎么样？ (H41001-23)

　　A 请客　　B 按时到　　C 别生气　　D 换一个航班

💡 "准时（1172）"和"按时"是近义词，得出答案为B。

题 选词填空：爸爸，我明天出差，下星期四回来，您记得（　　）吃药。
　　A 伤心　B 按时　C 距离　D 坚持　E 耐心　F 个子 (H41004-46)

💡 "吃"是动词，前面可以加副词，根据句意"吃药"要按照时间，即"按时吃药"，得出答案为B。

搭配 按时＋吃药／上班／睡觉／完成／回家／参加

辨析 按时 vs. 及时（386）vs. 准时（1172），见"及时（386）"。

11. 按照④ ànzhào　介. according to; in the light of

例 按照要求，完成句子。Complete the sentence according to the requirement.

例 按照公司的规定，上班时间不能聊天。According to the company's rule, chatting is forbidden during work time.

辨析 按照 vs. 根据（281）

按照＋规定（314）/ 要求（1009）/ 顺序（814）/ 计划（390）等；根据＋情况（700）/ 经验（460）/ 条件（863）/ 预报（forecast）等。

12. 八① bā 数. eight

例 现在八点。It's eight o'clock now.

例 八个汉字 eight Chinese characters　　八份报纸 eight newspapers

八本杂志 eight magazines　　　　　八段课文 eight paragraphs of the text

八顿饭 eight meals　　　　　　　　八朵花 eight flowers

13. 把③ bǎ 量. for something in a bunch, or with its legs parted, with a handle
介. used to advance the object of a verb to the position before it；used to introduce a "subject+verb+complement" structure

例 一把雨伞 / 椅子 / 刀子 / 钥匙…… (an umbrella / a chair / a knife / a key...)

例 请把椅子搬到楼上。Please move the chair upstairs.

例 请把作业交给老师。Please hand in the homework to your teacher.

题 完成句子：请　那张表格　把　两份　打印　　(H41003-87)

💡 根据结构"S+ 把 +O+V+ 其他"，可得出"把那张表格打印两份"，"两份"是"打印"的结果，"请"常放在句子最前面，得出答案：请把那张表格打印两份。

题 完成句子：这次机会　把　教授　竟然　放弃了　　(H41004-87)

💡 在"S+ 把 +O+V+ 其他"结构中，副词应在"把"前，得出答案：教授竟然把这次机会放弃了。

补充 常用结构"把 +O+V+ 其他（比如结果补语、趋向补语、时量补语、双宾语中指人宾语等）"，例如：把书放好；把书拿出来；把房间打扫一下；把书还给老师。

14. 爸爸① bàba 名. (informal) father

例 我家有五口人，爸爸、妈妈、两个哥哥和我。There are five people in my family:

my father, mother, two elder brothers and me.

补充 妈妈（579）、爷爷（1015）、奶奶（620）、哥哥（275）、姐姐（442）、弟弟（179）、妹妹（599）；儿子（214）、女儿（644）、孙子（830）、孙女（granddaughter）

15. 吧② ba 助. modal particle indicating polite suggestions or commands or proposals or speculations or doubt, etc.

例 我们走吧。Let's go.

例 你是中国人吧？ You are Chinese, right?

辨析 吧 vs. 啊（2）vs. 吗（584）vs. 呢（628），见"呢（628）"。

16. 白② bái 形. white 副. in vain; free of charge

例 她穿白色的衣服真漂亮。She is very pretty in the white dress.

例 昨天夜里刮了一夜大风，我的衣服都白洗了。Yesterday the wind blew all night. My clothes were washed in vain.

例 天下没有白吃的午餐。There is no free lunch in the world.

17. 百② bǎi 数. one hundred

例 今天有几百人来报名。Today hundreds of people come to sign up.

例 我们学校有五百多个留学生。There are more than five hundred overseas students in our university.

补充 个（277）、十（769）、千（687）、万（890）

18. 百分之④ bǎifēnzhī 数. percent; percentage

例 要是你能回答对百分之六十的题，你就能通过 HSK 考试 . If you can answer the sixty percent questions correctly, you can pass the HSK exam.

题 **判断对错**：在接受调查的学生中，有超过百分之八十的人希望自己能有机会出国留学，但只有大约百分之二十的人已经开始申请国外学校。

很多学生希望出国留学。（√） (H41005-1)

从"有超过百分之八十的人希望自己能有机会出国留学"可知说"很多学生希望出国留学"正确。

补充 1%：百分之一；30%：百分之三十；100%：百分之百

19. 班③ bān 名. class; work shift

例 一年级一共有十二个班。There are twelve classes in Grade One.

例 今晚我爸爸上夜班。My dad was on the night shift tonight.

20. 搬③ bān 动. to move

例 我们刚搬来不久，还不太熟悉这个地方。We have just moved in, and we are not so familiar with this place.

例 请把桌子搬到前边来。Please move the table to the front.

题 请选出正确答案：
男：那箱饮料可不轻，还是我来搬吧。
女：麻烦你了，还得请你帮忙，谢谢你。
问：男的在帮女的做什么？ (H41005-23)

A 擦桌子　　　　B 搬饮料　　　　C 修家具　　　　D 整理房间

💡 根据"那箱饮料……不轻"和"我来搬吧"，得出答案为 B。本题中出现的生词有"擦（74）"、"整理（1125）"。

21. 办法③ bànfǎ 名. means; idea; way (of doing something)

例 他们终于想出了一个好办法。They finally thought of a good method.

辨析 办法 vs. 方法（229）vs. 主意（1161）

"办法"常只解决（443）某一个具体（specific）问题；"方法"常可以解决一种问题，可以说"一种学习 / 教学 / 工作方法"；"主意"常用于口语。

22. 办公室③ bàngōngshì 名. office; office room

例 我们老师的办公室在二楼。Our teacher's office is on the second floor.

例 我要去留学生办公室办入学手续。I will go to the International Students Office to sign up.

23. 半③ bàn 数. half; semi-

例 半年 half a year   半个月 half a month   半块蛋糕 half a cake
半圆 semi-circle   南半球 the Southern Hemisphere

例 我等了他半天了，他还没来。I have waited for him for a long time, but he hasn't come yet.

题 请选出正确答案：
男：小姐，我女儿多少钱一张票？
女：您好，您的六十，您孩子买儿童票，半价。
问：女儿的票多少钱一张？   (H41001-19)

A 20 块   B 30 块   C 40 块   D 60 块

"半价（half price）"，"60 块"的半价是"30 块"，得出答案为 B。

24. 帮忙③ bāngmáng 动（离合）. to help; to lend a hand; to do a favor

例 帮我个忙，我电脑不好用，请你帮我看看。Please do me a favor. My computer doesn't work well. Please help me to check it.

辨析 帮忙 vs. 帮助（25），见"帮助（25）"。

25. 帮助② bāngzhù 动. to help; to assist

例 我们要互相关心，互相帮助。We should care for each other and help each other.

题 请选出正确答案：他这些年做生意赚了不少钱，还拿出很大一部分去帮助那些经济有困难的人，所以获得了大家的尊重。

他为什么获得了尊重？   (H41005-74)

A 年龄大   B 脾气好   C 他是富人   D 帮助穷人

"所以"前面的句子是原因。从"他……赚了不少钱，还拿出很大一部分去帮助那些经济有困难的人"，可以知道他"获得尊重"的原因是"帮助穷人"，这里要注意"还"有补充说明的意思，得出答案为 D。本题中出现的生词有"年龄（636）"、"脾气（661）"、"富（256）"、"穷（704）"。

🐦 **辨析 帮助 vs. 帮忙（24）**

"帮助"常用于书面语，口语中常只用"帮"。"帮忙"是离合词，如：帮我个忙；帮他的忙；帮不上忙。

26. 棒④ bàng 形（口）. excellent; good

例 你干得真棒！ You have done a good job!

例 他的发音棒极了！ His pronunciation is excellent!

27. 包③ bāo 动. to wrap 名. bag; package 量. bag; sack; package

例 请把那几件衣服包起来。Please wrap those clothes up.

例 你的包真漂亮。Your bag is really beautiful.

例 桌子上有几包书。There are several sacks of books on the table.

28. 包子④bāozi 名. steamed stuffed bun（one of Chinese traditional food, usually make skin with flour, and vegetables, meat or sugar as the filling）

例 今天早饭吃包子。We eat steamed buns for breakfast today.

29. 饱③ bǎo 形. (to eat till) full

例 晚餐很丰富，我吃得很饱。The dinner was bountiful, and I was full.

例 科学研究证明：饱食不利于身体健康。Scientific research proves that eating too much is not good for health.

补充 饿（212）、够（295）

30. 保护④ bǎohù 动. to protect

例 妈妈总是保护自己的孩子。Mom always protects her children.

题 **完成句子：要注意　夏季外出时　保护皮肤**　　　　　（样卷-91）

💡 "保护"后常加名词组成动宾短语"保护皮肤"，"要注意"后面常加动宾短语组成"要注意什么"，这里是"要注意保护皮肤"，"夏季外出时"作为时间状语常放在句首，得出答案：夏季外出时要注意保护皮肤。

搭配 保护＋环境（364）/森林（738）/自己（1175）/眼睛（1001）/自然（1176）

31. 保证④ bǎozhèng 动. to guarantee; to ensure 名. guarantee

例 为了身体健康，每天要保证充足的睡眠。For the sake of health, we should ensure that we have enough sleep every day.

例 我们公司的产品都有质量保证。The quality of our company's products is guaranteed.

题 完成句子：保证　我　完成　按时　任务　　　　(H41003-91)

💡 "保证"后常加动词宾语组成"保证做什么事"，这里是"保证按时完成任务"，得出答案：我保证按时完成任务。

32. 报名④ bàomíng 动（离合）. to sign up; to register; to enroll

例 这次比赛，你报名了吗？Did you register for this competition?

例 今天下午我没空，要去报名参加 HSK 考试。I have no time this afternoon because I will sign up for the HSK exam.

题 请选出正确答案：
男：小姐，这是我的报名表，是交给您吗？
女：对。请等一下，请在这儿填一下您的联系电话。
问：根据对话，可以知道什么？　　　　(H41005-21)

A 他们在理发　　B 他俩是夫妻　　C 男的想请假　　D 男的在报名

💡 根据"报名表"和"填……联系电话"，得出答案为 D。本题中出现的生词有"理发（546）"；"夫妻(husband and wife)"；"请假（703）"。

33. 报纸② bàozhǐ 名. newspaper

例 桌子上有一份报纸。There is a newspaper on the table.

例 晚饭后，我爸爸喜欢看一会儿报纸。After supper, my dad likes reading newspapers for a while.

34. 抱④ bào 动. to carry/hold (in one's arms); to hug or embrace

例 妈妈开心地抱着她的儿子。The mother holds her son happily.

35. 抱歉④ bàoqiàn 形. sorry

例 我为自己的行为感到抱歉。I am sorry for my behavior.

10

题 选词填空：A：真（　　），我迟到了。
　　　　　　B：没关系，表演还有 5 分钟才开始。　　　　(H41001-55)
　　A 工具　　B 收　　　C 温度　　　D 到底　　　E 辛苦　　　F 抱歉

💡 根据"我迟到了"和 B 的回答"没关系"，得出答案为 F。

🐦 辨析　抱歉 vs. 道歉（161），见"道歉（161）"。

36. 杯子① bēizi　　名. cup; glass

例 桌子上放着一个好看的杯子。There is a beautiful cup on the table.

例 杯子里装满了水。The glass is full of water.

补充 x 杯：酒杯、茶杯、水杯；瓶子（670）

37. 北方③ běifāng　　名. north; the northern part of the country

例 北方人喜欢吃面条，而南方人喜欢吃米饭。Northerners prefer noodles, while Southerners prefer rice.

补充 东（190）、西（917）、南（623）

38. 北京① Běijīng　　名. Beijing, the capital of the People's Republic of China

例 北京是中国的首都。Beijing is the capital of China.

39. 倍④ bèi　　量. times (multiplier)

例 4 是 2 的两倍。Four is double two.

例 人们的收入比十年前提高了两倍。People's income has been tripled compared to ten years ago.

40. 被③ bèi　　介. by (indicates passive-voice sentences or clauses); "被 -sentence" is used to express a passive meaning

例 他的钱包被小偷偷走了。His wallet was stolen by a thief.

例 这本小说被翻译成了英文。This novel was translated into English.

例 一个人被撞倒在地上。A man was knocked down to the ground.

补充 口语里"被"可以换成"叫（427）、让（718）"，结构是："被"，S+ 被 +（O）+ V+ 其他；"叫 / 让"，S+ 叫 / 让 +O+V+ 其他。

B

41. 本① běn 量. classifier for books, periodicals, files

例 桌子上那本杂志是王先生的。That magazine on the table is Mr. Wang's.

42. 本来④ běnlái 副. at first; originally

例 我本来是要去的，可是突然有事去不了了。I wanted to go at first, but there was an emergency and I couldn't go.

例 这张桌子本来就是黑色的。This table is black originally.

题 排列顺序：A 没想到竟然得了第一名

　　　　　　B 她本来只是抱着试试的态度去参加比赛

　　　　　　C 这让她又吃惊又高兴　　　　　　　　　　(H41005-57)

💡 "本来"是提出以前的想法，"竟然"指最后的结果和以前想法不一样，根据从"她本来……参加比赛"到结果"得了第一名"的时间顺序，知道先B后A，C句中"这"是代词，代指"得了第一名"，所以应放在最后，得出答案为BAC。

🐦 辨析 本来 vs. 原来（1084）
"本来"强调（emphasize）应该（1051）这样；"原来"强调改变（257）。

43. 笨④ bèn 形. stupid; foolish; silly

例 人们常说，"笨鸟先飞"。As the saying goes, stupid birds fly first.

例 没有人觉得自己比别人笨。No one thinks they are sillier than others.

反义 聪明（124）

44. 鼻子③ bízi 名. nose

例 妈妈说：经常说谎的人鼻子会越来越长。Mom tells me that if one often tells lies, his nose will become longer and longer.

例 鼻子很重要，人们用它来闻味道。Nose is important since people use it to smell.

补充 耳朵（216）、眼睛（1001）、嘴（1184）、头发（875）

45. 比② bǐ 介. than; (superior or inferior) to

例 我比他喜欢学习。I like study more than he does.

例 我今天来得比你早／早一点儿／早得多／早二十分钟。Today I came earlier / a bit

earlier / much earlier / twenty minutes earlier than you.

> 题 **完成句子**：打针　　好　　比吃药　　效果　　　　　　(H41005-89)
>
> 💡 根据"比"字句"A 比 B+ 怎么样"，可以知道"打针比吃药……好"；"打针"和"吃药"比较的是哪方面呢？是"效果"，得出答案：打针比吃药效果好。

补充 常用结构"A 比 B+ *adj.*（＋一点儿 / 得多 / 时量补语）"，如例 2。

46. 比较③ bǐjiào　动. to compare　副. fairly; comparatively

例 他喜欢和别人比较。He likes to compare with others.

例 这次考试比较容易。This exam is rather easy.

补充 见"非常（241）"。

47. 比如④ bǐrú　动. for instance; such as

具体用法请参见 552. 例如

48. 比赛③ bǐsài　动. to compete　名. game

例 我们跟他们比赛打篮球了。We had a basketball game with them.

例 这场比赛我们一定会赢。We will win this game definitely.

搭配 举行（474）/ 参加（80）＋比赛

49. 笔记本③ bǐjìběn　名. notebook

例 毕业时，我的同屋送我一个笔记本。My roommate gave me a notebook when we graduated.

50. 必须③ bìxū　副. must

例 今天你必须完成作业。You must finish the homework today.

辨析 必须 vs. 只好（1142），见"只好（1142）"。

51. 毕业④ bìyè　动. to graduate

例 他们一毕业就结婚了。They got married as soon as they graduated.

题 请选出正确答案：今天，你们终于完成了大学四年的学习任务，马上就要开始新的生活了。我代表学校向同学们表示祝贺！祝你们在今后取得更大的成绩，也希望你们以后有时间多回学校来看看。

这段话最可能是在什么时候说的？ (H41005-45)

A 访问　　　　B 开学　　　　C 毕业　　　　D 放寒假

根据"你们终于完成了大学四年的学习任务"和"希望你们以后有时间多回学校来看看"，可以知道学生们已经可以离开学校了，即"毕业"了，得出答案为 C。本题中出现的生词："寒假（330）"。

52. 变化③ biànhuà 动. to change; to vary 名. change

例 事情变化得很快。It has been changed very quickly.

例 最近几年上海的变化真大啊。The change of Shanghai is so huge in recent years.

补充 口语中也说"变"，如：你变了。"变"只能做动词，有时后可加状态补语，组成"变得……"，如：你变得我都不认识了。

辨析 变化 vs. 改变（257）vs. 变成 vs. 变得，见"改变（257）"。

53. 遍④ biàn 量. one time

例 我不懂，你能再说一遍吗？ I don't understand. Can you say it again?

辨析 遍 vs. 次（123）vs. 趟（845）

遍：强调动作从开始到结束的完整过程（emphasize on the complete process from the beginning to the end）；次：用于重复出现的事件（express the occurence of repeated happenings）；趟：表示来往的次数（refers to the number of trips），如：去一趟、来一趟、走一趟等。

54. 标准④ biāozhǔn 名. (an official) standard; criterion 形. standard

例 这些表格都不符合标准。All of these forms are not up to the standard.

例 他的汉语发音很标准。His pronunciation of the Chinese language is very standard.

题 排列顺序：A 甚至有人说那只是一种感觉，没有标准

B 成熟的标准到底是什么

C 不同人给出的答案各不相同 (H41005-62)

💡 B 是主题句，应放在第一句；C 回答了 B 提出的问题，C 在 B 后；A 用"甚至"表示"更进一步说"，应放在最后，得出答案为 BCA。

55. 表格④ biǎogé　名. form; table

例 请你填一下这张表格。 Please fill in this form.

题 判断对错：抱歉，这张表格您填得不对，请稍等一下，我再拿一张新的给您，请您重新填写一下。

表格填写错了。　（　　）　　　　　　　　　　　　　　　（H41004-2）

💡 从"这张表格您填得不对……请您重新（106）填写一下"，可以知道"表格填错了"。"不对"和"错（129）"意思相同，得出答案为（√）。

🔗 搭配 报名 / 申请（752）＋表格

56. 表示④ biǎoshì　动. to show; to indicate

例 学生们向老师表示了感谢。 The students showed their gratitude to the teachers.

例 商务部表示将停止进口这些商品。 The Ministry of Commerce indicated that it would stop the import of these goods.

57. 表演④ biǎoyǎn　动. to show; to perform; to act

例 演员们表演得非常精彩。 The actors' performances are very wonderful.

题 请选出正确答案：他是一位著名的演员。有一次，一个地方举行一个比赛，看谁表演得更像他。参加的人有三四十个，他自己也报名参加了，但没有告诉任何人，结果他得的竟是第三名。他觉得这是他一生中最大的一个笑话。

他参加的是什么比赛？　　　　　　　　　　　　　　　　（H41002-40）

A 游泳　　　　B 骑马　　　　C 表演　　　　D 画画儿

💡 从"一个地方举行一个比赛，看谁表演得更像他……他自己也报名参加了"，可以知道他参加的是"表演"比赛，得出答案为 C。本题中出现的生词有"游泳（1066）"、"骑（682）"、"画（359）"。

58. 表扬④ biǎoyáng　动. to praise

例 那个班受到了校长的表扬。That class was praised by the school president.

题 **判断对错**：小刘已经提前完成了全年任务，我希望你们各位也都能像小刘一样，希望你们加油！好，现在让我们一起鼓掌祝贺小刘！

小刘受到了表扬。　（　　）　　　　　　　　　　　　　　(H41001-5)

💡 从"小刘已经提前完成了全年任务……鼓掌祝贺小刘"，可以知道"我"是在"表扬小刘"，得出答案为（√）。本题中出现的生词有"提前（855）"、"任务（727）"、"希望（921）"、"祝贺（1164）"。

59. 别② bié　副. don't; mustn't

例 别开玩笑了，认真点儿！　Don't be kidding. Be serious!

题 **完成句子**：告诉他　　答案　　你　　最好　　别　　　　　　(H41002-95)

💡 "别"在"V+O"前，表示不让什么人做什么事；"告诉"后加双宾语（两个O），即"告诉＋人＋事情"，可以得出"别告诉他答案"；"你"是S，语气副词"最好"常用在S后面，"你最好……"意思是"You'd better..."，得出答案：你最好别告诉他答案。

60. 别人③ biérén　代. other people; others

例 这件事别人都知道，就你不知道。Everyone knows this, except you.

例 要想获得别人的尊重，得先尊重别人。If you want to be respected, respect others first.

自 测

一 选词填空。

A 比较	B 安静	C 按时	D 比赛	E 按照

1. 我的房间不太（　　），晚上我常常去图书馆学习。

2. 我没（　　）妈妈说的做，妈妈很生气。

3. 每天（　　）吃饭对身体有好处。

4. 这种水果（　　）好吃。

5. 那场足球（　　）非常精彩。

> A 棒　　　B 表演　　　C 安全　　　D 办法　　　E 北方

6. 下面请小王为大家（　　）一个节目。

7. 这个班学生的发音非常（　　）。

8. 那条路太暗了，你一个人走不（　　）。

9. 北京在中国的（　　），南京在南方。

10. 你有（　　）让她不生气吗？

> A 比如　　　B 保护　　　C 报名　　　D 安排　　　E 变化

11. 你晚上有（　　）吗？我想请你吃饭。

12. 妈妈总是想办法（　　）自己的孩子。

13. 这几年北京的（　　）越来越大。

14. 汉语水平考试什么时候（　　）？

15. 幽默有很多种，最主要是语言上的，（　　）讲笑话。

> A 抱歉　　　B 帮助　　　C 本来　　　D 保证　　　E 爱好

16. A：你有什么（　　）？

　　B：我喜欢篮球、足球、画画和书法。

17. A：我星期天搬家，你能来帮忙吗？

　　B：真（　　）！我星期天要上课，不能去帮你了。

18. A：你的汉字写得真好，下周末的汉字比赛你会参加吧？

　　B：我（　　）不想去，那我再想想吧。

19. A：这个词我不认识，你能（　　）我吗？

　　B：没问题，我看看。

20. A：你的工作怎么还没有做完？

　　B：对不起，我（　　）明天做完。

（二）完成句子。

21. 弟弟 吃了 把药 吗 _____

22. 那道 没有 标准答案 题 _____

23. 姐姐 快 比妹妹 跑得 _____

24. 我代表 向你们 学校 表示 感谢 _____

25. 报道了 报纸 上 那条 消息 _____

（三）看图，用词造句。

26. 毕业

27. 矮

_____

28. 搬

29. 饱

_____

30. 表扬 _____

第 **2** 天

学习重点

本部分共有一级词汇 6 个，二级词汇 5 个，三级词汇 16 个，四级词汇 33 个。

需要注意的语言点主要有：① 结构"不管 A 还是 B/A 不 A/ 多么 adj./ 谁 / 什么 / 什么时候 / 哪儿 / 哪 / 怎么……，都……"；② 结构"不但 / 不仅 / 不过……，而且 / 并且……"；③ 结构"除了……（以外），都 / 也 / 还……"；④ "不得不、差不多"的意思；⑤ 离合词"唱歌、吃惊、抽烟、出差"的用法。

61. 宾馆② bīnguǎn 　名. guesthouse; hotel

例 这是当地最高级的宾馆。This is the most high-ranking local hotel.

例 这家宾馆的服务质量受到了客人们的表扬。The service of this hotel was praised by their guests.

补充 x 馆：图书馆（877）、博物馆（museum）、展览馆（exhibition hall）、茶馆（teahouse）

62. 冰箱③ bīngxiāng 　名. refrigerator

例 天太热了，最好把吃剩的饭菜都放进冰箱里。It is too hot. You'd better put the leftover into the refrigerator.

例 冰箱坏了，再买台新的吧。The refrigerator doesn't work well. Let's buy a new one.

补充 空调（509）、电视（183）、电脑（182）

63. 饼干④ bǐnggān 　名. biscuit

例 弟弟喜欢吃巧克力饼干。My younger brother likes to eat chocolate biscuits.

例 这种饼干味道特别好，要不要尝尝？This kind of biscuit is very delicious. Would you like to try some?

补充 蛋糕（151）、牛奶（640）

64. 并且④ bìngqiě 　连. and; moreover

例 周围的环境不太安静，并且房租太高，我不租了。The surroundings are not quiet, and the rent is too high. That's why I won't rent it.

例 离开教室时，别忘了把书带上，并且把灯关了。When you leave the classroom, please don't forget to take your book and turn off the light.

题 请选出正确答案：医生提醒人们，在使用感冒药之前，一定要仔细阅读说明书。并且最好只选择一种感冒药，否则药物之间可能互相作用，会影响我们的健康。

医生一共有几个提醒？　　　　　　　　　　　　　　　　　　（H41001-71）

A 1个　　　　B 2个　　　　C 3个　　　　D 4个

💡 连词"并且"连接医生的两个提醒，"阅读说明书"和"只选择一种感冒药"；"否则"是"如果不这样"的意思，是说如果不"只选择一种感冒药"可能会有的后果，不是一个新的提醒，得出答案为B。

辨析 **并且 vs. 而且**

"并且"不能和一个字的形容词一起用；"而且"可以跟一个字的形容词一起用，如：好而且贵，这里"而且"不能用"并且"。"而且"前面常常有"不但（67）"、"不仅（71）"等。

65.博士④ bóshì 名. doctor; PhD

例 我姐姐是语言学专业的博士。My elder sister is a PhD majoring in linguistics.

题 请选出正
确答案：
女：听说你准备出国读博士？
男：是啊，已经申请了。如果顺利的话，下个月就可以出发了。
问：男的打算做什么？ (H41001-18)

A 结婚　　　B 去旅游　　　C 出国工作　　　D 出国读书

从女的说"听说你准备出国读博士"，男的回答"是啊"，可以知道"男的打算出国读书"，得出答案为 D。本题中出现的生词有"结婚（440）"、"旅游（575）"、"出国（go abroad）"、"工作（285）"。

补充 硕士（818）

66.不① bù 副. (negative prefix) not; no

例 自己不喜欢的东西不要要求别人喜欢。Please don't request others to like the things that you don't like.

辨析 **不 vs. 没**

"不"常用来否定（negate）形容词和心理（psychology）动词，否定带有主观性（subjectivity）、评价性（commentary）的词语；"没"否定"动＋了"，否定客观性（objectivity）词语，"没"还可以否定"有"。

67.不但……而且……③ búdàn…érqiě… 连. not only...but also...

例 小王的女朋友不但聪明，而且漂亮。Xiao Wang's girlfriend is not only smart but also pretty.

例 不但哥哥考上了博士，而且妹妹也考上了。Not only was the elder brother admitted as a Ph D, but also the younger sister passed the PhD entrance examination.

补充 结构"不但……，而且……"还可以分开使用，比如"不但……，还……"；"而且"单独使用时，其后常出现副词"还／也"等。

题 排列顺序：A 这台笔记本电脑的价格是 2500 元

B 而且上网速度也很快

C 它的特点是很小、很轻 （H41005-65）

💡 B 里有"而且"，C 里有"它"，所以都不应是第一句，A 是第一句；B 和 C 都是说明"这台笔记本电脑"的特点，根据"……，而且……"可以知道先 C 后 B，得出答案为 ACB。

题 排列顺序：A 不但能看到一群群小鱼在河里游来游去

B 这儿的河水非常干净，站在河边

C 还能看到河底绿绿的水草 （H41113-10）

💡 A 中"不但"，C 中"还"，可知先 A 后 C；A、C 中皆有"能"，即"不但能"、"还能"，A、C 应该相连；B"河水干净"是 A、C 的原因，得出答案是 BAC 。

🐦 辨析 不但 vs. 不仅（71），见"不仅（71）"。

68. 不得不④ bùdébù　　have no choice or option but to; have to

例 最后一班车也开走了，我不得不打的回家。The last shift bus has gone. I have to go home by taxi.

例 这份材料很多地方不符合标准，我不得不再写一遍。Many parts in this material are not up to the standard. I have to write it again.

题 完成句子：请假休息　　重感冒　　让他　　不得不 （H41002-93）

💡 汉语有"x 事情让 x 人怎么样"的用法，由此可组成"重感冒让他请假休息"。"不得不"用在谓语前，得出答案：重感冒让他不得不请假休息。

69. 不管④ bùguǎn　　连. no matter (what, how)

例 不管刮风还是下雨／天气好不好／天气怎么样／天气多么不好，我都陪你去。No matter it is windy or rainy / Whether the weather is fine or not / Whatever the weather is like / No matter how bad the weather is, I will go there with you.

题 排列顺序：A 不管在外面的世界遇到什么困难

B 家永远是我们心中最安全的地方

C 因为我们总是能够在家里找到爱和幸福 (H41004-60)

灯 根据"不管……，（都）……"，可以知道 A 在 B 前；C 中用"因为"说明前面事情的原因，放在最后，得出答案为 ABC。

补充 常用结构"不管……，都……"，"不管"后面常有"A 还是 B/A 不 A/ 多么 adj./ 谁 / 什么 / 什么时候 / 哪儿 / 哪 / 怎么……"等，表示条件，"都……"表示在前面的任何条件下，结果都不会改变。

辨析 不管 vs. 尽管（448），见"尽管（448）"。

70. 不过④ búguò　连. but; however

例 她长得很漂亮，不过性格有点儿奇怪。She is very pretty, but her character is a little strange.

例 这个词我不认识，不过句子的意思我猜对了。I don't know this word, but I guess the sentence's meaning correctly.

辨析 不过 vs. 但是 vs. 可是（498）vs. 只是（only），见"可是（498）"。

辨析 不过 vs. 但是 vs. 可是（498）vs. 却（713），见"却（713）"。

71. 不仅④ bùjǐn　连. not only (this one); not just (...but also...)

例 她不仅会唱歌，而且还会跳舞。She can not only sing, but also dance.

题 排列顺序：A 这种树叶宽、厚的绿色植物

B 也能给我们带来一个好的心情

C 不仅可以使室内空气更新鲜 (H41002-60)

灯 A 句是主题句，应该放在第一句；根据"不仅……，也……"，可以知道 C 在 B 前。"不仅"常与"而且、并且、也、还"等连用，得出答案为 ACB。

辨析 不仅 vs. 不但（67）

"不仅"强调数量更多，后面可加连词"而且、并且"，副词"也、还"等；"不但"强调程度更深。

72. 不客气① bú kèqi　you're welcome

例 大家不用客气，就把这里当成自己的家吧。Please help yourselves and make yourselves at home.

73. 部分④ bùfen 名. part; section

例 HSK 考试的第一部分是听力。The first part of HSK exam is listening.

例 大部分学生通过了这次考试。Most students have passed this examination.

题 **请选出正确答案**：大部分人每天晚上至少应该睡 7 个小时，但是这个标准并不适合每一个人，有些人即使只睡 5 个小时也很有精神。

每天晚上睡 7 个小时适合：   (H41001-77)

A 儿童   B 胖子   C 所有人   D 大部分人

从 "大部分人每天晚上至少应该睡 7 个小时"，可得出答案为 D。本题中出现的生词有 "儿童（213）"、"胖（653）"、"所有（831）"。

74. 擦④ cā 动. to wipe; to clean

例 请把桌子擦干净。Please wipe the table clean.

例 阿姨正在擦窗户呢。The nursery maid is cleaning the window now.

75. 猜④ cāi 动. to guess

例 猜一猜，我手里有什么？ Can you guess what is in my hand?

题 **看图，用词造句。**

（H41005-97）

猜

"猜" 是动词，根据 "S+V+O"，得出参考答案：你猜我给你带什么来了？你猜猜这些是什么？

"猜" 是动词，根据 "S+V+O"，得出参考答案：你猜我给你带什么来了？你猜猜这些是什么？

76. 材料④ cáiliào 名. material

例 这些材料很有用，请好好整理一下。These materials are very useful. Please sort them out carefully.

例 你知道这张桌子是用什么材料做的吗？Do you know what material is this table made of？

77. 菜① cài 名. dish (type of food); vegetable

例 这家饭店的菜不仅好吃，而且很便宜。This restaurant's dishes are not only delicious but also very cheap.

例 今晚的菜真丰富啊！Today's supper is really bountiful!

78. 菜单③ càidān 名. menu

例 先生，这是我们的新菜单。Sir, this is our new menu.

例 小姐，请给我们菜单，我们要点菜。Miss, please give us your menu, and we will order dishes.

79. 参观④ cānguān 动. to look around; to visit some place

例 旅游团今天下午要参观东方明珠。The tour group will visit the Oriental Pearl TV Tower this afternoon.

80. 参加③ cānjiā 动. to participate in; to take part in

例 我们都要参加普通话考试。We all need to take the Mandarin exam.

例 张东没有参加那次演出。Zhang Dong didn't take part in that performance.

搭配 参加+晚会（party）/比赛（48）/考试（490）/演出（1003）/活动（372）

81. 餐厅④ cāntīng 名. dining room/-hall; restaurant

例 那家餐厅的包子味道不错！The steamed stuffed buns in that restaurant taste good!

82. 草③ cǎo 名. grass

例 树下长着很多草。There is lots of grass under the tree.

例 他正躺在草地上听音乐呢。He is lying on the grassland and listening to music.

83. 厕所④ cèsuǒ 名. toilet

例 这是男厕所，女厕所在二层。This is the male toilet, the female toilet is on the second floor.

补充 一般来说，"厕所"的环境（364）和条件（863）相对差一些，更礼貌（543）、更正式（1129）的说法是"卫生间（897）"、"洗手间（924）"。

84. 层③ céng　量. floor (of a building); storey

例 老师的办公室在二层。The teacher's office is on the second floor.

例 那家宾馆一共 28 层。That hotel has 28 floors in all.

题 请选出正确答案：这座楼一共有 28 层，为了节约您的时间，3 号、4 号电梯 17 层以下不停，直接到 17—28 层，如果您要到 1—16 层，请乘坐西边的 1 号 和 2 号电梯。

1 号电梯可以去哪层？　　　　　　　　　　　　　　　　　　　(H41002-76)

A 16　　　　　B 17　　　　　C 18　　　　　D 19

💡 从"如果您要到 1—16 层，请乘坐西边的 1 号和 2 号电梯"，可以知道 1 号 电梯到 1—16 层，得出答案为 A。本题中出现的生词有"节约（438）"。

🐦 辨析 层 vs. 楼（572），见"楼（572）"。

85. 茶① chá　名. tea; tea plant

例 茶是一种非常健康的饮料。Tea is a very healthy drink.

例 我最喜欢喝绿茶，而姐姐最喜欢喝红茶。My favorite drink is green tea, while my elder sister likes black tea best.

86. 差③ chà　形. be poor; be substandard

例 这次考得很差。I got a poor mark in this exam.

例 他没有钱，吃得很差，身体很不好。He has no money and lacks good food, so he has poor health.

87. 差不多④ chàbuduō　形. similar　副. almost; nearly

例 她们姐妹俩长得差不多。The two sisters look almost the same.

例 我差不多等了他两个小时。I waited for him for almost two hours.

🐦 辨析 差不多 vs. 几乎（378），见"几乎（378）"。

88. 长② cháng 　形. long　名. length

例 我来中国的时间比他长。The time I have been in China is longer than him.

例 长时间玩电脑对眼睛不好。Playing on computer for a long time is bad for the eyes.

例 这张桌子全长两米。This table is 2 meters long in all.

89. 长城④ Chángchéng　名. the Great Wall

例 长城是中国著名的景点，它已经有两千多年的历史了。The Great Wall is a famous scenic spot in China. It has a history of more than two thousand years.

90. 长江④ Cháng Jiāng　名. Changjiang River; Yangtze River

例 长江是中国最长的河。Yangtze River is the longest river in China.

题 排列顺序：A 全长约 6300 公里，比黄河长 800 多公里

　　　　　　B 长江，是中国第一大河

　　　　　　C 它们都是中国的"母亲河"　　　　　　　　　　(H41005-63)

💡 B 句是主题句，应放在第一句；A 中说"长江"有多长，又跟"黄河"做比较，所以 A 在 B 后；C 中"它们"指"长江"和"黄河"，所以 C 在最后，得出答案为 BAC。

91. 尝③ cháng　动. to taste

例 这杯牛奶味道好极了，你要尝一尝吗？ This cup of milk tastes great. Do you want a try?

题 看图，用词造句。

(H41001-97)

尝

💡 "尝"是动词，可以用"S+V+O"造句。"试"、"尝"等动词是短时（short time）动词，常写成"试（一）试"、"尝（一）尝"、"试一下"、"尝一下"等，有"have a try"的意思，所以得出参考答案：你尝一尝，味道很好；你尝尝这个饺子。

补充 鼻—闻（smell）、眼睛（1001）—看（486）、耳朵（216）—听（865）、手—摸（touch）

92. 场④ chǎng 量. classifier for sports or recreational activities

例 这场比赛太精彩了！ This match is so wonderful!

例 昨天我去看了一场电影。 I went to see a movie yesterday.

93. 唱歌② chànggē 动（离合）. to sing a song

例 我们去唱一会儿歌吧。 Let us sing for a while.

例 小朋友们一边唱歌，一边跳舞，开心极了。 The children are singing and dancing, and they feel extremely happy.

补充 离合词常用结构"唱唱歌"、"唱一小时歌"、"（唱）歌唱得很好"。

94. 超过④ chāoguò 动. to surpass; to exceed

例 我现在的水平已经超过他了。 Now my level has exceeded his.

题 完成句子：亿元　　许多家饭店的　　都超过了　　年收入　　（H41003-90）

💡 由"的＋名词"组成"许多家饭店的年收入"，做主语（S）；动词"超过"后是一种标准（常用数量短语表示），可组成"都超过了亿元"，再根据"S+V+O"，得出答案：许多家饭店的年收入都超过了亿元。

95. 超市③ chāoshì 名. supermarket

例 她从超市买回了很多东西。 She bought many things from the supermarket.

例 这家超市正在打折。 Many things are on sale in this supermarket.

题 请选出正　男：请问，附近有超市吗？
确答案：　女：前面那儿有个银行，银行对面有一个小超市。
　　　　　问：超市在哪儿？　　　　　　　　　　　（H41001-11）

　　A 银行对面　　B 银行右边　　C 车站附近　　D 使馆西边

💡 从"银行对面有一个小超市"，可以知道超市在"银行对面"，得出答案为 A。

96. 衬衫③ chènshān 名. shirt

例 你穿这件衬衫真合适。 This shirt looks good on you.

例 小姐，我可以试一试这件衬衫吗？ Miss, can I try on this shirt?

补充 衣服（1032）、裤子（514）、裙子（715）、袜子（882）、帽子（594）

97. 成功④ chénggōng　动. to succeed

例 失败是成功之母。 Failure is the mother of success.

例 没有人会随随便便成功。 Nobody can succeed easily.

反义 失败（766）

98. 成绩③ chéngjì　名. achievement

例 在父母的鼓励下，我取得了好成绩。 I obtained the great achievement with my parents' encouragement.

例 他每门考试的成绩都是优。 He got A for each exam.

99. 成为④ chéngwéi　动. to become; to turn into

例 成为一名医生是我的理想。 Becoming a doctor is my dream.

例 我喜欢我的老师，我要成为他那样的人。 I like my teacher, and I want to become a person like him.

100. 诚实④ chéngshí　形. honest

例 从小，父亲就教育我们要做一个诚实的人。 My father told us to be an honest man since our childhood.

例 他是一个诚实的人，从来不骗人。 He is an honest man who never lies.

题 请选出正确答案：

男：您能给我们介绍一些您的成功经验吗？

女：我觉得要重视平时的积累，要多向周围的人学习。

男：那您觉得您最大的优点是什么呢？

女：是诚实。

问：女的觉得自己怎么样？　　　　　　　　　　（H41002-33）

　A 很勇敢　　　　B 很诚实　　　　C 很可爱　　　　D 很有礼貌

💡 根据男的问"您……的优点是什么？"女的回答"是诚实"，得出答案为B。本题中出现的生词有"优点（1058）"、"勇敢（1056）"、"可爱（495）"、"礼貌（543）"。

101. 城市③ chéngshì 名. city; town

例 城市里的人口越来越多。The population of the city is increasing.

例 一般来说，大城市交通都比较拥挤。In general, the traffic in big cities is heavy.

102. 乘坐④ chéngzuò 动. to take

例 在上海很多人都乘坐地铁上班。In Shanghai, many people take the subway to go to work.

搭配 乘坐＋交通 (420) 工具，如：乘坐＋出租车 (113) / 地铁 (176) / 飞机 (240) / 火车 (train) / 船 (118) 等。口语里常说"坐"，如：坐车 / 飞机 / 地铁 / 船 (118)。

103. 吃① chī 动. to eat

例 晚餐很丰富，我吃得很饱。The supper was bountiful, and I was full.

例 我喜欢吃中国菜。I like to eat Chinese dishes.

104. 吃惊④ chījīng 动（离合）. to be surprised; to be shocked

例 这件事让我们非常吃惊。It made us rather shocked.

例 听到这个消息，同学们都很吃惊。Hearing the news, the students are all shocked.

题 看图，用词造句。

(H41002-96)

吃惊

💡 "吃惊"是形容词，根据"S＋副词＋形容词"可以写出"她很吃惊"；还可以加上时间或者原因 (1086) 等，得出参考答案：她听了以后很吃惊；这个消息让她非常吃惊。

105. 迟到③ chídào 动. to be late

例 请同学们每天按时来上课，不要迟到。Please come to class on time every day and don't be late.

106. 重新④ chóngxīn 副. again; once more

例 这篇文章错误太多，我只好重新翻译一遍。There are so many mistakes in this article that I have to translate it again.

例 我的杯子被打破了，不得不重新买一个。My cup was broken. I have to buy a new one.

题 选词填空：A：你来看看，这些表格的顺序不对吧?

B：对不起，是我粗心。我（　）打印一份给您吧。(H41005-53)

　A 主动　　B 重新　　C 温度　　D 来不及　　E 严重　　F 大概

💡 从"顺序不对"、"对不起，是我粗心"，可以知道需要"重新"打印，即"再打印一份"，得出答案为 B。

🐦 **辨析** 重新 vs. 再（1098），见"再（1098）"。

107. 抽烟④ chōuyān 动（离合）. to smoke (a cigarette, tobacco)

例 现在很多饭馆都禁止抽烟。Now smoking is forbidden in many restaurants.

题 完成句子：好处　　抽烟对你　　没有　　一点儿　　　　(H41005-94)

💡 "对"是介词，根据"A 对 B 有 / 没有好处"，数量词"一点儿"应在名词前，可得到答案①：抽烟对你没有一点儿好处；也可根据"S+ 一 + 量 + 名 +（也）没 / 不 +V"，得到答案②：抽烟对你一点儿好处没有。

108. 出② chū 动. to go out; to come out

例 你什么时候出来的? When did you come out?

例 妈妈从冰箱里拿出一瓶啤酒。Mom takes out a bottle of beer from the refrigerator.

题 完成句子：范围　　他说的问题　　今天讨论的　　超出了　(H41002-94)

💡 "超出"是 V，"今天讨论（846）的"后面应该加名词"范围"，做宾语（O），加上 S "他说的问题"，根据"S+V+O"，得出答案：他说的问题超出了今天讨论的范围。

反义 进（450）

109. 出差④ chūchāi 动（离合）. to go on an official or a business trip

例 爸爸经常去美国出差。My father often goes to the US on business trips.

例 我这次来上海是旅游，不是出差。I have come to Shanghai for travel, not for business.

题 请选出正确答案：

男：你知道小蓝去哪儿了吗？她的手机一直占线。

女：她出差了。你找她有事？

男：她的自行车钥匙在我这儿。

女：她就住在我家附近，我帮你给她吧。

问：关于小蓝，可以知道什么？　　　　　　　　　　(H41002-33)

A 出差了　　　　B 车坏了　　　　C 迷路了　　　　D 在睡觉

💡 根据男的问"你知道小蓝去哪儿了吗？"，女的回答"她出差了"，得出答案为 A。

110. 出发④ chūfā 动. to start out; to set off

例 明天早上 9 点准时出发。We will set off at nine o'clock tomorrow morning.

例 李博士从北京出发，访问了很多地方。Doctor Li set out from Beijing and visited a lot of places.

111. 出生④ chūshēng 动. to be born

例 他出生在法国。He was born in France.

例 弟弟是 1990 年出生的。My younger brother was born in 1990.

题 完成句子：去年秋天　　我孙子　　出生　　是　　的　　(H41005-88)

💡 "S+（是）……的"表示的是对于已经发生的事情，我们想知道"在哪儿、什么时候、什么人、怎么"发生的，可以得到答案：我孙子是去年秋天出生的。再如：你是从哪儿进来的？你是什么时候开始学汉语的？我是坐飞机来的。我跟朋友一起来的。这个语法常常在 HSK 考试中出现，大家要多练习。

112. 出现④ chūxiàn 动. to appear; to emerge

例 最近国内出现了一些新情况。Recently there have been some new situations in our country.

113. 出租车① chūzūchē 名. taxi

例 他每天坐出租车上班。He goes to work by taxi every day.

例 我同屋被一辆出租车撞倒了。My roommate was knocked down by a taxi.

补充 其他表示交通工具的词语，见"乘坐（102）"。

114. 除了③ chúle　介. besides; apart from (... also...); except (for)

例 除了上海以外，我还去过南京和杭州。Besides Shanghai, I have also been to Nanjing and Hangzhou.

例 除了张东，我们班同学都参加了那场表演。Except Zhang Dong, the students of our class all took part in that show.

例 除了走路以外，怎么去北京都行。We can go to Beijing in any way except for walking.

题 排列顺序：A "地球一小时"活动是从 2007 年开始的

　　　　　　　 B 它还希望引起人们对气候变暖问题的关注

　　　　　　　 C 除了提醒人们节约用电以外　　　　　　　　　（H41005-58）

A 句是主题句，应是第一句；根据"除了……，还……"，可知 C 在 B 前，得出答案为 ACB。

补充 常用结构"除了……（以外），都 / 也 / 还……"

115. 厨房④ chúfáng　名. kitchen

例 妈妈正在厨房里做晚饭。Mom is cooking supper in the kitchen.

补充 客厅（living room）、卧室（bedroom）、书房（study）、洗手间（924）

116. 穿② chuān　动. to be dressed in; to wear

例 他今天穿了一件黄衬衫。He wears a yellow shirt today.

例 穿白裙子的那个女孩儿是我妹妹。That girl in the white skirt is my younger sister.

补充 穿上—脱 (881) 下、戴 (149) 上—摘下 (take off)

辨析 穿 vs. 戴 (149)

穿 + 衣服 (1032) / 鞋子 / 裤子 (514) / 袜子 (882) / 裙子 (715)；戴 + 帽子 (594) / 眼镜 (1002) / 手表 (788)

117. 传真④ chuánzhēn　名. fax

例 老板让你给他们公司发个传真。The boss asked you to send their company a fax.

例 我们从来没有收到过他们发的传真。We have never received their fax.

118. 船③ chuán 名. boat; ship

例 船的速度没有飞机快。The speed of the boat is not as fast as that of the plane.

例 我们是坐船去旅游的。We travelled in a ship.

补充 其他表示交通工具的词语，见"乘坐（102）"。

119. 窗户④ chuānghu 名. window

例 天实在太热了，把窗户打开吧。It is too hot. Let's open the window.

例 我们教室的窗户擦得很干净。The windows of our classroom have been wiped clean.

120. 春③ chūn 名. spring

例 一年有四个季节：春、夏、秋、冬。There are four seasons in a year: spring, summer, fall and winter.

题 请选出正确答案：今年北京的冬季一点儿都不冷。　　　　　（　　）

A 我还是出了地铁再给你打电话吧。

B 才到中国没多长时间，你就学会用筷子了，真不错。

C 医生，除了每天吃药，还需要注意什么？

D 我大学同学王进，和我关系一直很不错的那个。

E 是啊，马上就要春天了，还没下过雪呢。　　　　　（样卷 -47）

💡 根据题目"今年北京的冬天一点儿都不冷"可知是在谈论季节，选项中只有E是在谈论季节，而且"是啊……还没下过雪呢"又与题目中的"一点儿都不冷，"相呼应，因此答案为E。

题 请选出正确答案：每到春天，这条公路两边的树上就会开满花，又香又漂亮。每次经过这里，空气中的香味总能让人放松下来，心情也会变好。　（样卷 -71）

春天走在那条路上，会让人觉得　　　　　（　　）

　　A 路难走　　　　B 很失望　　　　C 心情愉快　　　　D 很有力气

💡 根据"心情也会变好"，可以知道春天走在那条路上，会让人觉得心情愉快，得出答案为C。

自 测

一 选词填空。

| A 不管 | B 出生 | C 唱歌 | D 成功 | E 重新 |

1. 我喜欢画画儿，弟弟却爱好（　　）。

2. 我的杯子不小心被打破了，我打算（　　）买一个。

3. 只有努力，才能（　　）。

4. （　　）病得多么厉害，我都会坚持上课。

5. 他是 1990 年（　　）的。

| A 参观 | B 成为 | C 不但 | D 诚实 | E 菜单 |

6. 他（　　）汉语说得好，汉字写得也很漂亮。

7. 她很（　　），从来不说假话，不骗人。

8. 这次来北京我们打算去长城（　　）。

9. 小姐，请给我（　　），我想点菜。

10. 小时候，我很喜欢我的老师，长大后，我也（　　）了一位老师。

| A 出现 | B 吃惊 | C 猜 | D 乘坐 | E 尝 |

11. 你（　　），我给你带什么好东西来了？

12. 我喜欢（　　）地铁上下班，因为不堵车，很快很方便。

13. 你（　　）一下这盘菜，我觉得味道不对，好像坏了。

14. 她那么漂亮，竟然还没有男朋友，真让人（　　）。

15. 因为经常加班，他的身体（　　）了一些问题。

| A 成绩 | B 出发 | C 除了 | D 出差 | E 饼干 |

16. A：你这次考试的（　　）怎么样？

　　B：别提了，很不理想。

17. A：王经理在吗？

　　B：他上星期去北京（　　）了，现在还没有回来。

18. A：（　　）学汉语，你每天还做什么？

　　B：我还经常打篮球或者踢足球。

19. A：我饿了，有什么吃的吗？

B：要不要尝尝我新买的（　　　）？

20. A：我们明天几点（　　　）？

B：八点半准时走。

（二）完成句子。

21. 一千人　每学期学习的　都超过了　人数　＿＿＿＿＿＿＿＿＿＿＿＿＿＿＿

22. 汉语水平考试　参加　你　四月份举办的　吗　了　＿＿＿＿＿＿＿＿＿＿＿

23. 努力　生活的压力　让我　不得不　工作　＿＿＿＿＿＿＿＿＿＿＿＿＿＿＿

24. 也没有　对身体　抽烟　一点儿好处　＿＿＿＿＿＿＿＿＿＿＿＿＿＿＿＿

25. 前面那个　女孩儿　穿红衣服的　是我朋友　＿＿＿＿＿＿＿＿＿＿＿＿＿

（三）看图，用词造句。

26. 餐厅

27. 擦

_____

28. 冰箱

29. 菜

_____　_____

30. 穿　_____

第 **3** 天

学习重点

本部分共有一级词汇 3 个，二级词汇 10 个，三级词汇 13 个，四级词汇 34 个。

需要注意的语言点主要有：① "的、地、得"的用法；② 由"打"构成的词语；③ "大夫"等职业名称；④ 离合词"打折、打针、道歉"的用法。

121. 词典③ cídiǎn 名. dictionary

例 麻烦帮我拿一本汉英词典。Please help me to get a Chinese-English dictionary.

题 完成句子：工具书 　是 　一本 　《现代汉语词典》 　　　（H41005-92）

"是"字句的结构"S+ 是 +O"，《现代汉语词典》是"工具书"的一种，S 是《现代汉语词典》，得出答案：《现代汉语词典》是一本工具书。

122. 词语④ cíyǔ 名. words

例 学习语言时，积累词语很重要。Accumulation of words is very important in language learning.

例 这几个词语的用法是这篇课文的学习重点。The usage of these several words is the key point of learning this text.

123. 次② cì 量. time

例 我一次中药也没有吃过。I have never taken the traditional Chinese medicine.

辨析 次 vs. 遍（53）vs. 趟（845），见"遍（53）"。

124. 聪明③ cōngmíng 形. clever; intelligent; bright; smart

例 小王的女朋友不但聪明，而且漂亮。Xiao Wang's girlfriend is not only smart but also pretty.

题 请选出正确答案：狗是一种聪明的动物，它能听懂人的话，明白人的心情，会和人产生感情。

根据这段话，狗有什么特点？ 　　　　　　　　　　　　（H41001-38）

A 干净 　　　 B 聪明 　　　 C 有趣 　　　 D 有耐心

第一句"狗是一种聪明的动物"是主题句，从这句可以得出答案为 B。本题中出现的生词有"干净（259）"、"有趣（1071）"、"耐心（621）"。

反义 笨（43）

125. 从② cóng 介. from

例 从上海到北京乘坐高铁只要四个多小时。It only takes more than four hours to go to Beijing from Shanghai by high-speed railway.

例 从这个方面来说，我们成功了。In this aspect, we were successful.

补充 常用结构"从 A 到 B"，其中 A 和 B 表示时间、地方、数量、方面（230）。

126. 从来④ cónglái 副. always; never (if used in negative sentences)

例 他从来都是第一个到教室的。He is always the first one to come to the classroom.

例 我们从来没有收到过他们发的传真。We have never received their fax.

例 他每天都按时来上课，从来不迟到。Every day he comes to class on time and he is never late.

补充 "从来"表示从过去到现在都是这样，后边常跟否定形式。

127. 粗心④ cūxīn 形. careless

例 由于粗心，我这次考试考得不太好。Due to carelessness, I didn't do well in this exam.

例 他这个人很粗心，不仔细，常常连自己的名字也写错。He is very careless and inattentive. He even often misspells his own name.

题 选词填空：不管做什么事情，都应该认真、仔细，不能太马虎、太（   ）。

A 食品 B 粗心 C 礼貌 D 坚持 E 挂 F 完全   (H41003-48)

从"……应该认真、仔细，不能太马虎、太（   ）"，可知答案应该是"认真"、"仔细"的反义词，是"马虎（582）"的近义词，所以选"粗心"，得出答案为 B。

补充 近义词是"马虎（582）"。

反义 仔细（1174）、认真（725）、细心（careful）

128. 存④ cún 动. deposit; save; keep

例 很多年轻人不愿意把钱存银行。Many young people don't want to put their money in the bank.

例 你的号码我忘了存进手机里了，你能再发我一遍吗？I forgot to put your number into my phone. Can you send it to me again?

补充 花（357）、取（707）、扔（728）

129. 错② cuò 名. mistake; error; fault 形. wrong

例 每个人都会出错，关键是知错能改。Everyone may make mistakes. The key point is to make corrections after realizing the mistakes.

例 您别生气了，我知道自己做错了。Don't be angry. I know I was wrong.

题 请选出正确答案：下班时，同事小王叫住我，说到现在还没有联系上那位顾客，我告诉他的电话号码不对。我查了一下手机，才发现那个电话号码少了一个数字，我真是太粗心了。

小王为什么没有联系上那个顾客？ (H41004-73)

A 手机丢了　　B 传真机坏了　　C 电话号码错了　　D 顾客没带手机

💡 从"电话号码不对"、"少了一个数字"，可以得出答案为 C。"不对"和"错"意思相同 (938)。本题中出现的生词有"丢（189）"、"坏（361）"、"顾客（300）"。

130. 错误④ cuòwù 名. mistake; error 形. wrong

例 对不起，我为自己的错误感到抱歉。I feel sorry for my mistake.

例 请你认真考虑，否则可能做出错误的决定。Please take it seriously, or you may make a wrong decision.

🐦 **辨析 错误 vs. 错**

错误常用于书面语（written Chinese），程度比错严重，常与动词"犯 fàn"（offend）连用，用作形容词时，其反义词是"正确"；"错"常用于口语（spoken Chinese），程度比较轻，反义词是"对"。

补充 错（129）、误会（916）

131. 答案④ dá'àn 名. answer

例 你知道这道题的答案了吗？Have you got to know the answer to this question?

例 这个问题他回答了两次，但是两次答案都不对。He has answered this question twice, but neither answer was right.

题 看图，用词造句。

（样卷-97）

答案

💡 "答案"是名词，根据"S+V+O"，可得出参考答案：他正在想答案；他不知道问题的答案；他不知道答案是什么。

🐦 **辨析** 答案 vs. 回答（368）

"答案"只能做名词，"回答"只能做动词。

---

132. 打扮④ dǎban　动. to dress up or make up
名. manner of dressing; style of dress

例 她每天都打扮得很漂亮。She dresses up beautifully every day.

例 一般来说，女孩儿比男孩儿更喜欢打扮。Generally speaking, girls like to dress up more than boys.

例 看他的打扮，像是一个学生。Judging from his style of dress, he seems to be a student.

题 看图，用词造句。

（H41004-96）

打扮

💡 "打扮"是动词，后加宾语，得出参考答案①：她正在打扮自己；后加补语，得出参考答案②：她打扮得很漂亮；也可以在前面加状语"表演前"，得出参考答案③：表演前要好好打扮一下。

---

133. 打电话① dǎ diànhuà to make a telephone call

例 她正在给男朋友打电话呢。She is calling her boyfriend now.

例 当他进来的时候，我正在给朋友打电话。I was calling my friend when he came in.

题 完成句子：禁止　　打电话　　加油站　　附近　　　　（H41004-94）

💡 "上/下/左/右/里/外/附近……"是方位词，根据"名词（地方）+方位词"，得出"加油站附近"，"禁止"常用结构是"地方＋禁止＋做什么"，得出答案：加油站附近禁止打电话。另："附近加油站"不对，因为如果方位词在名词（地方）前，应是"方位词＋的＋名词（地方）"，即"附近的加油站"。

134. 打篮球② dǎ lánqiú　to play basketball

例 他哥哥的爱好是打篮球。His elder brother's hobby is playing basketball.

例 王教授打篮球的样子很帅。Professor Wang looks very handsome while playing basketball.

补充 网球（891）、羽毛球（1078）、乒乓球（667）。这三种"球"的动词用"打"，"足球（851）"的动词用"踢（851）"。

135. 打扰④ dǎrǎo　动. to disturb

例 工作时，我不喜欢被人打扰。I don't like to be disturbed when I am working.

例 他正在认真学习呢，别打扰他。He is studying attentively. Don't disturb him.

136. 打扫③ dǎsǎo　动. to clean; to sweep

例 我常常周末打扫房间。I often clean my room on weekends.

例 要来客人啦，快把房间打扫一下，太脏了。The guest is coming soon. Clean the room quickly. It is too dirty.

辨析 打扫 vs. 整理（1125）

脏（1103）→打扫→干净（259）；乱（578）→整理（1125）→整齐

137. 打算③ dǎsuàn　动. to plan; to intend　名. plan; intention

例 你打算什么时候出国留学？ When are you going to study abroad?

例 寒假你有什么打算？ What are you going to do in the winter vacation?

题 完成句子：我　陪叔叔　去长城　看看　打算　　　（H41002-87）

"打算"常用结构"什么人打算做什么事"，"陪"常用结构"陪什么人做什么事"，先"去长城"再"看看"，得出答案：我打算陪叔叔去长城看看。

辨析 打算 vs. 计划（390），见"计划（390）"。

138. 打印④ dǎyìn 动. to print

例 请帮我打印 5 份。Please help me print five copies.

例 把作业打印出来交给老师。Please print the homework out and give it to the teacher.

补充 复印（254）、打印机（printer）

139. 打招呼④ dǎzhāohu 动. to say hello; to greet somebody

例 这个民族打招呼的方式很特别，是互相碰对方的鼻子。This people greet each other in a very special way, by touching each other's nose.

140. 打折④ dǎzhé 动（离合）. to give a discount

例 听说那家超市正在打折，我们去看看吧。I have heard things in that supermarket are on sale. Let's go there and have a look.

补充 口语中常说"打几折"，如：打八折（20% discount）、打三折（70% discount）。

141. 打针④ dǎzhēn 动（离合）. to make an injection

例 我从来没有打过针。I have never had an injection.

题 判断对错：女儿发烧了，我带她去医院。大夫给她打了一针，三岁的女儿尽管很害怕打针，不过她没有哭。

女儿不同意打针。（　　）　　　　　　　　　　　　　　（H41001-10）

💡 从"女儿尽管很害怕打针，不过她没有哭"可知女儿同意打针，得出答案为（×）。本题中出现的生词有"尽管（448）"、"害怕（328）"、"哭（512）"、"同意（874）"。

142. 大① dà 形. big; large

例 那个大箱子是我的，小的是弟弟的。That big box is mine, and the small one is my younger brother's.

例 我大哥是律师，二哥是警察。My eldest brother is a lawyer, while my second brother is a policeman.

反义 小（949）

143. 大概④ dàgài　副. roughly; probably

例 今天的会议大概有多少人参加？　How many people will attend today's meeting roughly?

例 都这么晚了，他大概不来了，我们开始吧。It is so late. Maybe he won't come. Let's begin.

> 题 选词填空：A：你们学校的硕士和博士研究生一共有多少人？
> 　　　　　　 B：准确数字我不太清楚，（　　）有三四千吧。　　(H41005-52)
>
> A 主动　　　B 重新　　　C 温度　　　D 来不及　　　E 严重　　　F 大概
>
> 💡 从"准确数字我不太清楚"可知后面说的"三四千"是一种推测，因此选"大概"，得出答案为 F。本题中出现的生词有"准确（1171）"、"清楚（699）"。

🐦 辨析 大概 vs. 大约(146)，见"大约（146）"。

🐦 辨析 大概 vs. 可能（497）vs. 肯定（506）vs. 也许（1017）

从可能性（possibility）来说：肯定（506）＞大概（143）＞可能＞也许（1017）

144. 大家② dàjiā　代. everyone

例 考试马上就要开始了，请大家把书包放到教室前边。The exam is about to begin. Place your bags in the front of the classroom please.

145. 大使馆④ dàshǐguǎn　名. embassy

例 今天下午我要去大使馆办签证。I will go to the embassy to get a visa this afternoon.

补充 x 馆：图书馆（877）、展览馆（exhibition hall）、宾馆（61）、博物馆（museum）、体育馆（gymnasium）、照相馆（photo studio）；大使（ambassador）

146. 大约④ dàyuē　副. approximately; about

例 参加比赛的大约有 200 人。There were about 200 people who joined in the competition.

例 大约十点的时候，门口出现了一辆白色的汽车。At about ten o'clock, a white car appeared at the gate.

🐦 辨析 大约 vs. 大概（143）

"大约"只是对数量或时间的估计（estimation），所以，用"大约"时句中常出现表示数量或时间的词语；"大概"除了表示对数量或时间的估计以外，还可表示对情况的推测（speculation），有"很可能"的意思。

147. 大夫④ dàifu 名. doctor

例 当地没有有名的大夫，他带妻子来上海看病。There was no famous doctor in his hometown. He took his wife to Shanghai to see a doctor.

例 我不去医院，我怕大夫让我打针，太疼了。I won't go to the hospital. I am afraid of the injections. They are too painful.

补充 职业（1139）：护士（355）、导游（156）、律师（576）、经理（458）、警察（463）、教授（429）、记者（392）、演员（1004）、司机（819）、职员（employee）

辨析 大夫 vs. 医生（1033）
"大夫"是口语，"医生"（1033）是书面语。

148. 带③ dài 名. band; belt; area 动. to carry; to bring; to lead

例 乘客们，飞机马上就要起飞了，请系好安全带。Passengers, the plane will take off soon. Please fasten your safety belt.

例 这一带经济发展得非常好。The economic development of this area is very sound.

例 你带词典了吗？Do you have a dictionary with you?

例 他带病人去医院了。He led the patient to the hospital.

补充 x 带：领带、鞋带、安全带

辨析 带 vs. 拿（616）vs. 取（707）
"带"常表状态（state），强调随身（portable）；"拿"常表动作，东西在手上；"取"强调从别处拿到身边。

149. 戴④ dài 动. to put on or wear (glasses, hat, gloves, etc.)

例 他总是戴着一副黑眼镜，穿着一身黑衣服。He always wears a pair of black glasses and black clothes.

辨析 戴 vs. 穿（116），见"穿（116）"。

150. 担心③ dānxīn 动（离合）. to worry; to be anxious

例 阅读考试是 40 分钟做 40 个题，大家都担心自己做不完。40 items should be finished in 40 minutes in the reading exam. All of us fear that the time is not enough to finish them.

例 妈妈，请别为我担心，我在这里一切都好。Mom, please don't worry about me. I

am all right here.

🐦 辨析 担心 vs. 害怕（328）vs. 恐怕（510）vs. 怕，见"恐怕（510）"。

🐦 辨析 担心 vs. 着急（1115），见"着急（1115）"。

反义 放心（239）

151. 蛋糕③ dàngāo 名. cake

例 我们把蛋糕分成 8 块吧。Let's divide the cake into eight pieces.

例 这块蛋糕比那块大。This piece of cake is bigger than that one.

题 **判断对错**：对不起，先生，那种蛋糕已经卖完了，不过，您可以尝一下这种饼干，味道也很不错。

他想买蛋糕。（ ）　　　　　　　　　　　　　　　　　　　(H41003-1)

💡 从"对不起，先生，那种蛋糕已经卖完了"，可知"他想买蛋糕"的说法正确，得出答案为（√）。

152. 当④ dāng 动. to be; to act as 介. when; during

例 同学们的理想都不一样，有人想当经理，有人想当律师，有人想当老师。The students' ideals are not the same. Some want to be managers, some want to be lawyers, and some want to be teachers.

例 当他进来的时候，我正在给朋友打电话。I was calling my friend when he came in.

补充 做介词时，常用结构"当……的时候"。

153. 当然③ dāngrán 副. certainly; of course

例 我当然知道这个词语的意思。I certainly know the meaning of this word.

例 我们是好朋友，他结婚我当然要参加。We are good friends. I will certainly attend his wedding.

补充 x 然：当然、竟然（465）是副词；既然（395）、虽然（826）是连词。

154. 当时④ dāngshí 名. at that time; while

例 我当时还小，不明白他话的意思。I was so young at that time that I didn't understand

the meaning of his words.

例 当时的情况很危险，我只能那么做。The situation was very dangerous at that time, and I had to do that.

题 排列顺序：A 就受到人们的普遍欢迎

　　　　　　　B 当时的人们没想到它会给环境带来严重的污染

　　　　　　　C 100 年前，塑料一出现　　　　　　　　　（H41002-61）

💡 由 "一……就……"，可知先 C 后 A；"塑料" 是主语，再由 B 中的 "当时" 是指 "那个时候"，也就是 "100 年前"，"它" 指 "塑料"，所以 B 放在最后，得出答案为 CAB。

---

155. 刀④ dāo　名. knife

例 吃西餐时，一般用刀和叉（chā, fork）。When eating Western-style food, people usually use a knife and a fork.

156. 导游④ dǎoyóu　名. tour guide

例 去年我去一个小城市出差，找了一个当地的导游带我玩了一个星期。Last year I went to a small city on business. I found a local guide to take me around for a week.

例 我对导游这个职业不感兴趣。I am not interested in the profession of tour guide.

题 请选出正　女：那位导游给我的感觉很不错，这几天我们玩得很愉快。
确答案：　男：同意，她的服务态度确实挺好，我们真应该好好谢谢她。
　　　　　　问：他们打算感谢谁？　　　　　　　　　　　（H41004-14）
　　A 警察　　　B 导游　　　C 服务员　　　D 售货员

💡 从女的说 "那位导游……"，可知答案为 B。本题中出现的生词有 "服务员（247）"、"售货员（794）"。

补充 其他表示职业的词语，见 "大夫（147）"。

157. 到② dào   动. to arrive at (a place); until (a time); up to

例 师傅，我到下一站下车。Sir, I'm going to get off at the next stop.

例 老师，期中考试我们学到哪一课？ Sir, which lesson will we learn before the mid-term exam?

例 我等他等到十点，他还没回来。I waited for him until ten o'clock and he didn't come back yet.

补充 "到"常组成"从A到B"，其中A和B表示时间、地方、数量等。

158. 到处④ dàochù   副. everywhere

例 今天是周末，街上到处都是人。Today is the weekend. The streets are full of people.

例 到处是鲜花和掌声。There are flowers and applauses everywhere.

题 请选出正确答案：说话虽然是生活中最普通的事，却不简单，有许多地方值得注意：着急的事，要慢慢地说；别人的事，要小心地说；伤心的事，不要见人就说。

遇到伤心的事，应该：   (H41005-80)

A 和同事说   B 别到处说   C 多和朋友说   D 别让邻居知道

💡 从"伤心的事，不要见人就说"，可知伤心的事不要到处说，"见人就说"和"到处说"意思相近，得出答案为B。本题中出现的生词有"邻居（563）"。

159. 到底④ dàodǐ   动. do something to the end   副. on earth

例 做任何事都要坚持到底。We must hold on straight to the end in doing everything.

例 明天到底几点出发？ What time on earth will we set off tomorrow?

题 选词填空：A：丽丽说再等她几分钟，她马上就来。

　　　　　　B：她（　　）在干什么呢，怎么这么慢？   (H41001-51)

A 工具   B 收   C 温度   D 到底   E 辛苦   F 抱歉

💡 "到底"有"想弄(641)清楚答案"的意思，有时候带有不满意的语气。这一句中的"到底"就表达了说话人的着急（1115）和不满，得出答案为D。

辨析　到底 vs. 究竟（467）

"到底"做副词时，常用在问句中，表示说话人非常想知道结果或得到答案，在这个意思中"到底"跟"究竟"一样，但"究竟"常用于书面语。

辨析　到底 vs. 终于（1162）vs. 最后（1187），见"终于（1162）"。

160. 倒④ dào　动. to pour; to tip　形. upside down; inverse

例 姐姐给自己倒了杯咖啡，开始看小说。My sister poured herself a cup of coffee, and began to read a novel.

例 客厅墙上的画儿挂倒了。The picture on the wall of the living room was hung upside down.

161. 道歉④ dàoqiàn　动（离合）. to apologize

例 这件事是我错了，我向你道歉。I was wrong about this. I apologize to you.

题 **请选出正确答案**：道歉并不仅仅是一句简单的"对不起"，道歉时应该让人感觉到你真心的歉意，那样才有可能获得别人的原谅。

怎样才能得到别人的原谅？ (H41004-79)

A 真心道歉　　　B 说对不起　　　C 态度冷静　　　D 改变意见

看见句子中出现了"不仅仅"，我们知道这段话的重点应该在带有转折意思的下一句，从"道歉时应该让人感觉到你真心的歉意，那样才有可能获得别人的原谅"。可知"道歉"要"真心"，得出答案为 A。本题中出现的生词有"态度（839）"、"冷静（539）"、"改变（257）"、"意见（1041）"。

辨析　道歉 vs. 抱歉 (35)

"道歉"是动作，"道"是"说"的意思。"歉"表示对不起，"道歉"就是"说对不起"。"道歉"后不能加宾语，所以常用结构是"向＋人＋道歉"或"为……向＋人＋道歉"。"抱歉"是一种感觉，后面也不能加宾语，常用"感到／表示抱歉"，所以，我们不说"我抱歉你／这件事"，而说"我对你／这件事感到抱歉"。

162. 得意④ déyì　形. be proud of oneself; be pleased with oneself

例 她儿子当上了律师，她很得意。Her son has become a lawyer, and she was very proud.

例 这场比赛又赢了，队员们很得意。They won the game again. The players were very pleased.

🐦 辨析 得意 vs. 满意（588）

"得意"是因为自己的成功而表现出一种骄傲（422）的样子。"满意"是人、东西、事情、情况符合（248）自己的愿望（desire）。

🐦 辨析 得意 vs. 骄傲（422），见"骄傲（422）"。

D

163. 地③ de　助. -ly, used before a verb or an adjective, linking it to preceding modifying adverbial adjunct

例 我们要努力地工作，快乐地生活。We should work hard and live happily.

例 他得意地对我说："你看，我的汉语水平多高啊！" He said to me proudly: "See, my Chinese is so good!"

164. 的① de　助. of, used before a noun, linking it to preceding possessive or descriptive attributive

例 我爸爸是一家公司的经理。My father is the manager of a company.

例 穿红衣服的女孩儿是张东的女朋友。The girl in the red dress is Zhang Dong's girlfriend.

例 他是个诚实的人，从来不骗人。He is an honest person who never lies.

165. 得② de　助. used after a verb (or an adjective as the main verb), linking it to following phrase indicating effect, degree, possibility, etc.

例 他们唱歌唱得非常好。They sang very well.

例 今天天气热得让人受不了。Today the weather is too hot for people to endure.

例 黑板上的字你看得清楚吗？ Can you see the words on the blackboard clearly?

补充 （……的）主语 +［……地］谓语 <得……> +（……的）宾语

166. 得④ děi　动. to have to

例 明天一早就要出发，今天晚上得早点儿睡觉。We will set off in the early morning tomorrow, so we must go to bed earlier tonight.

例 要想在中国读大学，得先通过 HSK 四级考试。To enter a university in China, you have to pass the HSK–4 exam.

167. 灯③ dēng　名. lamp; light

例 灯坏了，房间里很暗，什么都看不清楚。The lamp didn't work, and the room was

dark. We couldn't see anything clearly.

168. 登机牌④ dēngjīpái 名. boarding pass

例 我能看一下你的登机牌吗？ Can I have a look at your boarding pass, please?

补充 飞机（240）、航班（333）、乘客（passenger）、起飞（684）、降落（417）、安全带

169. 等② děng 动. to wait for; to await

例 等了半天他也没来。 I waited for him for a long time, but he still didn't come.

170. 等④ děng 助. etcetera; and so on

例 这里生活很方便，周围有超市、银行、饭店等。 Life here is very convenient. There are supermarkets, banks, restaurants, etc nearby.

补充 口语里也常用"等等"或"什么的"。

171. 低④ dī 形. low; beneath 动. to drop; to hang down

例 冬天，外边的温度很低，不过屋里的温度比较高。 In winter, the temperature outside is very low, but the temperature in the room is relatively high.

例 我从不在困难面前低头。 I never give in before difficulties.

辨析 低 vs. 矮（3）vs. 短（200），见"矮（3）"。

172. 底④ dǐ 名. under; bottom; the end of a year or month

例 床底下有一个行李箱。 There is a suitcase under the bed.

例 还没到月底，我的钱就花光了。 It is not the end of the month yet, but I have spent all my money.

补充 x 底：① under: 桌底、床底；② bottom: 瓶底、箱底；③ the end of a year or month: 年底、月底。

173. 地点④ dìdiǎn 名. place; site; location

例 请通知大家，会议地点改为 313 室。 Please inform all people that the meeting place is changed to Room 313.

174. 地方③ dìfang 名. spot; place

例 由于住的地方离公司太远，所以他上班常常迟到。 His home was very far from

the company, so he was often late for work.

175. 地球④ dìqiú 名. the Earth

例 地球是我们共同的家园，我们一定要保护地球。The Earth is our common home, so we must protect it.

例 地球上百分之七十的面积是海洋。Seventy percent of the area on the Earth is the ocean.

补充 太阳（838）、月亮（1091）、星星（star）、星球（celestial body）

176. 地铁③ dìtiě 名. subway

例 我们是坐地铁去还是坐公交车去？ Shall we go there by subway or by bus?

补充 其他表示交通工具的词语，见"乘坐（102）"。

177. 地图③ dìtú 名. map

例 因为有地图，我成功找到了那个地方。Thanks to the map, I succeeded in finding that place.

例 地图上，蓝色表示海洋。The blue part on the map symbolizes the ocean.

178. 地址④ dìzhǐ 名. address

例 抱歉，我没记下来，你能把你们公司的地址再说一遍吗？ Sorry, I didn't write it down. Can you say your company's address again?

179. 弟弟② dìdi 名. younger brother

例 我弟弟正在读大学三年级，明年毕业。My younger brother is in his junior year of college and will graduate next year.

补充 其他表示家庭成员（family member）的词语，见"爸爸（14）"。

180. 第一② dì-yī 数. first; number one

例 你知道第一个吃西红柿的人是谁吗？ Do you know who is the first person that ate tomatoes?

例 这次比赛，他们队又得了第一名。Their team has won the first prize in this competition again.

自 测

一 选词填空。

| A 打电话 | B 担心 | C 打招呼 | D 打扫 | E 地点 |

1. 别（　　），你这次的考试成绩很好。

2. 请把教室（　　）干净。

3. 你知道吗？考试（　　）换了。

4. 我很想我的妈妈，我每天都给她（　　）。

5. 中国人（　　）时，习惯说"吃了吗"。

| A 打扰 | B 道歉 | C 地方 | D 到处 | E 得意 |

6. 你这么做不对，你应该向他（　　）。

7. 工作的时候我不喜欢别人（　　）我。

8. 他考了第一名，看起来很（　　）。

9. 他的房间很乱，（　　）都能看见衣服、书和吃的东西。

10. 你说的（　　）我找不到，你再查查地图，看看是不是搞错了？

| A 但是 | B 聪明 | C 粗心 | D 打扮 | E 地址 |

11. 请帮我把冰箱送到我家，这是我家的（　　）。

12. 这么简单的题我都做错了，真是太（　　）了。

13. 她很（　　），老师讲的新知识她只听一遍就会了，别人常常要听两遍。

14. 虽然他刚刚参加工作，（　　）干得很不错。

15. 今天是她的生日，她（　　）得很漂亮。

| A 大概 | B 导游 | C 到底 | D 当时 | E 从来 |

16. A：我从来没去过南京，不知道应该去哪儿玩。

　　B：没关系，你可以找一位当地的（　　），让他帮助你。

17. A：听说经理今天表扬他了？

　　B：对，经理说（　　）没遇到过像他这么聪明的人。

18. A：他是不是快过生日了？

　　B：我不知道是哪天，只记得（　　）是二月。

19. A：小王的身体怎么样了，听说他上个星期生病了？

　　B：（　　）很严重，不过现在没事了。

20. A：你昨天说参加比赛，今天又说不去了，你（　　）想不想参加？

　　B：对不起，我还是不去了。

二）完成句子。

21. 词典　打算　汉语　她　买一本　_____

22. 很快　那个戴红帽子的　跑　得　女孩儿　_____

23. 老师的答案　标准答案　这道题　以　为　_____

24. 经理　他代表　参加　会议　_____

25. 打印　三份　这份文件　请帮我　把　_____

三）看图，用词造句。

26. 等

27. 打折

28. 打篮球

29. 大夫

30. 地铁

第 **4** 天

 学习重点

本部分共有一级词汇 14 个，二级词汇 3 个，三级词汇 17 个，四级词汇 26 个。

需要注意的语言点主要有：① "一点儿／有点儿"的区别；② 由"电"组成的词语"电 x"；③ 由"发"组成的词语"发 x"；④ 结果补语，如：动＋掉／懂；⑤ 介词"对"的用法；⑥ 离合词"堵车、发烧"的用法；⑦ 连词"而"的用法。

181. 点① diǎn 名. drop (of liquid); point; o'clock 量.（点儿）a little; a bit

例 在汉语里，我们可以用六个点表示"等等"。In Chinese, we can use six points to indicate "and so on".

例 现在几点了？ What time is it?

例 今天有点儿热。It is a bit hot today.

辨析 一点儿 vs. 有点儿

"一点儿＋名"：弟弟会说一点儿法语。"形＋一点儿"：有没有长一点儿的？

"有点儿＋形"：这件有点儿长，有短一点儿的吗？

"形＋一点儿"，表示比较；"有点儿＋形"，表示不太满意。另外，"形＋了＋一点儿"，也表示不太满意。如：这件衬衫长了一点儿，有短一点儿的吗？

辨析 点 vs. 小时（953），见"小时（953）"。

182. 电脑① diànnǎo 名. computer

例 我的电脑坏了，你能帮我修一下吗？ My computer doesn't work now. Can you fix it for me?

例 小姐，那台红色的笔记本电脑多少钱？ Miss, how much is that red laptop?

补充 笔记本电脑（laptop）、脑（brain）

183. 电视① diànshì 名. television; TV

例 电视已经成了人们生活的必需品。Television has become a necessity in people's life.

补充 电脑（182）、电话、电灯（electric light）、冰箱（62）；洗衣机（washing machine）、空调（air conditioner）；电（electricity）

184. 电梯③ diàntī 名. elevator

例 电梯坏了，我们只好走楼梯。The elevator didn't work. We had to walk up the stairs.

题 请选出正 女：我们还是坐别的电梯吧，你看电梯门上写着"货梯"。

确答案： 男：好吧，去那边吧。

问：他们为什么不坐这个电梯？ (H41002-18)

A 太旧了 B 是货梯 C 电梯坏了 D 他们去二层

💡 从"电梯门上写着'货梯'"，得出答案为B。本题中出现的生词有"旧（470）"。

补充 x 梯：楼梯（staircase）、货梯（cargo lift）、客梯（passenger lift）

185. 电影① diànyǐng 名. movie; film

例 昨晚的电影太无聊了，看着看着我就睡着了。The movie last night was too boring, so I fell asleep when seeing it.

186. 电子邮件③ diànzǐ yóujiàn 名. E-mail

例 我认为电子邮件代替不了手写书信。I don't think E-mails can replace handwritten letters.

> **题** 判断对错：小红去外地上学了，我们虽然不能经常见面，但每个周末都会发电子邮件或者上网聊天儿。
>
> 他和小红每周都见面。（　　）　　　　　　　　　　　　　　（样卷-16）
>
> 根据"我们虽然不能经常见面"，可以知道他和小红不是每周都能见面的，得出答案为（×）。

187. 调查④ diàochá 动. to investigate; to survey

例 根据调查，女人比男人活得更长。According to the survey, women live longer than men.

例 调查结果还没出来。The result of the investigation has not come out yet.

188. 掉④ diào 动. to fall; to drop

例 小心，什么东西从楼上掉下来了。Be careful, something dropped from upstairs.

补充 "掉"常用在动词后，做补语，表示脱离（be divorced from）或损失（loss），如：扔（728）掉、丢（189）掉、喝（340）掉、输（799）掉。

189. 丢④ diū 动. to lose

例 弟弟的自行车丢了，他伤心得哭了起来。My younger brother's bike was lost. He was so sad that he cried.

辨析 丢 vs. 输（799）

"丢"是东西没有了；"输（799）"多指比赛，"输"的反义词是"赢（1052）"。

190. 东③ dōng 名. east

例 中国在世界的东方。China is located in the east of the world.

例 学校东、南、西、北各有一个门。The school has a door in the east, south, west and north respectively.

补充 表示方向（232）的词语：东、西（917）、南（623）、北（north）、东北（northeast）、西北（northwest）、东南（southeast）、西南（southwest）、中间（1149）

191. 东西① dōngxi 名. thing; stuff

例 我同屋经常去那家超市买东西。My roommate often goes to that supermarket to buy things.

例 你知道自己做蛋糕要准备些什么东西吗？Do you know what we need to make a cake ourselves?

192. 冬③ dōng 名. winter

例 这个房间冬暖夏凉，住着非常舒服。The room is warm in winter and cool in summer. It is very comfortable to live in.

补充 季节（394）：春（120）、夏（930）、秋（705）、冬

193. 懂② dǒng 动. to understand; to know

例 既然同学们都懂了，那我们就学习下一课吧。Since all the students have understood it, then we will learn the next lesson.

例 我刚才读的你都懂了吗？Do you understand what I have read just now?

题 请选出正确答案：55. 大家都会帮助你的。（　　　）

A. 医生说你的身体好多了。

B. 有什么不懂的问题可以告诉我们。

C. 我已经在 7 号门这边等你了。

D. 你星期日还要上班？

E. 他在哪儿呢？你看见他了吗？

F. 我们是朋友介绍认识的。

（样卷 -55）

题目中提到了"帮助"，只有遇到困难或者问题的时候才需要别人的帮助，B 选项中的"不懂的问题"与此相呼应，选项 B 正确。

辨析 懂 vs. 理解（547）vs. 了解（562）vs. 明白（612），见"明白（612）"。

194. 动物③ dòngwù 名. animal

例 狗是一种聪明的动物。Dog is a clever animal.

补充 十二生肖 （any of 12 symbolic animals associated with a 12-year cycle, often used to denote the year of a person's birth）：老鼠（rat）、牛（ox）、老虎（534）、兔子（hare）、龙（dragon）、蛇（snake）、马（581）、羊（sheep）、猴子（monkey）、鸡（cock）、狗（293）、猪（pig）

其他动物：熊猫（981）、鱼（1075）、猫（591）、鸟（638）

植物（1140）

195. 动作④ dòngzuò 名. movement; motion; action

例 京剧演员的动作很难学。The movements of Peking opera actors are very difficult to learn.

例 你的动作不太标准。Your action is not very standard.

196. 都① dōu 副. all

例 既然同学们都懂了，那我们就学习下一课吧。Since all the students have understood it, then we will learn the next lesson.

辨析 都 vs. 全部（710），见"全部（710）"。

197. 读① dú 动. to read; to study

例 如果你每天读5遍课文，你的英语口语水平会提高得很快。If you read the text five times every day, your spoken English will improve very quickly.

例 我弟弟正在读大学三年级，明年毕业。My younger brother is in his junior year in college and will graduate next year.

198. 堵车④ dǔchē 动（离合）. to be in a traffic jam

例 今天路上堵车堵得厉害，所以我迟到了。Today the traffic was so bad that I was late.

题 请选出正确答案：首都体育馆今天晚上有活动，等活动结束的时候人肯定很多，你和女儿还是提前一点儿出发吧，我怕会堵车。

提前出发是为了： (H41005-66)

A 参加活动   B 观看表演   C 错开堵车   D 去接儿子

💡 从"……人肯定很多"、"……我怕会堵车"，得出答案为 C。这里"怕"是"担心"的意思。

---

199. 肚子④ dùzi   名. belly; abdomen

例 肚子突然疼得厉害。All of a sudden my stomach aches badly.

题 选词填空：A：我的（   ）在叫了，早上只吃了一小块儿蛋糕。

         B：饿了？我包里有巧克力，给你。   (H41002-51)

   A 填   B 正式   C 温度   D 酸   E 广播   F 肚子

💡 从"早上……蛋糕"、"饿了"，得出答案为 F。本题中出现的生词有"饿（212）"。

题 请选出正   男：今天吃得太多了，肚子有点儿不舒服。

确答案：   女：喝点儿热茶可能会好一些。

         问：男的怎么了？   (H41004-11)

A 想喝茶   B 啤酒喝多了   C 肚子不舒服   D 不想去医院

💡 根据男的说"肚子有点儿不舒服"，得出答案为 C。本题中出现的生词有"啤酒（660）"、"舒服（798）"。

---

200. 短③ duǎn   形. short; brief

例 每个人都有长处，也都有短处。Everyone has merits and weaknesses.

例 虽然他学汉语的时间很短，但是说得非常流利。Although he has just studied Chinese for a short time, he speaks very fluently.

🐦 辨析 短 vs. 矮（3）vs. 低（171），见"矮（3）"。

---

201. 短信④ duǎnxìn   名. short message

例 开车时打电话或发短信都非常危险。It's very dangerous to make a phone call or send short messages while driving.

补充 电子邮件（186）、传真（117），与三者搭配的动词都是"发"。

202. 段③ duàn 量. classifier for stories, periods of time, distance, etc.

例 请把这段课文翻译成英语。Please translate this paragraph of the text into English.

例 最近这段时间工作忙吗？ Are you busy with your work recently?

例 大家已经走了很长一段路了，需要休息。We have walked a long way, and we need to have a rest.

🍃搭配 一段 + 课文（text）/ 时间（772）/ 感情（265）/ 距离（477）/ 对话（206）/ 木头（wood）

203. 锻炼③ duànliàn 动. to engage in physical exercise; to temper

例 我每天下午四点钟都去锻炼身体。I do exercise every afternoon at four o'clock.

例 先去小公司锻炼一下，对你以后去大公司工作有帮助。Go to a small company first to temper yourself, which is good for you to enter a large company in future.

题 请选出正确答案：如果你想减肥，那么必须做到两点：一是少吃东西，二是多运动。少吃不代表不吃，而是要科学地吃。关键是要多运动，但是也不需要每天都运动，一周运动两到三次，每次运动一个小时也就差不多了。骑自行车、打篮球、跑步等都是很好的减肥运动。

关于减肥，最重要的是：　　　　　　　　　　　　　　　　　　　　(H41005-82)

A 多锻炼　　　　B 有计划　　　　C 每天都运动　　　　D 不要有烦恼

💡问"最重要的是……"，我们看短文里有"关键是……"，这时我们要注意"关键"后面的话"多运动"，也就是 A 中说的"多锻炼"，得出答案为 A；短文中说"但是也不需要每天都运动"，可知 C 不对；B 和 D 短文中没说。当短文中出现"关键"、"但是"、"而且"等词语时一定要注意，这些词语后面的内容常常就是答案。本题中出现的生词有"烦恼（225）"。

204. 对② duì 介/形. to, for; right

例 答案到底是对是错，老师也不知道。The teacher also doesn't know whether the answer is right or wrong.

例 我对导游这个职业不感兴趣。I am not interested in the profession of tour guide.

例 道歉的话你已经对我说了很多遍了。You have apologized to me for many times.

补充 介词"对"的常用结构是：对＋宾语（人／事／东西）＋谓语，用于这个结构的谓语动词或形容词常有两种情况：①表示态度的词语，如：尊重（1189）、友好（1067）；②表示关系的词语，如：熟悉（800）、了解（562）。"对"还有"对＋人＋说／笑（957）"的结构。

205. 对不起① duìbuqǐ　　动. to be sorry

例 对不起，我来晚了。Sorry, I am late.

206. 对话④ duìhuà　　名. dialogue; conversation

例 根据下面的对话，写一篇短文。Write an essay according to the dialogue below.

例 有人偷听了我们的对话。Someone eavesdropped on our conversation.

207. 对面④ duìmiàn　　名. opposite

例 学校对面是一家超市。The school is opposite a supermarket.

例 站在我对面的是玛丽。Standing opposite me is Mary.

补充 前面（691）、后面（351）

208. 对于④ duìyú　　介. to; for; about

例 对于那里的详细情况，我并不十分了解。I don't quite know the details of the situation there.

例 对于我来说，这本书有点难。For me, this book is a little difficult.

🐦 辨析 对（204）vs. 对于 vs. 关于（307）

(1) 多数情况下"对"和"对于"能够通用，但是当其后的宾语为指人的名词或代词，谓语为表示态度或关系的词语时，只能用"对"，不能用"对于"，例如：对我很尊重／有信心／很友好。

(2) 除了表示对象或关系外，"对"还能表示方向 [同"向"（945）]，例如：对我笑笑。"对于"没有这个用法。

(3) "对于"和"关于"后加宾语通常用于主语前，有引出话题的作用；而"对"加宾语则既可以用在主语前，也可以用在主语后。

(4) "对"和"对于"都能构成"对／对于……来说"的结构，表示判断（651）或评价（evaluation）人或事情的角度（angle）；"关于"没有这个用法。

(5)"关于"可用在"是……的"结构中,例如：他买了本书,是关于语言学的。(He bought a book on linguistics.)"对"/"对于"没有这个用法。

209. 多① duō　形. many; much; more than　副. how; what

例 广场上人真多啊！　There are so many people on the square!

例 我一天记不住这么多生词。I can't remember so many new words in a day.

例 要想学好汉语,就要多听、多说。In order to learn Chinese well, one should do more practice on listening and speaking.

例 多可爱的小狗啊！　How lovely the puppy is！

补充 表示"more than"时：(≤10)两个多小时/三块多钱；(>10)十多公里/五十多本书。表示副词"how"时：①"多+形",表示疑问,如：长城多长? 那座楼多高? 前面还有多远? 要等多久? ②"多+形+啊",表示感叹,如：多美啊！多好啊！表示副词"more"时："多+动",如：多听、多说、多练、多穿点儿。但是,"多"的反义词"少"做形容词时,只有"few, little"的意思；做副词时,有"less"的意思。

210. 多么③ duōme　副. how (wonderful, etc); what (a great idea, etc); however (difficult it may be, etc)

例 多么精彩的演出啊！　What a wonderful performance!

例 无论多么困难,我们都要坚持下去。No matter how difficult it is, we must stick it out.

211. 多少① duōshao　代. how many; how much

例 你知道中国有多少人吗? Do you know how many people are there in China?

例 那台红色的笔记本电脑多少钱? How much is that red laptop?

212. 饿③ è　形. hungry

例 人在感觉饿的时候往往吃得很快。People usually eat very fast when they feel hungry.

E

题 **请选出正确答案：饿坏了吧？我马上去做饭。（　　　）**

A．快考试了，他这几天都在家复习呢。

B．都在我相机里呢，我一会儿上网发给你吧。

C．可以刷信用卡吗？

D．不着急，我中午吃得很饱。

E．当然。我们先坐公共汽车，然后换地铁。

F．你打算什么时候把这件事告诉他？　　　　　　　　（样卷 -43）

💡 选项 D 的内容与题目内容相关性很大，其中"饱"和"饿"相呼应，"不着急"和"马上"相呼应，因此答案为 D。这两个句子组成了意思完整的对话。

反义 饱（29）

---

213. 儿童④ értóng　　名. children

例 今天是六一儿童节。It's Children's Day today.

例 父母的文化水平影响着儿童的成长。Parents' educational level affects the growth of children.

补充 成人（adult）、孩子（326）、男孩（boy）、女孩（girl）

---

214. 儿子① érzi　　名. son

例 这位母亲一直为自己的儿子感到骄傲。The mother was always proud of her son.

补充 女儿（644）

---

215. 而④ ér　　连. and; moreover; while

例 这家饭馆的菜好吃而不贵。The dishes in this restaurant are delicious but not expensive.

例 北方人喜欢吃面条，而南方人喜欢吃米饭。Northerners prefer noodles, while Southerners prefer rice.

补充 "而"表示"and"时，常用结构"形₁＋而＋形₂"，如：聪明（124）而漂亮（666）。

---

216. 耳朵③ ěrduo　　名. ear

例 与耳朵听到的相比，人们更愿意相信眼睛看到的。Compared with what their ears

hear, people are more willing to believe what their eyes see.

例 那只小猫的两只耳朵长得很好玩儿，一只大，一只小。The cat's ears are very funny, one is big and the other is small.

补充 其他表示人体头部名称的词语，见"鼻子（44）"。

217. 二① èr　数. two

例 第二课的语法比较复杂。The grammar in Lesson 2 is relatively complicated.

辨析 二 vs. 两（559）

单说时用"二"，后面加量词时常用"两"，如：两本书，两个人，两顿饭等。

218. 发③ fā　动. to deliver; to send out; to issue

例 他确实没有收到我发的邮件。He really didn't receive my E-mail.

补充 收（785）、交（418）

219. 发烧③ fāshāo　动（离合）. to have a fever

例 弟弟发高烧，得快点儿送医院。My younger brother has got a high fever. It is urgent to send him to the hospital.

例 他发烧了，却没钱去看病，现在耳朵什么都听不见了。He once got a fever, but he didn't have money to see a doctor. Now he can't hear anything.

220. 发生④ fāshēng　动. to happen; to take place

例 你走后，又发生了很多事情。Lots of things have happened since you left.

例 那边发生了一起交通事故，大家都往那儿跑。An accident has happened. People are running there.

221. 发现③ fāxiàn　动. to find; to discover

例 去北京旅游时，我发现那儿有很多大使馆。When I travelled in Beijing, I found there were lots of embassies there.

222.发展④ *fāzhǎn*　动. to develop

例 发展经济是一个地区的根本。Developing economy is the foundation of an area.

例 这些年上海发展得很快，变化很大。Shanghai has developed very fast these years, and it has changed a lot.

题 **请选出正确答案**：经过他的努力，公司的生意越做越大，最近又在三个城市开了新的分公司。一切都在往好的方向发展，他也更有信心了。

公司现在怎么样？　　　　　　　　　　　　　　　　　（H41002-78）

A 收入减少　　　　B 发展很快　　　C 主要制造家具　　　D 不适应市场变化

💡 根据"公司的生意越做越大，最近又在三个城市开了新的分公司"，得出答案为 B。本题中出现的生词有"收入（786）"、"减少（407）"、"适应（784）"。

223.法律④ *fǎlǜ*　名. law

例 我哥哥的专业是法律，毕业后他想当一名律师。My elder brother majors in law. After graduation, he wants to be a lawyer.

题 **请选出正确答案**：小刘，这方面的问题我也不太懂，不过我有一个亲戚是律师，我给你他的电话号码，有什么问题，你可以直接问他。

小刘想了解哪方面的情况？　　　　　　　　　　　　　（H41005-71）

A 艺术　　　　B 汉语　　　　C 法律　　　　D 语言

💡 从"我有一个亲戚是律师……有什么问题，你可以直接问他"，可以知道小刘想问"律师"问题，也就是他想了解"法律"方面的问题，得出答案为 C。

补充 其他表示专业（1167）的词语：历史（550）、经济（457）、管理（309）、语言（1080）、数学（803）、文化（905）

224.翻译④ *fānyì*　动. to translate　名. translator

例 这几个地方翻译得不太准确，你得重新翻译一下。Several parts of the translation are not very accurate. You need to translate again.

例 她打算毕业以后当翻译。She plans to be a translator after graduation.

225. 烦恼④ fánnǎo 形. annoyed; worried

例 女朋友总跟他吵架，他很烦恼。His girlfriend always quarrelled with him. He was very upset.

例 年龄越大，烦恼越多。The older one is, the more worries he has.

题 排列顺序：A 首先要学会像扔垃圾一样把烦恼扔掉
B 生活中总会有烦恼
C 要想让自己轻松、愉快 (H41002-62)

💡 B 句是主题句，应放在第一句；C 句中的"要想"有"如果"的意思，"如果想让自己轻松、愉快"就"要学会像扔垃圾一样把烦恼扔掉"，所以C 在 A 前；A 中虽然有"首先"，但是根据意思应放在最后，得出答案为 BCA。

226. 反对④ fǎnduì 动. to be against; to oppose

例 对于这个决定，他既不支持，也不反对。He neither supported nor opposed this decision.

例 同学们都反对他当代表。The students are all against his being a representative.

题 完成句子：反对的　知道校长　原因　没人 (H41004-93)

💡 由"的＋名词"组成"反对的原因"，"反对"的 S 是"校长"，组成"校长反对的原因"，动词"知道"的 S 是"没人(nobody)"，得出答案：没人知道校长反对的原因。

反义 同意（874）

227. 饭店① fàndiàn 名. restaurant; hotel

例 当地有很多有名的饭店，到时你可以随便选一家。There are a lot of famous restaurants locally. You can choose one of them.

例 这是一家五星级饭店。This is a five-star hotel.

228. 方便③ fāngbiàn 形. convenient; handy

例 学校周围的交通非常方便，有公交车、地铁等。The traffic around the school is very convenient. There are buses and subways, etc.

题 请选出正确答案：这房子家具全，电视、空调、冰箱都有并且都很新；离火车站也很近，交通方便，离您公司也不远，您可以坐公共汽车甚至可以骑自行车上班，把身体也锻炼了；价格也比较便宜，真的很值得考虑。

关于这房子，下列哪个正确？ (H41001-37)

A 很贵   B 离机场近   C 交通方便   D 周围风景不错

从"价格也比较便宜"可知 A 不对；从"离火车站也很近"，可知 B 不对，句子中没有说到"机场"；从"离火车站也很近，交通方便"，得出答案为 C；D "周围风景"，句子中没有说到。

---

229. 方法④ fāngfǎ 名. method

例 由于学习方法不对，他的汉语水平提高得比较慢。Since his learning method is not correct, his Chinese improves somewhat slowly.

辨析 方法 vs. 办法（21）vs. 主意（1161），见"办法（21）"。

---

230. 方面④ fāngmiàn 名. aspect; field; side

例 我在生活方面已经完全适应了，就是学习上有点儿困难。I have been fully accustomed to life here, and I just have a little difficulty in study.

例 任何电脑方面的问题都可以问他，他是这方面的专家。You can ask him any problem about the computer. He is an expert in this field.

---

231. 方式④ fāngshì 名. way; mode; pattern

例 解决这个问题有两种方式。There are two ways to solve the problem.

---

232. 方向④ fāngxiàng 名. direction; orientation

例 我找不到路，也没有地图，不知道该往哪个方向走，只好给你打电话。I can't find the way, have no map, and don't know where to go. So I have to call you.

补充 表示方向的词语，见"东（190）"。

---

233. 房东④ fángdōng 名.landlord/landlady; the owner of the house

例 我的房东是个很好的人。My landlord is a very nice man.

例 明天我要和房东见个面。I will meet the landlord tomorrow.

234. 房间② fángjiān 名. room

例 这是王教授的房间，你的房间在三楼。This is Professor Wang's room. Your room is on the third floor.

235. 放③ fàng 动. to release; to free; to put

例 他放了那只鸟儿，让它飞向了蓝天。He freed the bird, letting it fly to the blue sky.

例 那本法律书你到底放在什么地方了，我怎么也找不到。Where did you put the law book on earth? I can't find it.

236. 放弃④ fàngqì 动. to give up

例 为了陪在父母身边，他放弃了去美国留学的机会。In order to stay with his parents, he gave up the chance to study in the US.

例 你为什么要放弃做这件事？ Why did you give it up?

题 请选出正确答案：昨天的放弃决定了今天的选择，今天的选择决定了明天的生活。只有懂得放弃和学会选择的人，才能赢得精彩的生活。

这段话告诉我们，学会放弃：   (H41005-70)

A 值得原谅   B 是个缺点   C 能减少竞争   D 会有更多选择

从第一句"昨天的放弃决定了今天的选择"，可知这段话说的是"放弃"和"选择"的关系，得出答案为 D。本题中出现的生词有"原谅（1085）"、"缺点（711）"、"竞争（464）"。

反义 坚持（404）

237. 放暑假④ fàng shǔjià to take summer vacation

例 我决定放暑假的时候哪儿也不去，就在家学习。I decided not to go anywhere during the summer vacation but just study at home.

补充 寒假（330）、放寒假（take winter vacation）、请假（703）

238. 放松④ fàngsōng 动. relax; take it easy

例 我只想找个景色美丽的地方，好好儿放松放松。I just want to find a beautiful place to relax.

🐦 **辨析** 放松 vs. 轻松（698）

放松是动词，常做谓语，可以带宾语，重叠形式是放松放松；轻松是形容词，常做定语和宾语，比如"轻松的环境""感到很轻松"，重叠形式是轻轻松松。

239. 放心③ fàngxīn 动（离合）. to set one's mind at rest; to be at ease

例 这件事让你做我很放心，因为你是一个做事认真而又成熟的人。I am very at ease that you are in charge of this, since you are a careful and mature person.

反义 担心（150）

240. 飞机① fēijī 名. airplane

例 坐飞机去还是坐火车去，你决定了吗？Have you decided whether we go by airplane or by train?

补充 其他表示交通工具的词语，见"乘坐（102）"。

🪴 自 测

一 选词填空。

A 发展	B 反对	C 短信	D 方便	E 而且

1. 对于害羞的人来说，发（　　）是一种不错的交流方式。
2. 她不但聪明，（　　）常常帮助别人，大家都非常喜欢她。
3. 食堂就在宿舍旁边，吃饭很（　　）。
4. 妈妈（　　）姐姐跟那个男人结婚，因为他没有工作。
5. 现在中国（　　）得越来越快，中国人的生活也越来越好了。

A 堵车	B 翻译	C 房间	D 方法	E 放松

6. 这句汉语我看不懂，你能帮我把它（　　）成英语吗？
7. 前面怎么又（　　）了？我快迟到了！
8. 他住1号楼，（　　）号码是1216。
9. 你学习成绩那么好，有什么好的学习（　　）吗？
10. 你最近太紧张了，需要（　　）一下。

A 法律	B 电梯	C 方向	D 对面	E 方面

11. 刚来中国时，我在学习、生活、交朋友等很多（　　）遇到了困难。

12. 在中国，就要按照中国的（　　）来做事情。

13. 王老师的办公室就在我们教室（　　），所以我每天都能看到他。

14. （　　）坏了，我们只能爬楼梯了，还好五楼不算很高。

15. 我不记得路了，你有地图吗？我看看应该往哪个（　　）走。

A 调查	B 发生	C 放弃	D 烦恼	E 发烧

16. A：王经理一天没来上班，你知道他（　　）什么事了吗？

　　B：听说他家里有事儿，这几天都不能来。

17. A：学汉语太难了，我觉得我学不会。

　　B：再坚持一下，不要刚开始学就（　　）。

18. A：到底是谁拿走了那份资料？

　　B：公司正在进行（　　），现在还不知道结果。

19. A：你最近心情好像不太好，怎么了？

　　B：我的包丢了，里面有很多重要的东西，这事儿真让我（　　）！

20. A：你去医院了吗？身体好点儿了？

　　B：去了，好多了，已经不（　　）了，但是还要继续吃药。

二 完成句子。

21. 听懂　能　他　汉语　广播　_____

22. 原因　发现　你　问题的　吗　了　_____

23. 非常　大　范围　这次考试　的　_____

24. 放暑假时　旅行　我常常　去别的　城市　_____

25. 电脑　现在人们　常常用　收发　电子邮件　_____

看图，用词造句。

26. 锻炼

_____

27. 放

_____

28. 电视

_____

29. 动物

_____

30. 肚子

_____

第 **5** 天

学习重点

本部分共有一级词汇 5 个，二级词汇 8 个，三级词汇 14 个，四级词汇 33 个。

需要注意的语言点主要有：① 程度副词"非常"，介词"给、跟"的用法；②"负责、干杯"的用法；③ 结构"告诉＋人＋事"和"鼓励＋人＋做什么事"；④"分／分钟"、"刚才／刚"的区别。

241. 非常② fēicháng 副. very

例 放暑假的时候，天气非常热。It is very hot during the summer vacation.

例 晚餐非常丰富，我吃得很饱。Dinner was very bountiful, and I ate too much.

补充 有点儿（181）< 比较（46）< 很（347）< 非常 < 特别（848）< 十分（770）< 极（387）。副词"极了"常用在形容词后，常用结构"形＋极了"。

辨析 非常 vs. 很（347）vs. 挺（867），见"挺（867）"。

242. 分③ fēn 动. to divide; to separate 量. minute; point (in sports, games or tests); *fen* (unit of money); score

例 既然他不喝，我们几个人就把这箱饮料分了吧。Since he doesn't drink it, let's share this box of drink.

例 现在是八点十分。It is ten past eight now.

例 由于粗心，这次考试我只得了 65 分。I merely got 65 points in this exam because of my carelessness.

补充 其他表示钱币单位（monetary unit）的词语，见"角（424）"。

辨析 分 vs. 分钟（243），见"分钟（243）"。

243. 分钟① fēnzhōng 名. minute

例 如果你能在三分钟内猜出答案，你就赢了。If you can guess the answer in three minutes, you win.

例 他一分钟能游 100 米。He can swim 100 meters in a minute.

辨析 分钟 vs. 分（242）

"分钟"表示时间段，常跟"小时"连用，如：一小时四十分钟；"分"表示时间点，常跟"点"连用，如：一点四十分。

244. 份④ fèn 量. classifier for gifts, newspapers, magazines, papers, reports, contracts, etc.

例 请帮我把这份材料打印两份。Please help me print two copies of this material.

例 我对现在的这份工作非常满意。I am very satisfied with my present job.

245. 丰富④ fēngfù 形. rich; abundant 动. to enrich

例 晚餐非常丰富，我吃得太饱了。Dinner was very bountiful, and I ate too much.

例 多跟同事讨论可以丰富你的工作经验。More discussions with colleagues can enrich your work experience.

题 排列顺序：A 但实际上都是由经验丰富的老师傅做的，质量非常好

B 这些家具看起来普普通通

C 即使用上二三十年也不会坏 　　　　　　　　　　（样卷 -60）

A 句中的"但"表示转折，所以 A 不会是第一句，A 的前一句的内容应该与"经验丰富的师傅做的"、"质量非常好"形成转折关系，应是 B 句"看起来普普通通"。C 句在 B 句的基础上做出了补充，应放在最后，所以答案应为 BAC。

246. 否则④ fǒuzé 连. if not; otherwise; or else

例 这场比赛我们队必须赢，否则我们都得回国。Our team must win this game, otherwise we will all have to go back to our country.

补充 "否则"常用在一句话的后半段。

247. 服务员② fúwùyuán 名. waiter; waitress

例 那家宾馆的服务员态度非常好。The waiters of that hotel are very nice.

例 服务员，请给我一份西红柿鸡蛋汤。Waiter, please give me a tomato and egg soup.

补充 x 员：售货员（794）、演员（1004）、职员（employee）、运动（1096）员、营业员

248. 符合④ fúhé 动. to conform to; to accord with

例 他的这种做法不符合我们宾馆的规定。His behavior doesn't accord with our hotel's regulations.

例 这个花瓶不符合标准，必须重新做。The vase doesn't meet the standard and must be remade.

249. 父亲④ fùqīn 名. father

例 我父亲是一名律师，母亲是大学老师。My father is a lawyer, and my mother is a college teacher.

例 父亲从小就教育我要做一个诚实的人。My father told me to be an honest person since I was very young.

题 请选出正 男：怎么忽然想起买花了？要送谁啊？

确答案： 女：今天是父亲节，你不会忘了吧？快去买礼物吧。

问：女的为什么买花？ (H41001-25)

A 父亲节　　　 B 花很便宜　　　 C 妈妈生病了　　　 D 朋友过生日

💡 从"今天是父亲节"，得出答案为 A。

题 请选出正 男：晚上有什么安排吗？跟我们去游泳吧。

确答案： 女：不了，我爸今天过生日，家里来了一些亲戚，我得回去帮忙。

问：今天是谁过生日？ (H41004-19)

A 女儿　　　 B 父亲　　　 C 爷爷　　　 D 奶奶

💡 从"我爸今天过生日"，可知"过生日"的是"父亲"，得出答案为 B。

补充 "父亲"是书面语，"爸爸"是口语；"母亲（614）"是书面语，"妈妈（579）"是口语。"爸爸和妈妈"，书面语说"父亲和母亲"，也可以说"父母亲"或"父母"。

250. 付款④ fùkuǎn　动. to pay a sum of money; to pay for

例 先生，请到收银台付款。Sir, please pay at the cashier over there.

例 请问，您的付款方式是刷卡还是现金？ How will you pay, by credit card or cash?

补充 "付款"口语中也说"付钱"，一般说"付款"时，数量（802）比较大。

251. 负责④ fùzé　动. to be in charge of; to take responsibility for
形. responsible

例 这件事情由小王负责，他是这方面的专家。Xiao Wang is responsible for this. He is an expert in this field.

例 不要担心，他是一个非常负责的人。Don't worry. He is a very responsible person.

题 请选出正
确答案：

女：明天几点到？八点来得及来不及？

男：提前点儿吧？咱们还得负责打印会议材料呢。

问：他们要提前做什么？ (H41001-14)

　A 准备礼物　　　B 打印材料　　　C 收拾房间　　　D 讨论问题

从"提前（855）点儿吧，咱们还得负责打印会议材料呢"，得出答案为 B。本题中出现的生词有"准备（1170）"、"收拾（787）"、"讨论（846）"。

辨析 负责 vs. 责任（1105），见"责任（1105）"。

252. 附近③ fùjìn 名. (in the) vicinity; nearby

例 这里的生活非常方便，附近有银行、医院、超市等。Life here is very convenient. There are banks, hospitals, supermarkets, etc nearby.

辨析 附近 vs. 周围（1159），见"周围（1159）"。

253. 复习③ fùxí 动. to review

例 学习的过程中，复习和预习同样重要。Review is as important as preview in studying.

例 复习得差不多了，先休息休息。I have almost finished reviewing, and I'd like to have a rest first.

补充 预习（1081）、练习（557）；复印（254）

254. 复印④ fùyìn 动. to photocopy; to duplicate (a document)

例 我又把上次的材料复印了一下，会议结束后发给大家。I photocopied the former material for many copies, and I will distribute them to everyone after the meeting.

补充 打印（138）

255. 复杂④ fùzá 形. complicated; complex

例 这里的情况很复杂，我还没有完全了解清楚。The situation here is very complicated. I haven't known about it completely.

辨析 复杂 vs. 麻烦（580）vs. 难（624），见"麻烦（580）"。

反义 简单（408）

256. 富④ fù 形. rich

例 他的公司发展得非常好，越做越大，他也越来越富。As his company develops very well and grows bigger and bigger, he is also becoming more and more wealthy.

反义 穷（704）

257. 改变④ gǎibiàn 动. to change; to alter; to transform

例 我们改变不了周围的环境，但是我们能改变自己适应环境。We can't change the environment, but we can change ourselves to adapt to the environment.

例 来中国留学以后，我改变了很多，学会了做饭、洗衣服等。After coming to China for study, I changed a lot and learned to cook and wash clothes, etc.

辨析 改变 vs. 变化（52）vs. 变成 vs. 变得

"改变"后可加名词宾语，如：改变计划（390）/ 看法（487）/ 习惯（922）/ 性格（979）/ 主意（1161）。"变化"可以是名词，也可以是动词，但其后不能加宾语。"变成"后加名词，表示变化结果。"变得"后加形容词，表示状态。

258. 干杯④ gānbēi 动. to cheers; to drink a toast

例 让我们为友谊干杯！Let's have a toast to our friendship!

259. 干净③ gānjìng 形. clean

例 教室的窗户擦得很干净。The windows of the classroom are wiped clean.

例 他负责把房间打扫干净，我负责把饭做好。He is responsible for cleaning the room, and I am in charge of cooking.

补充 见"打扫（136）"。

反义 脏（1103）

260. 赶④ gǎn 动. to try to catch; to rush for

例 师傅，请开快点儿，我赶飞机！Excuse me, can you drive a little faster. I'm in a hurry to catch the flight!

例 既然不赶时间，我们就一边走一边逛吧。Since we are not in a rush, let's look around while walking.

261. 敢④ gǎn　动. to dare

例 我不敢打他，因为他个子比我高，年龄比我大。I dare not hit him, because he is taller and older than me.

例 你敢不敢告诉他你喜欢他？ Dare you tell him that you like him?

262. 感动④ gǎndòng　动. to move (somebody); to touch (somebody emotionally)　形. moved

例 听到这个消息，大部分人都感动得哭了。Hearing the news, most people were moved to tears.

例 这件事让我觉得非常感动。It deeply touched me.

263. 感觉④ gǎnjué　动. to feel　名. feeling

例 我一直感觉冷，可能是发烧了，得去医院打一针。I always feel cold. Maybe I've got a fever and have to go to hospital for an injection.

例 我对他没有感觉，所以拒绝了他。I have no feelings for him, so I turned him down.

辨析 感觉 vs. 觉得（480）vs. 认为（724），见"觉得（480）"。

264. 感冒③ gǎnmào　动. to catch a cold　名. cold

例 其实，夏季更容易感冒。In fact, it is easier to catch a cold in summer.

例 最近他得了重感冒，只好在家休息。He has got a bad cold recently and has to stay at home to rest.

265. 感情④ gǎnqíng　名. feeling; emotion

例 任何语言都表达不了我对你的感情。No words can express my feelings for you.

题 请选出正确答案：只有动作没有感情的表演是没有生命力的，一个好的演员，想要拉近和观众的距离，就要学会用感情和观众进行对话与交流。
表演要具有生命力，应该重视什么？　　　　　　　　　　　(H41002-71)

A 生命　　　B 感情　　　C 动作　　　D 感觉

💡 从主题句"只有动作没有感情的表演是没有生命力的"，可知"没有感情"就"没有生命力"，因此"表演要具有生命力"，就要"有感情"，得出答案为 B；另外，从"想要拉近和观众的距离，就要学会用感情……"，也可以得出答案。本题中出现的生词有"生命（759）"。

G

266. 感谢④ gǎnxiè　动. (to express) thanks

例 她帮了我一个大忙，我请她吃了一顿饭表示感谢。She helped me a lot, so I invited her to dinner for thanks.

🐦 **辨析** 感谢 vs. 谢谢（962）

"感谢"常用在书面语中，前可加"很、非常"等，语气较重；"谢谢"常在面对面时说，"谢谢"前不加"很、非常"等，语气比"感谢"轻。

267. 感兴趣③ gǎn xìngqù　动. to have an interest (in); to be interested in

例 她只对跳舞感兴趣。The only thing that she is interested in is dancing.

题 **判断对错**：兴趣是最好的老师，如果孩子对一件事情感兴趣，那他一定会主动、努力地去学习，效果也会更好。

为了提高学习效果，应该让孩子：（　　）　　　　　　　　　　（样卷 -72）

　　A 积累经验　　　　B 努力学习　　　　C 产生兴趣　　　　D 相信自己

💡 主题句（topic）常常是第一句，根据"兴趣是最好的老师"，得出答案 C。

补充 常用结构"对……感兴趣"，有时"感"也可换成"有"，"对……有兴趣"。

268. 干④ gàn　动. to work; to do; to make

例 您丈夫是干什么的？ What does your husband do?

例 我刚干了一件坏事，不敢告诉老师。I just made a mischief, and I dare not tell the teacher.

🐦 **辨析** 干 vs. 弄 (641) vs. 做 (1200)，见"做 (1200)"。

269. 刚④ gāng　副. just; exactly

例 这双鞋大小刚合适。This pair of shoes just fits me well.

例 弟弟大学毕业刚半年，就结婚了。My brother got married just six months after graduating from the university.

例 我刚下飞机。I just got off the plane.

补充 "刚"的重叠形式"刚刚"的意义和用法与"刚"基本相同，稍（slightly）有区别。

辨析 刚 vs. 刚刚 vs. 刚才（270）

"刚"与"刚刚"都是副词，只能做状语，二者稍有区别："刚"一定不能用在主语前，但"刚刚"可以。比如，不能说"刚他还在这儿"，但可以说"刚刚他还在这儿"。"刚才"是名词，可以做主语和定语。

270. 刚才③ gāngcái 名. just now; a moment ago

例 你刚才去哪儿了？张东来找你，可你不在。Where did you go just now? Zhang Dong was looking for you, but you were not here.

例 刚才这里发生了一起交通事故，一辆黑色的轿车把一个小男孩儿撞倒了。A traffic accident just happened here. A black car knocked a small boy down to the ground.

辨析 刚才 vs. 刚（269），见"刚（269）"。

271. 高② gāo 形. high; tall

例 现在开着空调，房间里的温度比外边高十度。Now the air conditioner is on, so temperature in the room is ten degrees higher than outside.

例 以前哥哥个子比我高，现在我已经超过他了。My elder brother was taller than me before. Now I exceed him.

补充 "高"可以用来指：温度（904）、水平（810）、程度、能力(632)、价格（403）、工资（284）、奖金（415）、收入（786）、质量（1147）等。

反义 矮（3）、低（171）

272. 高速公路④ gāosù gōnglù 名. highway; motorway

例 听说这里的高速公路限速 120 公里／小时，是真的吗？It's said that the speed limit on the highway here is 120mph, is it true?

273. 高兴① gāoxìng 形. happy; glad

例 朋友们都考上了理想的大学，我真高兴啊。I am really happy that all my friends have been admitted to their ideal universities.

例 很高兴见到你。Nice to meet you.

辨析 高兴 vs. 开心（485）vs. 快乐（517）vs. 愉快（1076）

"高兴"和"开心"都指心情好，在口语中都比较常用，通常都是一种即时反应，如"听到自己获奖的消息时，他太开心／高兴了"。"快乐"主要指一种感觉，通常是一段时间的；也常说："祝你生日快乐、祝你新年快乐"；"愉快"也指心情（963），常说"心情愉快，生活愉快"；"快乐、愉快"在书面语中比较常用。

274. 告诉② gàosu 动. to tell; to let know

例 你最好别把这件事告诉他。You'd better not tell him about this.

例 同学们，告诉大家几个好消息。Everyone, I will tell you some good news.

辨析 告诉 vs. 讲（414）vs. 聊天儿（561）vs. 说话（816）vs. 谈（840）

"告诉"常用结构"告诉＋人＋事"；"讲"常用于讲故事、讲课，有"解释（444）、说明（817）"的意思；"聊天"是离合词，常用"A 跟 B 聊天"，用于口语；"说话"是离合词，常用"A 跟 B 说话"，口语中也用"A 对 B 说……"；"谈"后面常加具体的问题或事情，比"聊天"正式（1129）。

275. 哥哥② gēge 名. elder brother

例 我哥哥的专业是法律，他毕业后想当一名律师。My elder brother majors in law. He wants to be a lawyer after graduation.

补充 其他表示家庭成员的词语，见"爸爸（14）"。

276. 胳膊④ gēbo 名. arm

例 我上周末打篮球时伤到了胳膊。I hurt my arms when I played basketball last weekend.

补充 腿（880）、手、脚（426）、眼睛（1001）、鼻子（44）、耳朵（216）、嘴（1184）

277. 个① gè 量. classifier for people or objects in general

例 你们班到底有多少个美国学生？How many American students are there exactly in your class?

例 关于这个问题，我们以后再讨论。We will talk about this question later.

278. 个子③ gèzi 名. height; stature

例 谁是你们班个子最高的同学？Who is the tallest student in your class?

例 他个子高高的，眼睛大大的，谁见了都喜欢。He is tall and has big eyes. Everybody likes him.

题 选词填空：别看王师傅（　　　）没你高，力气却比你大多了，你信不信？
　　　A 伤心　　B 按时　　C 距离　　D 坚持　　E 耐心　　F 个子　　　（H41004-49）

💡 从"……高"、"力气（549）……大"，可知这里是比较"王师傅"和"你"的两个方面，第二个方面是"力气"，再看"高"，可知第一个比较的方面是"个子"，得出答案为 F。

---

279. 各④ gè　代. each; every

例 各位，请安静一下，我们的会议马上就要开始了。May I have your attention please? Our meeting is about to start.

例 各位乘客，飞机马上就要起飞了，请大家系好安全带。Ladies and gentlemen, the plane is about to take off. Please fasten your safety belt.

🐦 辨析 各 vs. 每（597）
"各"强调不同；"每"强调相同、一直这样，常与"都"连用。

---

280. 给② gěi　动. to give　介. to; for

例 他给了我一本中文书。He gave me a Chinese book.

例 我一到家就给你打电话。I will call you as soon as I get back home.

例 请帮我把这本杂志交给她。Please help me deliver this magazine to her.

补充 "给"做介词时，常放在表示"转移（transfer）"意思的动词后，如：交给、送给、还给；放在动词前时，常用结构"给＋人＋动"，用于这一结构的动词常有"受益（benefit）"的含义。

---

281. 根据③ gēnjù　介. according to　名. basis; foundation

例 请根据下面的短文，回答问题。Please answer the questions according to the following passage.

例 他刚才说的话完全没有根据。What he said just now was completely unfounded.

题 **排列顺序**：A 在原有的基础上，增加了一部分文化交流的内容

B 王校长，根据您的要求

C 我把这篇报道稍微改了一下 (H41003-61)

由"根据……，……"，所以 B 在 C 前；A 是"改"的具体内容，也就是"增加了……"，所以 A 应该在 C 后，得出答案为 BCA。

G

辨析 **根据** vs. **按照**（11），见"按照（11）"。

---

282. 跟③ gēn 动. to follow closely 介. with

例 妹妹抱着一瓶牛奶跟在后面。My younger sister follows behind holding a bottle of milk.

例 大学毕业后，哥哥就跟一名律师结婚了。My elder brother was married to a lawyer after he graduated from university.

---

283. 更③ gèng 副. even more

例 我比以前更认真了。I am more careful than before.

例 他汉语说得比以前更流利了。His Chinese is more fluent than before.

---

284. 工资④ gōngzī 名. wage; pay; salary

例 今天是发工资的日子，工人们都很高兴。Today is the day we get wages. The workers are very happy.

例 我对现在的工作非常满意，虽然工资不太高，但比较清闲。I'm very pleased with my present work. The salary is not very high, but my work is not busy.

---

285. 工作① gōngzuò 名. job; work

例 因为工作不好找，所以她想继续读博士。Because it is not easy to find a job after graduation, she plans to pursue a PhD degree.

---

286. 公共汽车② gōnggòng qìchē 名. bus

例 哥哥每天坐公共汽车上班。My elder brother goes to work by bus every day.

例 坐地铁没有坐公共汽车方便。Taking the subway is not as convenient as taking the bus.

题 判断对错：姐，咱们弄错方向了，去西边的公共汽车应该在对面坐。正好前边有个天桥，我们从那儿过马路吧。

他们要坐地铁。　（　　）　　　　　　　　　　　　　　　(H41005-4)

从"去西边的公共汽车"，可知他们要坐"公共汽车"，不是"地铁"，得出答案为（×）。

G

补充 其他表示交通工具的词语，见"乘坐（102）"。

---

287. 公斤③ gōngjīn　量. kilogram (kg)

例 我最近胖了，体重比原来增加了 5 公斤。I have been fatter recently. My weight has increased 5 kg than before.

---

288. 公里④ gōnglǐ　量. kilometer (km)

例 中国的"万里长城"全长 6700 公里。The Great Wall of China is 6700 kilometers long in total.

---

289. 公司② gōngsī　名. company; corporation; firm

例 哥哥是一家食品公司的高级职员。My elder brother is a senior clerk of a food company.

例 公司离家比较近，我每天上下班大概 20 分钟。My company is very near to my home. It takes about 20 minutes to go to work every day.

---

290. 公园③ gōngyuán　名. park

例 爷爷每天都会带着孙子去公园散步。The grandpa goes for a walk to the park with his grandson every day.

例 雨后公园里的空气很清新。The air in the park is quite fresh after the rain.

---

291. 功夫④ gōngfu　名. Kungfu; effort

例 我对中国功夫很感兴趣。I am very interested in Chinese Kungfu.

补充 "工夫"指在某件（some）事情上花（357）的时间或精力（energy），或者付出的努力（642），例如：他花了很多工夫学习汉语。He put a lot of efforts into his study of Chinese.

292. 共同④ gòngtóng　形. common; joint　副. jointly; together

例 地球是我们共同的家园，我们一定要好好保护它。The Earth is our common home, and we must take good care of it.

例 这家公司由他们俩共同管理。This company is managed by them together.

293. 狗① gǒu　名. dog

例 狗是一种聪明的动物。The dog is a kind of clever animal.

补充 其他表示动物的词语，见"动物（194）"。

294. 购物④ gòuwù　动（离合）. to go shopping

例 女人比男人更喜欢购物。Women are more fond of going shopping than men.

例 她常常去那家超市购物。She often went to that supermarket for shopping.

补充 "购"是"买"的意思，"物"是"东西"的意思，"购物"就是"买东西"，常用结构是"去＋地方＋购物"，"购物"后不再加宾语。

295. 够④ gòu　动. to reach; to be enough

例 我跳起来也够不着篮球架。I still can't reach the basketball stand even if I jump up.

例 别再点了，这些菜够了。Don't order any more. These dishes are enough.

补充 "够"做形容词用时，常放在动词后做结果补语，如吃够、喝够、玩够、学够，有"太多了而感到烦（tired）"的意思。

296. 估计④ gūjì　动. to estimate; to reckon

例 我估计这间大教室能坐下 60 人。I estimate that this big classroom can seat about 60 people.

题 选词填空：明天就可以在网上查成绩了，我（　　）这次考得不坏。

A 禁止　B 海洋　C 推迟　D 坚持　E 顺便　F 估计　　（H41001-49）

💡 从"明天可以……查成绩"，可知现在"我"还不知道成绩，所以我说"考得不坏"是"估计"，得出答案为 F。

297. 鼓励④ gǔlì　动. to encourage; to inspire

例 老师经常鼓励我们好好学习。Teachers often encourage us in our studies.

例 他们的成功鼓励了我们。Their success has inspired us.

题 排列顺序：A 因为这样不仅可以提高自己的信心

B 还能鼓励自己更积极地生活

C 大多数人都愿意把将来的生活想得很美好 （样卷 -64）

通读 A、B、C 三句之后，首先确定 C 是主题句，应该放在句首；然后根据"不仅……，还……"这对关联词，可确定 A 在 B 的前面，得出答案 CAB。

补充 常用结构"鼓励＋人＋做什么事"，如：老师鼓励他去参加这次比赛。

298. 故事③ gùshi　名. story; tale

例 妈妈给我讲过一个故事。My mom once told me a story.

例 听了她的故事，张东很感动。After listening to her story, Zhang Dong was very moved.

299. 故意④ gùyì　副. deliberately; on purpose

例 对不起，我不知道你在睡觉，我不是故意打扰你的。Sorry, I didn't know you were sleeping. I didn't mean to disturb you.

例 王芳故意把这个消息告诉了张东。Wang Fang told the news to Zhang Dong deliberately.

300. 顾客④ gùkè　名. customer

例 今天商店里只有三位顾客。There are only three customers in the store today.

例 他们的服务让顾客很满意。Their services make customers very satisfied.

补充 客人（503）；x 客：乘客（passenger）、游客（tourist）、旅客（traveller）

 自 测

一 选词填空。

A 否则　　B 根据　　C 付款　　D 感动　　E 赶

1. 刚来中国时我觉得生活很不容易，老师对我的帮助让我很（　　　）。

2. 这些工作必须在下班以前完成，（　　）就要加班了。

3. 很高兴我们（　　）上了最后一班地铁。

4. （　　）调查结果，是小王拿走了那份重要资料。

5. 对不起，我们这儿只能用现金（　　）。

A 故意	B 附近	C 感情	D 共同	E 改变

6. 地球是我们（　　）的家，我们都应该爱护它。

7. 学校（　　）有电影院、商场和书店。

8. 对不起，我不是（　　）的。

9. 不好的习惯应该（　　），这样才能进步。

10. 他们俩从小一起长大，（　　）非常好，像亲兄弟一样。

A 丰富	B 刚才	C 附近	D 个子	E 符合

11. 他做的蛋糕完全（　　）顾客的要求，顾客对他很满意。

12. 今天的晚饭真（　　），是为了庆祝什么节日吗？

13. 那个（　　）不高，穿黑西服的就是王老师。

14. （　　）老师说什么了？我回来晚了，没听见。

15. 我家（　　）没有超市，购物很不方便。

A 鼓励	B 估计	C 复杂	D 刚	E 负责

16. A：这个问题很简单，一点儿也不（　　），你怎么还想不明白呢？

　　B：你觉得简单，可我还要再想想。

17. A：王经理，请您谈谈顾客反映的这个问题。

　　B：我们公司会对这件事（　　），十天以后会把调查结果告诉大家，谢谢。

18. A：我女儿最近学习成绩不好，昨天我批评了她。

　　B：对孩子要多（　　），让她有信心，不能总是批评。

19. A：他为什么要请你吃饭？

　　B：他没说，我（　　）可能是因为上次我帮了他，他想向我表示感谢。

20. A：你们什么时候到啊？

　　B：大概20分钟后吧，现在（　　）准备出发。

二 完成句子。

21. 更 上海 的 多 高楼 ＿＿＿＿＿＿＿＿＿＿＿＿＿＿＿

22. 哥哥 高 比弟弟 个子 ＿＿＿＿＿＿＿＿＿＿＿＿＿＿＿

23. 会打篮球的人 喜欢 非常 我 ＿＿＿＿＿＿＿＿＿＿＿＿＿

24. 他现在的 超过了 五千 工资 ＿＿＿＿＿＿＿＿＿＿＿＿＿

25. 一定要 你 表示 向他 感谢 ＿＿＿＿＿＿＿＿＿＿＿＿＿

三 看图，用词造句。

26. 高兴

＿＿＿＿＿＿＿＿＿＿＿＿＿

27. 告诉

＿＿＿＿＿＿＿＿＿＿＿＿＿

28. 干净

＿＿＿＿＿＿＿＿＿＿＿＿＿

29. 干杯

＿＿＿＿＿＿＿＿＿＿＿＿＿

30. 购物 ＿＿＿＿＿＿＿＿＿＿＿＿＿

第 **6** 天

 **学习重点**

本部分共有一级词汇 7 个，二级词汇 7 个，三级词汇 16 个，四级词汇 30 个。

需要注意的语言点主要有：① "光、还、还是" 的意思和用法；② "过" 的用法；③ "好" 的意思和用法；④ "后来 / 以后" 的区别；⑤ "画 / 画儿" 的区别。

301. 刮风③ guā fēng 动. be windy

例 多穿点儿，外面刮大风呢。Put on more clothes. The wind is strong outside.

例 这几天天气真不好，不是刮风，就是下雨。The weather is really bad these days. It's either windy or raining.

补充 天气（859）：下雨（929）、下雪（snow）

302. 挂④ guà 动. to hang

例 墙上挂着一张地图。A map hangs on the wall.

例 请把衣服挂在门后。Please hang the clothes behind the door.

题 看图，用词造句。

（H41002-98）

挂

💡"挂"是 V，根据"S+V+O"，得出参考答案①：他正在挂那幅画儿；还可以根据"S+ 把 +O+V+ 其他"，得出参考答案②：他想把画儿挂在墙上。

题 选词填空：她要求在洗手间的墙上（　　　）一面大镜子。　　（H41003-46）

A 食品　　　B 粗心　　　C 礼貌　　　D 坚持　　　E 挂　　　F 完全

💡"墙上"和"一面大镜子"中间应该加一个动词，根据意思，"挂"正确，得出答案为 E。

303. 关③ guān 动. to close; to shut; to turn off

例 下雨了，快把窗户关上吧。It's raining now. Close the window quickly.

例 出门时别忘了关空调。Don't forget to turn off the air conditioner when you go out.

补充 "关"常和"上"一起用，组成"关上"。

反义 开（482）

304. 关键④ guānjiàn 名. crucial point; key point

例 问题的关键是谁说了那样的话。The crucial point is who said something like that.

例 学好汉语的关键是多听多说。The key point to studying Chinese well is listening and speaking more.

305. 关系③ guānxì 名. relation; relationship

例 我们是朋友，我们的关系很好。We are friends, and we have a good relationship.

题 请选出正
确答案：

男：小李，刚才跟你说话的那个女孩儿是谁啊？

女：我大学同学，你认识？

男：应该不认识，但是好像在哪儿见过。

女：那你可能是在我的大学毕业照上见过吧。

问：那个女孩儿和小李是什么关系？　　　　　(H41001-27)

A 亲戚　　　　B 同学　　　　C 师生　　　　D 同事

💡 根据女的说"我大学同学"，可得出答案为B。常说"亲戚/同学/朋友/师生/夫妻/父子/母女/同事关系"。

306. 关心③ guānxīn 动. to be concerned with; to care for

例 老师很关心我们的学习。The teacher is very concerned about our study.

例 谢谢你的关心。Thank you for your concern.

题 请选出正确答案：老人总是喜欢往回看，回忆总结自己过去的经历；而年轻人却相反，他们喜欢向前看，也容易接受新鲜事情。

和老年人相比，年轻人：　　　　　　　　　　　(H41003-66)

A 更节约　　　　B 拒绝变化　　　　C 关心将来　　　　D 缺少竞争力

💡 从"年轻人……喜欢向前看"，得出答案为C。在这句中，"向前看"和"关心将来"意思相同。本题中出现的生词有"节约（438）"、"拒绝（476）"、"缺少（712）"。

307. 关于③ guānyú 介. with regard to; about

例 关于这个问题，我们明天再讨论。About this issue, we can discuss tomorrow.

308. 观众④ guānzhòng　名. audience

例 这部电影吸引了很多观众。This movie has attracted a big audience.

补充 听众（listener）

309. 管理④ guǎnlǐ　动. to manage; to administer

例 他一个人管理那么大的公司，真不容易。It is really not easy for him to manage such a big company by himself.

例 他有丰富的管理经验。He has extensive management experience.

题 请选出正确答案：孩子从小就要养成管理自己的好习惯。管理自己不但指自己的事情自己做，更重要的是时间管理，让孩子会计划自己的时间，今天应该完成的事情就不能留到明天，不要总说"来不及了"。

为什么有的孩子总说"来不及了"？　　　　　　　　　　　　　　　（H41002-68）

A 太懒　　　　B 很孤单　　　　C 爱开玩笑　　　　D 不会管理时间

💡 第一句是主题句，从这句中我们可以知道这段话是说要"管理自己"。从"不但……，更重要的是时间管理"，可知"时间管理"是全段讨论的重点。结合短文中出现的"来不及了"，可知孩子说"来不及了"是因为"不会管理时间"，得出答案为 D。本题中出现的生词有"懒（530）"、"开玩笑（484）"。

310. 光④ guāng　形. using up　副. only; merely

例 你怎么这么快就把钱花光了？How can you spend all the money so soon?

例 社会的发展不能光看经济的增长，还要重视环境的保护。Social development not only depends on the economic growth. We also need to pay attention to the environmental protection.

补充 "光"做形容词时，可以组成"动＋光"，如：吃光、喝光、用光、花光、卖光等；做副词时，意思跟"只"差不多。

311. 广播④ guǎngbō　动. to broadcast　名. broadcast

例 你听，机场正在广播什么？Listen, what does the airport broadcast say?

例 我不但喜欢看电视，而且喜欢听广播。I not only like to watch TV, but also like to listen to the radio.

题 **选词填空**：A：快点儿，咱们的飞机就要起飞了。 (H41002-53)

B：没事，（　）里说，国际航班都推迟起飞了，咱可以再逛逛。

A 填　　　B 正式　　　C 温度　　　D 酸　　　E 广播　　　F 肚子

💡 从"飞机就要起飞了"、"国际航班都推迟起飞了，咱可以再逛逛"，可知"我们"现在在机场，机场通知航班"推迟起飞"的应该是"广播"，得出答案为 E。

G

312. 广告④ guǎnggào　名. advertisement

例 这本杂志里的广告太多了，我不喜欢。There are too many advertisements in this magazine. I don't like it.

题 **请选出正确答案**：我喜欢读这份报纸，因为它的内容丰富，而且广告少，最重要的是，经济方面的新闻对我的工作很有帮助。

他喜欢这份报纸的原因之一是： (H41001-70)

A 免费　　　B 价格低　　　C 广告少　　　D 笑话多

💡 从文中可以看出，我喜欢读这份报纸的原因有三个："内容丰富"、"广告少"和"对我的工作有帮助"，得出答案为 C，其他的都没有说到。本题中出现的生词有"免费（606）"。

题 **请选出正确答案**：一群性格各不相同的年轻人，几个酸甜苦辣的爱情故事，一段经历了半个世纪的美好回忆。由孙俪等著名演员主演，电视剧《血色浪漫》，星期日晚上 8 点，欢迎您继续收看。

这段话最可能是： (H41005-69)

A 广告　　　B 京剧　　　C 小说　　　D 日记

💡 这段话是在介绍一部电视剧的内容、主演和播出时间，因此只有"广告"正确，得出答案为 A。本题中出现的生词有"京剧（454）"、"小说（954）"、"日记（731）"。

313. 逛④ guàng　动. to stroll

例 放假时我喜欢逛商店、买东西。During holidays, I like to go to shop and buy something.

题 判断对错：很多妻子都希望自己的丈夫能记住他们结婚的日子，并且能在每年的这一天收到他送的礼物。

妻子希望丈夫陪她逛街。（　　）　　　　　　　　　　　　　　(H41004-1)

💡 从"很多妻子都希望……收到他送的礼物"，可知妻子希望收到礼物。"逛街"在句子中没有出现，得出答案为（×）。

补充 逛 x：逛公园（290）、逛商店（741）、逛街（434）

314. 规定④ guīdìng 动. to stipulate　名. rule; stipulation

例 学校规定每天 8 点上课。The school stipulates that the classes begin at 8 a.m. every day.

例 你这样做不符合我们公司的规定。It is against our company's rules for you to do this.

题 完成句子：完全　国家的　这么做　符合　法律规定　(H41005-95)

💡 根据"的＋名词"，可以组成"国家的法律规定"；动词"符合"后常可加"要求、实际、条件、规定、标准"等，得出"符合国家的法律规定"；"这么做"在句子中做主语（S），意思是"这种做法"；"完全"是副词，放在动词"符合"前，得出答案：这么做完全符合国家的法律规定。

315. 贵② guì　形. expensive; noble

例 您贵姓？May I know your surname?

例 这件衣服太贵了，能不能便宜一点儿？This dress is too expensive. Can you give me a bargain?

补充 价格（403）—高、东西（191）—贵

反义 便宜（663）

316. 国籍④ guójí　名. nationality

例 请把您的姓名、性别、年龄、职业和国籍填入表格中。Please fill your name, gender, age, occupation and nationality in the form.

317. 国际④ guójì　形. international

例 我是乘坐国际航班来中国的。I came to China with international airlines.

318. 国家③ guójiā　名. country

例 我们国家离中国很远。Our country is very far from China.

319. 果汁④ guǒzhī　名. fruit juice

例 多喝果汁对我们的身体和皮肤都有好处。Drinking fruit juice a lot does good to our body and skin.

补充 x 汁：橙汁（orange juice）、苹果汁（apple juice）、葡萄汁（grape juice）、西瓜汁（watermelon juice）

320. 过③ guò　动. to pass (time); to cross

例 时间过得真快，来中国快一年了。Time really flies. I have been in China for nearly one year.

例 过马路时，要注意交通安全。When crossing the road, we should pay attention to traffic safety.

题 请选出正确答案：猜猜我奶奶给了我什么生日礼物？一个照相机！正好明天去海洋馆，我来给你们照相吧。

奶奶给孙子买照相机，是因为：　　　　　　　　　　　　　　　　（H41002-75）

A 想鼓励他　　　　B 他过生日　　　　C 春节快到了　　　　D 要去海洋馆

从"生日礼物"，可以知道奶奶给孙子买照相机，是因为"他过生日"，得出答案为 B。

321. 过② guo　助. indicating a past experience

例 我去过北京，没去过上海。I have been to Beijing, but have not been to Shanghai.

例 我从来没吃过这么好吃的东西。I have never eaten such delicious food.

补充 "动＋过"表示经历，强调动作或行为的结束点，如：我去过北京，没去过南京。如果一个动词表示的动作没有结束点（terminal point），如"知道、明白、清楚、熟悉"等不能与"过"一起用。

322. 过程④ guòchéng 名. course of events; process

例 做事情应该看过程，而不是结果。We should emphasize the process rather than the result when doing something.

323. 过去③ guòqù 名. (in the) past

例 过去的事情就不要再想了。Don't think too much about the past things.

题 请选出正确答案：小时候，我们往往会有许多浪漫的理想。但是随着年龄的增长，我们天天忙于工作和生活，那些梦逐渐地离我们远去了。

根据这段话，当我们长大时：　　　　　　　　　　　　　　(H41004-72)

A 更幸福了　　　　B 烦恼减少了　　　　C 喜欢回忆童年　　　　D 忘了过去的理想

💡 问题中的"长大时"，就是短文中的"随着年龄的增长"；"那些梦"就是"小时候……浪漫的理想"；"那些梦逐渐地离我们远去了"也就是我们"忘了过去的理想"；"过去"在这里指的是"小时候"，得出答案为 D。

324. 还② hái 副. in addition; else; still; yet; even; not only...

例 还要别的吗？Do you want anything else?

例 我现在还不习惯北方的气候，太干燥了。Now I'm not yet used to the climate in the North. It's too dry.

例 社会的发展不能光看经济增长，还要重视环境保护。Social development not only depends on the economic growth. We also need to pay attention to the environmental protection.

例 今天比昨天还冷。It's even colder today than yesterday.

🐦 辨析 还 vs. 另外（566），见"另外（566）"。

🐦 辨析 还 vs. 也（1016），见"也（1016）"。

🐦 辨析 还 vs. 又（1072），见"又（1072）"。

325. 还是③ háishi　连. or 副. still; had better

例 你想吃什么，米饭还是面条？ What do you want to eat, rice or noodles?

例 这么多年过去了，王教授还是那么年轻。So many years have passed, and Professor Wang is still so young.

例 你还是早点睡吧，也没什么好电视。You'd better go to bed early. There is nothing interesting on TV.

题 请选出正确答案：喂，你声音再大点儿，我听不清。　　　　　　（　　）

　　A 我还是出了地铁再给你打电话吧。

　　B 才到中国没多长时间，你就学会用筷子了，真不错。

　　C 医生，除了每天按时吃药，还需要注意什么？

　　D 我大学同学王进，和我关系一直很不错的那个。

　　E 是啊，马上就要到春天了，还没下过雪呢。　　　　　　（样卷-67）

从"喂，你声音再大点儿，我听不清"可以知道，两个人是在打电话，而 A 正好提到打电话。由此可以知道对话的大概意思是在地铁里信号不好，打电话时对方听不清。答案为 A。

辨析 还是 vs. 或者（376），见"或者（376）"。

326. 孩子② háizi　名. child

例 我有两个孩子，一个是儿子，一个是女儿。I have two children, a son and a daughter.

327. 海洋④ hǎiyáng　名. ocean

例 海洋里有各种各样的生物。There are a variety of creatures in the ocean.

题 选词填空：地球上约 71% 的地方是蓝色的（　　　　）。　　　（H41001-50）

　　A 禁止　　　B 海洋　　　C 推迟　　　D 坚持　　　E 顺便　　　F 估计

由"蓝色"可以想到是"海洋"的颜色，得出答案为 B。

328. 害怕③ hàipà　动. to be afraid; to fear

例 我害怕爸爸，因为他总是批评我。I am afraid of my father because he always criticizes me.

例 第一次离开家的时候，我感到很害怕。When I left my home for the first time, I was very afraid.

辨析 害怕 vs. 怕 vs. 担心（150）vs. 恐怕（510），见"恐怕（510）"。

329. 害羞④ hàixiū　形. shy

例 她很喜欢那个男孩儿，一看见他就害羞得低下头。She likes that boy very much. When she sees him, she is very shy and lowers her head.

330. 寒假④ hánjià　名. winter vacation

例 我打算寒假的时候去哈尔滨旅游。I plan to travel to Harbin during the winter vacation.

补充 见"放暑假（237）"。

331. 汉语① Hànyǔ　名. Chinese language

例 现在学习汉语的人越来越多了。More and more people are studying Chinese today.

补充 x 语：英语、日语、法语、西班牙语、阿拉伯语

332. 汗④ hàn　名. sweat

例 今天真热，我都出汗了。It is really hot today. I sweat a lot.

题 看图，用词造句。

（H41002-97）

汗

💡 "汗"是名词，常与动词"出"连用，得出参考答案：她出汗了；她出了许多汗。

题 判断对错：出汗可以影响人的体温。大量运动后人会觉得很热，这时出汗可以使体温降低。相反，在寒冷的环境下，少出汗，可以留住体内的热量。

多出汗对身体好。 （ ） (H41004-4)

💡 文中说的是"出汗"和"体温"的关系。从"大量运动后……出汗可以使体温降低。相反，在寒冷的环境下，少出汗，可以留住体内的热量"，可知有时候"多出汗"好，有时候"少出汗"好，因此只说"多出汗对身体好"不全面，得出答案为（×）。

H

---

333. 航班④ hángbān 名. scheduled flight; flight (number)

例 请问，212 次航班什么时候到北京？ Could you tell me what time Flight 212 will arrive in Beijing?

题 请选出正确答案：先生，您乘坐的航班还有十分钟就要起飞了，现在已经停止换登机牌了。9:30 的航班还有票，要帮您换那一班吗？ (样卷 -67)

那位先生：

　A 错过了飞机　　　B 被禁止抽烟　　　C 行李超重了　　　D 丢了登机牌

💡 从"还有十分钟就要起飞了"、"现在已经停止换登机牌了"，可以知道这位先生是错过了这次航班的登机时间，已经不能乘坐这趟飞机了，所以答案为 A。

---

334. 好① hǎo 形. good 副. well

例 你真是一个好人。You're really a good man.

例 这辆车很好骑。This bike rides well.

题 判断对错：明天就要去使馆办签证了，邀请信竟然还没寄到，这可怎么办？

签证已经办好了。 （ ） (H41002-1)

💡 从"明天就要去……办签证了"，可知签证还没有办；而且"邀请信竟然还没寄到"，可知办签证遇到了问题，得出答案为（×）。

题 请选出正 女：下星期首都体育馆有场羽毛球比赛，我们一起去看？
确答案： 男：票恐怕很难买到吧？

问：男的主要是什么意思？ (H41002-14)

A 没兴趣 　　　 B 票很贵 　　　 C 票不好买 　　　 D 喜欢打网球

💡 从"票恐怕很难买到吧"，可知"票不容易买"，也就是"票不好买"，得出答案为 C。

补充 "好＋动"表示"good to"，如：好吃、好喝、好看、好听、好玩儿；"好＋动"表示"easy to"，如：好做、好用、好洗、好骑、好办。"动＋好"，如：吃好、用好、做好、准备好。"好"做副词时，常用在口语中，意思和"很"差不多，如：好久不见了，你还好吗？

335. 好吃② hǎochī 　 形. tasty; delicious

例 饺子真好吃。Dumplings are really delicious.

336. 好处④ hǎochù 　 名. benefit; profit

例 海边的空气对你有好处。The air at the seaside is good for you.

题 请选出正确答案：很多时候孩子发脾气是为了得到一些好处，父母不能因为孩子发脾气就给他好处。如果我们不重视这个问题，他就容易养成发脾气的坏习惯。

孩子发脾气主要是因为： (H41001-78)

A 缺少关心 　　　 B 父母批评他 　　　 C 想得到好处 　　　 D 想引起别人注意

💡 文中的第一句是主题句，即"很多时候孩子发脾气是为了得到一些好处"，得出答案为 C。本题中出现的生词有"批评（657）"、"引起（1048）"、"注意（1163）"。

反义 坏处（harm）

337. 好像④ hǎoxiàng 动. to be like; to seem 副. as if

例 那座山看起来好像一头牛。That hill looks like a cow.

例 屋子里好像没有人。It seems there is no one in the room.

例 他们俩一见面就好像是多年的老朋友。The two of them were as intimate as close old friends the moment they met.

338. 号① hào 量. (used to indicate number of people) 名. date; number

例 今天几号？ What date is it today?

例 你的房间号是多少？ What's your room number?

339. 号码④ hàomǎ 名. number

例 可以告诉我你的电话号码吗？ May I have your telephone number?

补充 x 号码（口语里也常说"号"）：房间／护照／手机／传真号（码）

340. 喝① hē 动. to drink

例 你喝什么，茶还是咖啡？ What would you like to drink, tea or coffee?

341. 合格④ hégé 形. qualified

例 经过检查，这家公司的商品质量全部合格。After inspection, the products of this company are all qualified.

例 他是一位合格的老师。He is a qualified teacher.

342. 合适④ héshì 形. suitable; fitting

例 这件衣服不大不小，正合适。This dress is neither big nor small. It's just the right size.

例 做这件事，没有人比你更合适了。No one is more suitable than you in doing this.

辨析 合适 vs. 适合（783）
"合适"是形容词，后面一般不加宾语；"适合"是动词，后面要加宾语。

343. 和① hé 连. and; together with 介. with

例 我家有三口人，爸爸、妈妈和我。There are three people in my family, father, mother and me.

例 你去看电影吗？我想和你一起去。Will you go to see a movie? I want to go with you.

344. 盒子④ hézi 名. case; box

例 请把你的东西放在这个盒子里。Please put your stuff in the box.

345. 黑② hēi 形. black; dark

例 我的自行车是黑的，张东的是红的。My bike is black and Zhang Dong's is red.

例 天就要黑了，我们快点儿走吧。It is getting dark. We'd better hurry up.

补充 表示各种颜色（1000）的词语：黑、红（348）、蓝（529）、绿（577）、白（16）

346. 黑板③ hēibǎn 名. blackboard

例 看黑板，不要看窗外。Look at the blackboard. Don't look out of the window.

例 黑板上有一些汉字。There are some Chinese characters on the blackboard.

347. 很① hěn 副. (adverb of degree) quite; very

例 今天天气很好。The weather today is very good.

例 这次考试容易得很。This exam is very easy.

补充 其他表示程度的副词，见"非常（242）"。

辨析 很 vs. 非常（241）vs. 挺（867），见"挺（867）"。

348. 红② hóng 形. red

例 她的脸红红的，好像一个红苹果。Her face is very red, like a red apple.

例 那个戴红帽子的女孩儿是我妹妹。That girl wearing a red hat is my younger sister.

补充 其他表示颜色的词语，见"黑（345）"。

349. 后悔④ hòuhuǐ 动. to regret

例 我后悔没有努力学习。I regret not studying hard.

题 选词填空：A：最近我总是咳嗽，吃点儿什么药好？　　　　　　（H41004-52）

B：以后别抽烟了好不好？等身体出现问题了，（　　）就来不及了。

A 严格　　　B 后悔　　　C 温度　　　D 直接　　　E 重点　　　F 提醒

💡 从文中可以知道，B 认为 A "咳嗽" 是因为 "抽烟"，B 觉得如果 A 一直抽烟，A 的身体可能会 "出现问题"，到那个时候做什么事情 "就来不及了"。根据选项，"后悔" 最合适，得出答案为 B。

题 **请选出正确答案**：许多人都有过后悔的经历，其实，只要我们按照自己的想法去做了，就没什么后悔的，因为我们不可能把所有的事情全部做对。另外，让我们走向成功的，往往是我们从过去做错的事情中得到的经验。

许多人都有过怎样的经历？ (H41005-42)

A 后悔　　　　B 得意　　　　C 紧张　　　　D 激动

💡 文中的第一句是主题句，即 "许多人都有过后悔的经历"，从这句话可以得出答案为 A。本题中出现的生词有 "紧张（449）"、"激动（385）"。

---

350. 后来③ hòulái　　名. afterward; later

例 你是十一点以前离开的，后来你做什么了？ You left before eleven o'clock. What did you do afterward?

例 小时候，我想当老师，后来我真的成为了一名老师。When I was a child, I wanted to be a teacher. I really became a teacher later.

🐤 **辨析** 后来 vs. 以后

"后来" 只指过去，不能指现在和将来（413），不能用在时间词后面，不能说 "十年后来"；"以后" 可指过去、现在、将来，可以单用，也可以与时间词连用，可以说 "十年以后"。

---

351. 后面① hòumiàn　　名. back; behind

例 学校后面有一条河。There is a river behind the school.

补充 其他表示方向的词语，见 "对面（207）"。

---

352. 厚④ hòu　　形. thick

例 这本书太厚了，什么时候能看完啊！ This book is too thick. When can I finish reading it!

例 厚衣服不一定暖和。Thick clothes are not always warmer.

补充 粗（thick, wide）、细（thin）

353. 互联网④ hùliánwǎng 名. Internet

例 互联网改变了我们的生活。The Internet has changed our life.

补充 口语中，常用"网"来替代较为正式的"互联网"，比如"上网"（surf the Internet）、"网上"（on the Internet；online）

题 请选出正确答案：现在在网上几乎什么都可以买到，你可以在网上买书、买鞋、买水果，你还可以在网上买沙发、买冰箱。网上商店可以保证东西的质量。这段话主要介绍什么？ (H41113-78)

A 网上购物　　　B 电子邮件　　　C 市场的竞争　　　D 怎么做生意

💡 口语中的"买东西"用书面语表达就是"购物（294）"，答案选 A

354. 互相④ hùxiāng 副. each other; mutually

例 我们应该互相帮助。We should help each other.

例 他们互相讨厌，关系一直不好。They hate each other and their relationship has not been good.

355. 护士④ hùshi 名. nurse

例 我姐姐是一家医院的护士。My elder sister is a nurse in a hospital.

例 我打算毕业以后当护士。After graduation I plan to be a nurse.

补充 其他表示职业的词语，见"大夫（147）"。

356. 护照③ hùzhào 名. passport

例 出国旅行要带护照。A person who travels abroad must carry his/her passport.

例 我把护照弄丢了。I lost my passport.

357. 花③ huā 动. to spend (money, time)

例 我花了一百美元买下了那辆自行车。I spent $100 buying that bike.

例 他花了一年时间写这本书。He spent one year writing this book.

358. 花③ huā 名. flower

例 春天到了，花园里的花都开了。Spring is coming, and the flowers are in bloom in the garden.

补充 口语中，名词"花"常说成"花儿"（huār），汉语里，"儿"有区别词性的作用，其他的例子比如："画"是动词"draw/paint"，"画儿"是名词"painting/picture"。

359. 画③ huà 名. picture; painting 动. to draw

例 他送给我一幅画儿，我非常喜欢。He gave me a painting. I like it very much.

例 我喜欢画画儿，也喜欢看书。I like drawing pictures and reading books.

补充 做名词时，"画"后常加"儿"，说成"画儿"。汉语里的"儿"放在动词或形容词后有区别词性的用法，使它们变成名词，如：画画儿；放在名词后，有"小、可爱（495）、喜欢（926）"的意思，如：小孩儿。

360. 怀疑④ huáiyí 动. to doubt; to suspect

例 我刚买的书找不到了，我怀疑是丢在图书馆了。I can't find the book that I just bought. I suspect that I left it in the library.

反义 相信（939）

自 测

一 选词填空。

A 后来	B 护照	C 害怕	D 合格	E 管理

1. 王经理去美国出差两年，现在公司由张经理负责（　　）。

2. 以前我不了解中国，（　　）我看了一本介绍中国的书，我开始喜欢中国了。

3. 一位（　　）的老师最需要的是耐心。

4. 先生，我帮你查一下我们酒店的空房间，请让我看看您的（　　）。

5. 小孩子晚上在不开灯的房间常常会感到（　　），哭着叫爸爸妈妈。

A 光	B 互相	C 过去	D 关键	E 广播

6. 每个人都有自己的优点和缺点，我们应该（　　）学习对方的优点。

7. 你听，（　　）里在说什么？

8. 饭菜被他们吃（　　　）了。

9. 学习外语的（　　　）是多听、多说，因为语言是交流的工具。

10. （　　　）我不了解中国，现在我不但了解了，而且还很喜欢。

> A 关于　　　　B 广告　　　　C 过程　　　　D 关系　　　　E 海洋

11. 他们是从小一起长大的朋友，（　　　）很好。

12. （　　　）这个问题，我昨天已经问过老师了，老师说今天告诉我答案。

13. 我不喜欢看电视，因为（　　　）太多了。

14. （　　　）里有各种各样的鱼和水草。

15. 爬山时，不要只看到山顶，爬的（　　　）也很美好，因为可以看到很多花草树木。

> A 刮风　　　　B 怀疑　　　　C 合适　　　　D 后悔　　　　E 关心

16. A：你的身体怎么样了？病好了吗？

　　 B：谢谢你的（　　　），我现在好多了。

17. A：你看看这本书怎么样？

　　 B：这本不太难，生词不多，价格也便宜，我觉得很（　　　）。

18. A：他常常说起自己在美国时的生活，让人很羡慕。

　　 B：我（　　　）他根本没去过，他在说假话。

19. A：考试不太难，但是昨天下午我去买东西了，没有认真复习。

　　 B：已经考完了，现在（　　　）也来不及了，下次努力吧。

20. A：明天天气怎么样？

　　 B：不太好，广播里说会（　　　），比较冷。

（二）完成句子。

21. 弟弟　特别　感兴趣　对　汉语　　_____

22. 好处　经常锻炼身体　对老人　有　很多　_____

23. 坐国际航班　我　是　来北京的　　_____

24. 学校的　这么做　不符合　规定　　_____

25. 挂着　墙上　妹妹画的　一幅　画儿　_____

三 看图，用词造句。

26. 害羞

_____

27. 逛

_____

28. 果汁

_____

29. 盒子

_____

30. 关

_____

第 **7** 天

本部分共有一级词汇 4 个，二级词汇 4 个，三级词汇 19 个，四级词汇 33 个。

需要注意的语言点主要有：① "几" 的意思和用法；② "回、见面" 的用法；③ "会" 的意思和用法；④ 结构 "即使……，也……" 和 "既然……，就／也／还……"；⑤ 结构 "积极／计划／继续／坚持 + 做什么事"；⑥ 表示性格的词语。

361. 坏③ huài　形. bad; broken; out of work

例 不要总是怀疑别人是坏人。Don't always think of others as bad people.

例 我的手机坏了，你知道哪里可以修吗？ My phone doesn't work. Do you know where I can repair it?

补充 "坏"常放在动词后，表示引起（1048）不好的变化，如：弄（641）坏、放坏、摔（fall）坏；"形＋坏了"，表示程度深（754），如：饿坏了、急坏了、忙（590）坏了。

362. 欢迎③ huānyíng　动. to welcome

例 欢迎您到中国来。Welcome to China.

例 他受到了学生们的欢迎。He was welcomed by the students.

363. 还③ huán　动. to pay back; to return

例 买书的钱我先借给你，等你有钱了再还给我吧。I will lend you the money to buy books. You can pay me back when you have money.

例 那本书你还给图书馆了吗？ Have you returned that book to the library?

补充 "还"有两个发音，"还（hái）（324）"和"还（huán）"。读"hái"时是副词；读"huán"时是动词，反义词是"借（446）"。

364. 环境③ huánjìng　名. environment; surroundings

例 孩子们需要愉快的家庭环境。Children need a happy family environment.

例 保护环境非常重要。It is very important to protect the environment.

题 排列顺序：A 而且环境保护得也很好

　　　　　　　B 小城四季的风景都很美

　　　　　　　C 因此每年都吸引着成千上万的游客去那儿旅游　　（H41004-56）

S 是"小城"，所以 B 是第一句，根据"……，而且……"知道先 B 后 A，"小城风景美，而且环境保护得好"，再根据"……，因此……"知道 C 在最后，得出答案为 BAC。

🔵 搭配"名＋环境"：工作／生活／自然（1176）／经济（457）＋环境；"动＋环境"：保护／污染（911）／适应（784）＋环境

365. 换③ huàn 动. to change; to exchange

例 这件衣服有点儿大，能帮我换一件小一点儿的吗？ This dress is a little big for me. Could you help me to change for a smaller one?

例 今天下午我要去银行换钱。 I will go to the bank to exchange money this afternoon.

366. 黄河③ Huáng Hé 名. the Yellow River

例 黄河是中国第二大长河。 The Yellow River is the second longest river in China.

367. 回① huí 动. to go back

例 我打算放寒假的时候回国。 I plan to return to my home country during the winter vacation.

例 我想回家看看爸爸妈妈。 I want to go home to see my dad and mom.

补充 ①"回"后常加"来／去"，组成"回来／回去"，如果后加地方宾语，要放在中间，如：回家来、回国去。②"回"或者"回来／回去"也常放在动词后做补语，如：拿回来、还回去。

🐤 辨析 回 vs. 进（450）

"回"是出去后又到了原来（1084）的地方；"进"没有这个意思。

368. 回答③ huídá 动. to reply; to answer

例 上课的时候他总是积极回答老师的问题。 He always answers the teacher's questions actively in class.

例 这道题你回答错了。 Your answer to this question was wrong.

🐤 辨析 回答 vs. 答案（131），见"答案（131）"。

369. 回忆④ huíyì 动. to recall 名. memory

例 他回忆起年轻时曾经到中国旅行过。 He recalls his travel in China when he was young.

例 在中国的一年给我留下了很多美好的回忆。 One year in China left me a lot of beautiful memories.

370. 会① huì 名. meeting 动. can; be able to; be likely to

例 我们明天几点开会？ What time shall we have the meeting tomorrow?

例 我不会说法语。 I can't speak French.

🐦 辨析 会 vs. 能（631）

① "会"是经过学习以后掌握一种技能，如：会＋开车／游泳／唱歌／说汉语。"能"常表示一种天赋（talent）的能力，或者（376）做事的效率（efficiency），如：他一分钟能写一百个汉字；"能"还表示恢复（recover）能力，如：病好后，他能走路了。 ② "会"还有"可能（497）"的意思，如：明天会下雨；今天他不会来了。 ③ "不能"表示情况（700）不允许这样做，如：里面开着会，你不能进去。

371. 会议③ huìyì 名. meeting; conference

例 快点儿，会议已经开始了。 Hurry up, the meeting has started.

例 现在休息一会儿，十分钟以后会议继续进行。 Now take a short break. Ten minutes later we will continue with the meeting.

题 判断对错：您是要去会议室吗？那不用上楼，会议室就在一层。您往前走，就在电梯左边。

会议室在二层。 （   ）   (H41003-4)

💡 从"会议室就在一层"，得出答案为（×）。

372. 活动④ huódòng 名. activity 动. to do physical exercise

例 学校组织的各种活动他都积极参加。 He participated actively in various activities organized by the school.

例 下课了，我要活动一下。 The class is over. I'd like to do some physical exercise.

373. 活泼④ huópō 形. lively; active

例 她是一个性格活泼的女孩儿，大家都很喜欢她。 She is a lively girl. We all like her.

题 看图，用词造句。

(H41001-100)

活泼

💡 "活泼"是形容词，我们可以根据"S+副词+形容词"造句，根据图片，可得出参考答案：这个小女孩儿很活泼。

补充 其他表示性格（979）的词语：安静（7）、诚实（100）、可爱（495）、冷静（539）、勇敢（1056）、幽默（1060）

374. 火 ④ huǒ 名. fire

例 一场森林大火使很多人没有了房子。A big forest fire left many people homeless.

375. 火车站 ② huǒchēzhàn 名. train station

例 从学校到火车站大概需要半个小时。It takes about half an hour from the school to the train station.

例 我的朋友今天来看我，我得去火车站接她。My friend will come to visit me today. I have to pick her up at the train station.

补充 x 站：汽车（bus）站、地铁（176）站、加油站（399）；网站（892）

376. 或者 ③ huòzhě 连. or

例 我决定学医学或者学法律。I decided to study medicine or law.

例 这个任务可以交给张东或者王芳。This task can be handed over either to Zhang Dong or to Wang Fang.

🐦 辨析 或者 vs. 还是（325）

"或者"用于肯定（506）句；"还是"用于疑问句。

377. 获得 ④ huòdé 动. to gain; to obtain

例 他使自己获得了一个好名声。He had gained himself a good reputation.

例 他没有获得奖学金。He failed to win a scholarship.

辨析　获得 vs. 取得 vs. 得到

"获得"是通过（868）努力（642）得到，宾语常是抽象（abstract）的、积极（382）的，如：获得奖金（415）/经验（460）/机会（380）/表扬（58）/尊重（1189）。"取得"语气比"获得"轻、更随意（casual）。"得到"的宾语一般比较具体，语气比"获得、取得"随意。

378. 几乎③ jīhū　副. almost; nearly

例 他几乎每天都迟到。He is late almost every day.

例 这一年我几乎没感冒过。I almost never caught a cold this year.

辨析　几乎 vs. 差不多（87）

"几乎"表示非常接近一种情况，后面常跟否定词"不 / 没"。"差不多"表示在程度、时间、距离（477）等方面接近，可以单独用，表示"大概"的意思。"差不多"还可以表示"大多数"的意思，如：这里的人差不多都认识小王。

379. 机场② jīchǎng　名. airport

例 我的朋友要回国了，晚上我得去机场送他。My friend will go back to his country and I will see him off at the airport tonight.

例 我家住在机场附近。I live near the airport.

补充 x 场：停车（parking）场、足球（football）场、篮球（basketball）场、运动（1096）场

380. 机会③ jīhuì　名. opportunity; chance

例 如果有机会，我一定要到上海看看。If I have the opportunity, I will surely go to visit Shanghai.

例 你的答案错了，我再给你一次回答的机会。Your answer is wrong. I will give you another chance.

381. 鸡蛋② jīdàn 名. egg

例 西红柿鸡蛋汤的做法很简单。Cooking tomato and egg soup is very simple.

382. 积极④ jījí 形. active

例 她很努力，上课时总是积极回答老师的问题。She studies very hard and always actively answers the teacher's questions in class.

例 明天我们开运动会，希望大家积极参加比赛。Tomorrow we will have a sports meeting. I hope everyone can participate in the competitions actively.

383. 积累④ jīlěi 动. to accumulate 名. accumulation

例 她教了十几年汉语，积累了丰富的经验。She has taught Chinese for over ten years and accumulated much experience.

例 知识的积累需要一个过程。The accumulation of knowledge needs some time.

384. 基础④ jīchǔ 名. base; foundation

例 这篇报道，我们在原来的基础上又增加了一些新内容。We added some new content in this report on the basis of the original.

例 学语言，打好基础很重要。A good foundation is very important for language learning.

385. 激动④ jīdòng 形. exciting 动. to excite; to be excited

例 我们终于通过了考试，大家都很激动。We have finally passed the exam, so we were all excited.

例 他们带回来一个激动人心的消息。They brought back a piece of exciting news.

题 看图，用词造句。

（H41003-99）

激动

💡 "激动"是形容词，我们可以用"S+副词＋形容词"造句，得到"他很激动"；再根据图片，可以看出是他打电话时听到了什么事，让他"很激动"，得出参考答案：那个电话让他很激动；这个消息让他非常激动。

🐦 辨析 激动 vs. 兴奋（972），见"兴奋（972）"。

386. 及时④ jíshí   副. in time; without delay; timely

例 他们及时赶上了公共汽车。They were just in time for the bus.

例 有问题一定要及时问老师。If you have any questions, you must ask the teacher timely.

辨析 及时 vs. 按时（10）vs. 准时（1172）

"及时"强调抓紧时间（timely），没有耽误事儿（without delay）；"按时"表示按规定的时间做事；"准时"强调不早不晚，正好是规定的时间，在句中可以做谓语。

387. 极③ jí   副. extremely

例 他的汉语好极了。His Chinese is excellent.

例 学好一门外语是极不容易的事情。Learning a foreign language well is an extremely difficult thing.

补充 "极"可以放在形容词前，如：极好、极大、极重要（此时也可说"极其重要"）。"极了"常放在形容词后，表示程度，如：美极了、害怕极了、聪明极了、有意思极了。"极"跟其他程度副词的区别见"非常（241）"。

388. 即使④ jíshǐ   连. even if; even though

例 即使下雨，他还是会准时来的。He will come on time even though it rains.

题 排列顺序：A 他们也会感到很幸福
　　　　　　B 即使只是陪他们吃吃饭、聊聊天
　　　　　　C 有空你应该多回家看看爸妈　　　　　　　　　（H41005-59）

💡 从"即使……也……"，可以知道先 B 后 A，C 是主题句，应放在第一句，得出答案为 CBA。

补充 "即使"常和"也"连用，组成"即使……也……"。

辨析 即使 vs. 既然（395），见"既然（395）"。

辨析 即使 vs. 如果（733），见"如果（733）"。

辨析 即使 vs. 尽管（448）vs. 虽然（826），见"虽然（826）"。

389. 几①　jǐ　代. how much; how many　数. several; a few

例 你把这几本书好好看看。Read these books carefully.

例 今天星期几？What day is it today?

补充 "几"做代词时常用在问句中，常用来问小于10的数字，见例1；做数词时，前面可加"好"，表示时间长、数量多。如：我来中国好几年了；昨天她买了好几件衣服。

390. 计划④　jìhuà　名. plan; project　动. to plan

例 暑假你有什么计划？What are your plans for summer vacation?

例 我计划去云南旅行。I plan to travel to Yunnan.

辨析 计划 vs. 打算（137）

"计划"是比较详细（942）的、具体的、短期 (short time) 的或近期 (recent) 的打算，可以是大事，也可以是小事。做名词时，可以做定语中心语，如：工作计划、学习计划、减肥（406）计划。做动词时，"计划"和"打算"常加动词宾语。语气上，"打算"比"计划"更随意。

391. 记得③　jìde　动. to remember

例 我记得你去过美国，对吗？I remember you have been to the US, right?

例 老师说了今天要考试吗，我怎么不记得？Did the teacher say that we would have a test today? Why didn't I remember it?

辨析 记得 vs. 记 vs. 记住

"记得"表示一种能力（632），没有忘记；"记"是动作；"记住"是"记"的结果。

392. 记者④　jìzhě　名. journalist; reporter

例 记者在电视上报道了这起事故。A journalist reported this accident on TV.

例 他成为了一名记者。He has become a reporter.

补充 其他表示职业的词语，见"大夫（147）"。

393. 技术④　jìshù　名. technique; technology

例 他们想要学习现代管理技术。They want to learn modern management techniques.

例 许多人把我们生活的时代叫做"技术时代"。Many people call the age we live in "the age of technology".

394. 季节③ jìjié　名. season

例 这个季节经常下雨。It often rains in this season.

补充 表示季节的词语，见"冬（192）"。

395. 既然④ jìrán　连. since; as

例 既然天气这么热，我们去游泳吧。Since it is so hot, let's go swimming.

辨析 既然 vs. 即使 (388)

"既然"提出已成为现实或已肯定的事情，后一小句根据前面的情况得出结论（conclusion），后一小句中常用"就、也、还"等。"即使"假设（assume）一种还没有发生的情况或与事实相反的情况，后一句表示这种情况对结果（439）没有影响（1053），后一句常用"也"。

396. 继续④ jìxù　动. to continue; to go on

例 现在休息十分钟，然后我们继续上课。Now let's have a short break of 10 minutes and then we will continue with our class.

例 别停，继续说下去。Don't stop. Go on talking.

题 选词填空：A：所有的困难都是暂时的，要有信心，我相信你会成功的。

B：感谢您的支持和鼓励，我一定会（　　）努力。

A 最好　B 继续　C 温度　D 热闹　E 作者　F 商量　（H41003-54）

"会"后常加动词，"继续"是动词，常后加别的动词，表示继续做什么。再根据与其他几个词的比较，可知"继续"最合适，得出答案为 B。本题中出现的生词有"所有（831）"、"困难（521）"、"暂时（1102）"、"信心（970）"、"相信（939）"、"支持（1133）"、"一定（1024）"。

397. 寄④ jì　动. to mail; to send

例 朋友寄给我一份生日礼物。A friend sent me a birthday present by mail.

例 请把这份文件寄给王教授。Please send this document to Professor Wang.

398. 加班④ jiābān　动（离合）. to work overtime

例 最近爸爸工作很忙，每天都要加班。My father is very busy recently. He has to work

overtime every day.

例 昨天晚上，我加班加到十点。Last night, I worked overtime until 10 o'clock.

题 判断对错：小王，这份材料明天早上就要用，得请你翻译一下，晚上十点之前一定要完成，翻译好后打印一份给经理，辛苦你了。

小王今天要加班。（   ）   (H41002-3)

💡 根据"晚上十点……"和"翻译好后……"，可知小王今天要工作到很晚，不能准时下班休息，也就是今天要加班，得出答案为（√）。

---

399. 加油站④ jiāyóuzhàn   名. gas station

例 请问，这附近有加油站吗？我的车没油了。Excuse me, is there a gas station nearby? My car has run out of gas.

补充 x站，见"火车站（375）"。

---

400. 家① jiā   名. home; family   量. classifier for families or enterprises

例 中午他很少回家吃饭。He seldom goes home for lunch at noon.

例 那儿有一家商店，我们过去看看吧。There is a shop. Let's go to have a look.

---

401. 家具④ jiājù   名. furniture

例 这套家具很漂亮，很适合放在我们家。This set of furniture is very beautiful and is suitable for our house.

例 我们搬家时丢了几件家具。Some furniture was lost when we moved into our new home.

题 排列顺序：A 但实际上都是由经验丰富的老师傅做的，质量非常好

　　　　　　B 这些家具看起来普普通通

　　　　　　C 即使用上二三十年也不会坏   (样卷-60)

💡 由"看起来……，但实际上……"，可知 B 在 A 之前；因为这些家具"质量非常好"，所以"即使用上二三十年也不会坏"，可知 A 在 C 之前，得出答案为 BAC。

补充 x 具，玩具（toy），厨具（kitchenware），茶具（tea set），餐具（tableware）。"具"是"工具（tool）"的意思。

402. 假④ jiǎ　　形. fake; false; artificial

例 我们应该诚实，不能说假话。We should be honest and not tell lies.

例 这酒是不是假的？我怎么喝了一杯就头疼？ Is this wine a fake one? Why do I get a headache with just one glass?

补充 "假"还有一个读音"jià"，是"vacation"的意思。

反义 真（1123）

403. 价格④ jiàgé　　名. price

例 这家商场的衣服价格很高。The clothes in this store have a high price.

例 这种苹果为什么比那种价格高这么多？ Why is this kind of apple much more expensive than that one?

补充 "价格"用"高 / 低"，书面语也说"物价"，口语也说"价钱"，意思一样。

404. 坚持④ jiānchí　　动. to persist; to insist on

例 她每天都坚持锻炼身体。She persists in doing physical exercise every day.

题 选词填空：她每天都（　　　）走路上下班，所以身体一直很不错。

A 随着　　　　B 尝　　　　C 春节　　　　D 坚持　　　　E 收拾　　　　F 提醒

（样卷 - 选词填空例题）

💡 "坚持"是动词，常后加别的动词，表示坚持做什么，意思是做一件事不容易，但是仍然努力去做。再根据与其他几个词的比较，可知"坚持"最合适，得出答案为 D。

补充 除了"坚持做什么"以外，"坚持"后还可以加名词宾语，如：想法 (idea)、态度（839）、习惯（922）等。

反义 放弃（236）

405. 检查③ jiǎnchá　动. to check; to examine

例 我检查了你的答案，没有一个是对的。I have checked your answers and none of them is correct.

例 医生检查了那个男孩儿的身体，发现他是健康的。The doctor examined that boy and found that he was healthy.

406. 减肥④ jiǎnféi　动. to lose weight

例 运动是最好的减肥方法。Doing exercise is the best way to lose weight.

407. 减少④ jiǎnshǎo　动. to lessen; to decrease; to reduce

例 为减少污染，我们应该养成节约的习惯，节约用水、节约用纸等等。To reduce pollution, we should cultivate the habit of saving, such as saving water, paper, etc.

辨析 减少 vs. 降低（416），见"降低（416）"。

辨析 减少 vs. 缺少（712）

"减少"指数量方面少了；"缺少"指东西、钱、人等不够。

反义 增加（1108）

408. 简单③ jiǎndān　形. simple

例 我提出的问题很简单。The question I am raising is a very simple one.

例 请你简单地介绍一下自己。Please introduce yourself briefly.

反义 复杂（255）

409. 见面③ jiànmiàn　动（离合）. to meet; to see somebody

例 我只跟他见过一次面，不是很熟。I have met him only once and I am not so familiar with him.

例 我们说好了星期四晚上在人民广场见面。We decided to meet at the People's Square this Thursday evening.

补充 "见面"是需要双方共同完成的动作，常用"跟/和……见面"，不说"我见面你"。"见面"是离合词，常说"见见面、见个面"等。

410. 件② jiàn　量. classifier for events, things, clothes, etc.

例 我对那件事情不感兴趣。I am not interested in that.

例 你这次出差要十几天呢，得多带几件衣服。You should take more clothes with you since this business trip will last a dozen of days.

411. 建议④ jiànyì 动. to suggest; to advise 名. suggestion; advice

例 医生建议那位病人每天慢跑 5 公里。The doctor advised that patient to jog 5km every day.

例 王老师关于阅读的建议引起了大家的讨论。Mr. Wang's advice on reading has caused a discussion.

412. 健康③ jiànkāng 形. healthy

例 他的身体很健康，很少生病。He is very healthy and rarely gets sick.

例 为了你的健康，最好少喝酒。For the good of your health, you'd better drink less alcohol.

413. 将来④ jiānglái 名. future

例 没有人知道将来会发生什么。Nobody knows what will happen in the future.

题 **请选出正确答案**：老人总是喜欢往回看，回忆总结自己过去的经历；而年轻人却相反，他们喜欢向前看，也容易接受新鲜事情。

和老年人相比，年轻人： (H41003-66)

A 更节约　　　　B 拒绝变化　　　　C 关心将来　　　　D 缺少竞争力

💡 根据老人喜欢"回忆过去的经历"，"年轻人却相反，他们喜欢向前看"，可以知道年轻人更关心将来，得出答案为 C。

---

414. 讲③ jiǎng 动. to talk; to explain

例 老师讲课的时候，学生们不要互相说话。Students should not talk to each other while the teacher is giving a lecture.

例 现在请王校长为我们讲几句话。Now let's welcome President Wang to give a talk.

🐦 辨析 讲 vs. 告诉（274）vs. 聊天（561）vs. 说话（816）vs. 谈（840），见"告诉（274）"。

415. 奖金④ jiǎngjīn 名. bonus

例 我现在的工作很不错，不但工资很高，而且还有奖金。My job is very good now.

I have not only high wages but also bonuses.

补充 工资（284）、收入（786）、奖学金（scholarship）、现金（cash）

416. 降低④ jiàngdī   动. to reduce; to lower; to bring down

例 我们任何时候也不能降低对自己的要求。We can't reduce the requirements for ourselves at any time.

例 这种药的价格降低了。The price of this kind of medicine has been lowered.

辨析 降低 vs. 减少（407）

"降低"常用于：水平、能力、收入、价格、要求、标准等，反义词是"提高（853）"；"减少"常用于具体东西的数量，如：人数、钱数等，反义词是"增加（1108）"。

反义 提高（853）

417. 降落④ jiàngluò   动.（airplane/aircraft）land

例 乘客们，请注意，20分钟后飞机将在首都机场降落。Dear passengers, attention please, the plane will land at the capital airport after 20 minutes.

补充 "降落"通常只用于飞机，但口语中"降"和"落"可分开使用，并且二者的意思和用法不同；"降/下降"（descend; drop down）通常与"温度（904）"、"成绩（98）"、"价格（403）"、"水平（810）"搭配；"落"（fall; drop）更加口语，比如：秋天来了，树上的叶子都落了。"降落"对应的是"起飞（684）"。

418. 交④ jiāo   动. to hand in; to pay (money); to make (friends)

例 考试时间到了，请大家立即停笔，按顺序交卷。Time is up. Please stop writing immediately and give me your papers in order.

例 您好，请去那边交钱。Excuse me, please pay your bill over there.

例 来中国后，我交了很多中国朋友。I have made many Chinese friends after coming to China.

补充 "交"后可以用物做宾语，如：交材料/作业/报名表；"交"后用人做宾语时，常有介词"给"，如：交给老师/朋友/父亲；当然，"交"后常跟双（double）宾语，如：交给老师作业、交给朋友报名表。同样的动词还有"借、还（huán）"等。

419. 交流④ jiāoliú   动. to communicate

例 我常跟朋友们交流学习方法。I often communicate with my friends in learning methods.

例 老年人和年轻人之间的交流没有你想的那样困难。Communication between the senior and the young is not as difficult as you think.

题 请选出正确答案：你有一个苹果，我有一个香蕉，把我的给你，把你的给我，每个人仍仅有一个水果；你有一个想法，我有一个想法，把我的告诉你，把你的告诉我，每个人就有了两个想法。

这段话的主要意思是：   （H41005-73）

A 要关心别人   B 要多吃水果   C 交流很重要   D 做事情要耐心

文中说"交换水果"，没有说"多吃水果"，所以 B 不对；文中说"如果交换想法，每个人就可以得到两个不同的想法"，这是交流的重要作用，得出答案为 C；A、D 文中没有提到。

补充 "交流"指把自己的文化、经验、技术、方法等给对方，有"互相学习、互相帮助"的意思。

420. 交通④ jiāotōng   名. traffic

例 现在城市交通越来越差了。Now the traffic in the city is getting worse.

题 完成句子：交通   重要影响   有   对经济发展   （样卷-90）

题目提供的词语里有"对……"的结构，所以首先联想到"A 对 B……"，其中 A 和 B 一般都为名词或名词性短语，由此可以组成"交通对经济发展"；"有"是动词，后面常加名词，可组成"有重要影响"，可得出答案：交通对经济发展有重要影响。

补充 表示交通工具的词语，见"乘坐（102）"。

自测

一 选词填空。

A 回忆	B 交流	C 几乎	D 基础	E 活动

1. 他非常聪明，也很努力，所以学习很好，老师的问题他（　　）没有不会回答的。

2. 老年人常常（　　）过去，而年轻人更喜欢向前看。

3. 他会唱歌，也会跳舞，所以常常参加学校的（　　）。

4. 他很喜欢跟中国人（　　）。

5. 来中国以前他学过汉语，有一定的（　　）。

A 及时	B 计划	C 积极	D 即使	E 既然

6. 他是个很（　　）的人，每次活动几乎都能看见他。

7. 你来得真（　　），再晚一点儿火车就要开了。

8. （　　）读了很多书，也不一定能做好工作。

9. 我（　　）今年暑假去北京旅行，看看长城。

10. （　　）来了，就吃了晚饭再走吧。

A 继续	B 记得	C 机场	D 检查	E 环境

11. 我（　　）昨天提醒过你，你今天怎么又忘带书了。

12. 已经十二点了，我们先吃饭吧，吃完饭再（　　）工作。

13. 王经理乘坐的飞机八点钟到上海，你一定要去（　　）接他啊。

14. 我家周围的（　　）很好，有树、有花，还有很多鸟。

15. 我最近身体不太舒服，有时间的话需要去医院好好儿（　　）一下。

A 价格	B 机会	C 积累	D 激动	E 活泼

16. A：你觉得这件衣服怎么样？

　　B：我觉得（　　）有点儿贵。

17. A：经理，对不起，我没有做好这项工作。

B：别着急，工作经验需要一点一点地（　　），你慢慢会做得很好的。

18. A：你喜欢什么样的女孩儿？

B：我喜欢（　　）可爱的，太安静不爱说话的我不喜欢。

19. A：这件事真的不是我做的，你们要调查清楚！

B：别（　　），我们只是问问。

20. A：我家里有事儿，不能去北京学习了。

B：这么好的（　　），放弃太可惜了。

（二）完成句子。

21. 获得老师的　他的　表扬　常常　努力　　＿＿＿＿＿＿＿＿＿＿

22. 受欢迎　歌星　在青年人中　非常　这位著名的　　＿＿＿＿＿＿＿＿＿＿

23. 认为　都不重要　别人的看法　他坚持　　＿＿＿＿＿＿＿＿＿＿

24. 这道题　得多　简单　比那道题　　＿＿＿＿＿＿＿＿＿＿

25. 你的健康　减肥　别让　影响　　＿＿＿＿＿＿＿＿＿＿

（三）看图，用词造句。

26. 加班

＿＿＿＿＿＿＿＿＿＿＿＿

27. 寄

＿＿＿＿＿＿＿＿＿＿＿＿

28. 记者 ＿＿＿＿＿＿＿＿＿＿＿＿

29. 建议　　　_____

30. 家具　　　_____

第 **8** 天

学习重点

本部分共有一级词汇 3 个，二级词汇 7 个，三级词汇 18 个，四级词汇 32 个。

需要注意的语言点主要有：① 结构"教 / 借给 + 人 + 东西"和"教 / 叫 / 禁止 + 人 + 做什么事"；② 结构"进行 / 决定 / 觉得 + 小句 / 其他动词"；③ 结构"跟 / 和 + 人 + 交流 / 结婚 / 竞争"和"给 + 人 + 解释 / 介绍"。

421. 郊区④ jiāoqū 名. suburban district; outskirts; suburbs

例 你住在市区还是郊区？ Do you live in the city or suburbs?

题 请选出正确答案：现在，城市里越来越多的人喜欢到郊区过周末。因为忙了一周后，他们想找一个空气新鲜、安静的地方好好放松一下。而且，方便的交通也为他们的出行提供了条件。　　　　　　　　　　　　(H41328-69)

人们喜欢去郊区玩儿，是因为那儿：

　　A 适合聚会　　　　B 环境不错　　　　C 很少堵车　　　　D 购物方便

💡 "因为……" 后面是原因，根据 "他们想找一个空气新鲜、安静的地方" 所以去郊区，得出答案为 B。没有提到 "聚会" 和 "堵车"，所以 A、C 不对；"方便的交通" 是指交通很方便，没有说购物方便，所以 D 不对。

题 请选出：　　A：听说公司明年要搬到（　　　），到时候我又得重新租房子了。
正确答案　 B：这个消息准确吗？我怎么不知道？　　　　　　　　(H41332-52)

　　A 难受　　　 B 郊区　　　 C 温度　　　 D 流行　　　 E 香　　　 F 恐怕

💡 "搬到" 的后面应该是表示地点的名词，选项中只有 "郊区" 符合，所以答案应为 B。

422. 骄傲④ jiāo'ào 形. proud 名. pride

例 他这个人太骄傲了。He is too proud.

例 他一直是家人的骄傲。He has been a pride of his family.

🐦 辨析 骄傲 vs. 得意（162）

① "骄傲" 主要（1160）指一种性格（979）或者态度（839）；"得意" 主要指因为成功而表现出骄傲的样子，是一种表现。② "骄傲" 还有 "因为优秀（1059）或者得到好的成绩而高兴" 的意思，常用结构是 "为……（感到）骄傲"。如：母亲总是为自己的儿子感到骄傲。"得意" 还有 "感到满意" 的意思，如：这是那位艺术家最得意的作品（works）。

423. 教③ jiāo 动. to teach

例 她是一位老师，在大学教汉语。She is a teacher, and she teaches Chinese at a university.

补充 动词"教"常用结构"教＋人＋东西/做事情",如:教留学生汉语、教小孩儿画画儿。"教"还有读音"jiào",如:教师 (teacher)、教室 (28)、教授 (429)、教材 (teaching material)、教学 (teaching) 等。

424. 角③ jiǎo 量. *jiao* (unit of money)

例 苹果两元五角一斤。The apples are 2.5 *yuan* for half a kilogram.

补充 汉语表示钱数时,口语里常用"块 (10 毛)、毛 (10 分)、分",书面语常用"元 (10 角)、角 (10 分)、分"。

425. 饺子④ jiǎozi 名. dumpling

例 过年的时候,中国人要吃饺子。Chinese people eat dumplings when celebrating the Spring Festival.

题 请选出正确答案：

女:我现在去菜市场买菜,你中午想吃点儿什么?

男:随便,或者我们吃饺子好不好?

问:男的中午想吃什么? (H41002-22)

A 饺子   B 米饭   C 面条   D 面包

💡 男的先回答"随便",马上又说"吃饺子好不好",得出答案为 A。

426. 脚③ jiǎo 名. foot

例 今天走了很久,我的脚很疼。Today I walked for a long time, which made my feet painful.

补充 其他表示身体部位 (part) 的词语,见"脸 (556)"。

427. 叫① jiào 动. to be named; to call; to shout; to let

例 我叫张东,你叫什么名字? My name is Zhang Dong. What's your name?

例 听,外面好像有人叫你。Listen, sounds like someone is calling your name outside.

例 她害怕得大叫起来。She was frightened to scream.

例 我叫阿姨打扫一下房间。I asked the nursery maid to clean the room.

补充 "叫"表示"let"时,常用结构"叫＋人＋做事","叫"还可用于被动句,见"被 (40)"。

428. 教室② jiàoshì　名. classroom

例 我们教室在主楼302。Our classroom is in Room 302 of the main building.

补充 x室：办公室（22）、会议（371）室、休息（932）室、候车室（waiting room）

429. 教授④ jiàoshòu　名. professor

例 我的理想是成为一名教授。My ideal is to be a professor.

补充 硕士（818）、博士（65）、大学生、教师、校长（956）

其他表示职业的词语，见"大夫（147）"。

430. 教育④ jiàoyù　动. to educate　名. education

例 教育孩子要有耐心。You should be patient when educating children.

例 他受过极好的教育。He has received an excellent education.

题 请选出正确答案：教育孩子要使用正确的方法。首先，不要用"懒"、"笨"、"粗心"这种词批评孩子，这样很容易让他们相信自己就是那样的，于是限制了他们正常的发展。其次，即使是出于教育的目的，也千万不能骗孩子，因为儿童缺少判断能力，看到父母骗人，他们也会学着说假话。

这段话主要讲怎样正确：　　　　　　　　　　　　　　　　　(H41003-81)

A 批评孩子　　　　B 教育孩子　　　　C 照顾孩子　　　　D 帮助孩子

💡 第一句"教育孩子要使用正确的方法"是主题句。"首先，不要……"和"其次，即使是出于教育的目的，也千万不能……"，两次提到"教育"一词，都是在谈应该怎样正确教育孩子，得出答案为B。本题中出现的生词有"批评（657）"、"照顾（1118）"。

---

431. 接③ jiē　动. to receive; to answer (the phone); to pick up

例 小王，帮我接一下电话。Xiao Wang, answer the phone for me, please.

例 我今晚去机场接女朋友。I will pick up my girlfriend at the airport tonight.

补充 常用结构"去/来+地方+接+人"

反义 送（822），常用结构"送+人+去/来+地方"

432. 接受④ jiēshòu　　动. to accept; to receive

例 对不起，我不能接受你的礼物。Sorry, I can't accept your gift.

例 他接受过专门的教育。He has received special education.

辨析 接受 vs. 收（785）到 vs. 受到（793）

"接受"可表动作，也可表结果；后可加具体宾语，也可加抽象宾语。如：礼物 (544) / 任务 (727) / 意见 (1041) / 批评 (657) / 教育 (430) / 邀请 (1010) / 调查等。"收到"也表示结果，后加具体宾语，如：邮件 / 礼物。"受到"只表示结果，后加抽象宾语，如：表扬 / 批评。

反义 拒绝（476）

433. 接着④ jiēzhe　　动. to catch and hold on; to go on to do something; 副. after that; and then

例 嘿，接着！Hey, catch it!

例 她先唱了一首歌，接着又跳了一个舞。She sang a song first and then danced.

434. 街道③ jiēdào　　名. street

例 这个城市的每条街道都很干净。Every street in this city is very clean.

例 街道两旁种了很多树。Many trees are planted on either side of the street.

435. 节④ jié　　量. section; division; part　名. festival; holiday

例 第三节课是汉语口语课。The third lesson is spoken Chinese.

例 过了节以后我们再来讨论这件事。Let's talk about it after the festival.

例 下周的艺术节你会参加吗？Will you join in the Art Festival of next week?

题 **请选出正确答案**：马校长介绍说，学校举办这次文化节活动，一方面是想让各国学生更好地了解中国，另一方面是想为学生们提供互相交流和学习的机会。学校举办这次活动，是想帮助学生们：　　　　　　　　　　　(H41327-76)

A 认识汉字　　　　B 熟悉校园　　　　C 提高信心　　　　D 相互增加了解

💡 根据"学校举办这次文化节活动，一方面是想让……了解中国，另一方面是想……提供互相交流和学习的机会"可知答案为 D。A、B、C 都没有提到。

🐦 **辨析** 节日 vs. 节，见"节日（437）"

补充 x 节：美食节，艺术节，啤酒节，葡萄节等。中国传统（traditional）节日：春节（spring festival）、中秋节（mid autumn festival）、端午节（dragon boat festival）、清明节（tombs-sweeping day）、重阳节（double ninth festival）。法定（statutory festival）节日：国庆节（national day）、劳动节（labor day）、教师节。其他节日：父亲（249）节、母亲(614)节、艺术(1040)节、情人节（valentine'day）。

J

436. 节目③ jiémù 名. performance; item (on a program)

例 请你给我们表演一个节目。Please give us a performance.

题 **请选出正确答案**：这个节目我一直在看，它介绍了很多生活中的小知识，包括怎样选择牙膏，擦脸应该用什么毛巾，怎样远离皮肤病等等。很多以前我没有注意到的问题，现在通过它了解了不少。

说话人在介绍什么？ (H41001-40)

A 一本书　　　B 一个报道　　　C 一个广告　　　D 一个电视节目

💡 根据"这个节目……它介绍了……"中的"它"应指前句的"这个节目"，可知说话人是在介绍一个节目，得出答案为 D。

437. 节日③ jiérì 名. holiday; festival

例 春节是中国的传统节日。The Spring Festival is a traditional Chinese festival.

题 **判断对错**：节日是文化的一部分，所以，如果想了解一个国家的文化，我们可以从了解这个国家的节日开始。

节日是文化的一部分。（　　　） (H41002-4)

💡 根据首句"节日是文化的一部分"，可得到答案为（√）。

🐦 **辨析** 节日 vs. 节

"节日"作为名词，可以单独做主语或宾语；"节"一般跟其他语素或词组成词或词组后才可以用到句子中，如"……节"、"过节"等，"……节"一般指节日或假日。

438. 节约④ jiéyuē　动. to save; to economize; to practise thrift

例 坐飞机比坐火车节约时间。Going by plane can save much time than going by train.

例 他一直都很节约。He has always been thrifty.

反义 浪费（531）

补充 "节约"有时也会省略成"节"，如：节水、节电、节食。

439. 结果④ jiéguǒ　名. result

例 你知道考试结果了吗？ Do you know the results of the examination?

题 判断对错：小张，你这份计划书写得不错，就按照这个计划去做市场调查吧。下个月我要看调查结果。

小张的调查结果写得很好。（　　）　　　　　　　　　　　　　（H41001-9）

💡 根据"下个月要看调查结果"，可知现在还没有调查结果，当然更不知道写得怎么样，得出答案为（×）。

440. 结婚③ jiéhūn　动（离合）. to marry; to get married

例 上个月张东跟王芳结婚了。Zhang Dong married Wang Fang last month.

例 她结过两次婚。She has been married twice.

题 请选出正　男：你的头发怎么变短了？我都没认出来是你。
确答案：　女：我以前一直都是长头发，这次想试试短发好不好看。
　　　　　问：关于女的，可以知道什么？　　　　　　　　（样卷-26）

　　A 结婚了　　　　　　B 爱吃西瓜　　　　　C 现在是短发

💡 根据"你的头发怎么变短了"和"这次想试试短发好不好看"，可知女的现在是短发，得出答案为 C。

反义 离婚（divorce）

441. 结束③ jiéshù 动. to finish; to end

例 暑假马上就要结束了，我的作业还没写呢。The summer vacation is coming to an end, but I haven't started writing my homework yet.

反义 开始（483）、进行（451）

442. 姐姐② jiějie 名. elder sister

例 我有一个聪明漂亮的姐姐。I have an intelligent beautiful elder sister.

补充 其他表示家庭成员的词语，见"爸爸（14）"。

443. 解决③ jiějué 动. to resolve; to solve

例 那位经理的工作经验很丰富，很快就把那件麻烦事解决了。The manager has rich work experience, and he solved the trouble very quickly.

题 请选出正确答案：他这个人最大的优点是遇事冷静，无论遇到多大的问题都不会着急，而是会努力地去找解决的办法。他常挂在嘴边的一句话是：没有解决不了的问题，只有不会解决问题的人。

下列哪个是他的看法？ （样卷 -45）

A 不要骄傲　　　B 要学会拒绝　　　C 别羡慕别人　　　D 问题都能解决

根据"没有解决不了的问题"，可知他的看法是问题都能解决，得出答案为 D。

444. 解释④ jiěshì 动. to explain

例 这个问题我不太明白，能麻烦你解释一下吗？ I don't understand this question. May I trouble you to explain it for me?

辨析 解释 vs. 说明（817），见"说明（817）"。

445. 介绍② jièshào 动. to introduce; to let know

例 今天的电视节目介绍了老虎的生活习惯。Today's TV program introduced the tiger's living habits.

题 请选出正确答案：您好，我们翻译，每 1000 字 150 元人民币。这些信息在公司网站上都有详细的介绍，您有什么特别要求或任何不清楚的地方欢迎和我们联系。

说话人正在做什么？ (H41001-76)

A 总结　　　　B 招聘　　　　C 介绍　　　　D 道歉

根据"我们翻译，每 1000 字……"和"这些信息在……有详细的介绍"，可知说话人是在介绍，得出答案为 C。本题中出现的生词有"总结（1180）"、"招聘（1114）"。

补充 常用结构"给＋人＋介绍＋人／东西／地方／情况（700）／一下"

---

446. 借③ jiè　　动. to lend; to borrow

例 中国人常说，好借好还，再借不难。Chinese people often say that if you give back the things you borrowed on time, it won't be hard to borrow something else next time.

补充 "借"可以是"借出"，用这个意思时，"借"后常加介词"给"，常用结构为"借（给）＋人＋东西"或者"把＋东西＋借（给）＋人"；也可以是"借进（450）"，用这个意思时，常用结构为"向／跟＋人＋借＋东西"。"借"后也可只跟东西或人做宾语。

反义 还（324）

---

447. 今天① jīntiān　　名. today

例 今天天气晴。Today is sunny.

补充 昨天（1190）、明天（613）、后天（the day after tomorrow）、前天（the day before yesterday）

---

448. 尽管④ jǐnguǎn　　连. although　副. in spite of

例 尽管已经想了很多办法，但问题还是没解决。Although we have thought of many ideas, the problem remains to be unsolved.

例 你有什么困难尽管说，我们一定帮你解决。Whatever difficulty you have, please let us know. We will certainly help you solve it.

辨析 尽管 vs. 不管（69）

① "尽管"表示一种事实，后面不能用表示任指（arbitrary reference）的词语，"尽

管"后一句常用"但是、可是、然而、还是、仍然（729）、却（713）"等；"不管"表示一种假设（hypothesis），后面用表示任指或选择的词语，常用结构"不管 A 不 A / A 还是 B / 多么 *adj.* / 疑问代词……，都……"。如：尽管下这么大的雨，我还是要去；不管下多么大的雨，我都要去。

② "尽管"还可以表示没有条件（863），可以放心去做什么事。如：你们尽管来住吧。

🐦 辨析 尽管 vs. 即使（388）vs. 虽然（826），见"虽然（826）"。

449. 紧张④ jǐnzhāng 形. intense; nervous

例 这次出差，时间安排得很紧张。The schedule for this business trip is very tight.

例 别紧张，打针一点儿也不疼。Take it easy. Having an injection is not painful at all.

补充 "紧张"还可以指东西、材料、钱、时间等的不足（not enough）。

反义 轻松（698）

450. 进② jìn 动. to enter; to come (or go) into

例 老师一走进教室，学生们就安静了下来。As soon as the teacher entered the classroom, the students became quiet.

例 你好，欢迎你来我们家，快请进吧。Hello, welcome to our home. Please come in.

🐦 辨析 进 vs. 回（367），见"回（367）"。

451. 进行④ jìnxíng 动. to conduct; to proceed

例 休息十分钟以后，比赛继续进行。After a short break of ten minutes, the competition continues.

例 关于这个问题，大家进行了讨论。About this issue, we have had a discussion.

题 完成句子：进行了　同学们　调查　在超市　　（H41004-95）

💡 "调查"是动词，"进行"后常加动词宾语，可组成"进行了调查"；"在超市"是动作发生的地方，应该放在动词"进行"前面，"同学们"是主语，可得出答案：同学们在超市进行了调查。

🐦 辨析 进行 vs. 举办（473）vs. 举行（474）

"进行"强调事情、活动发展的过程，常是正式的、严肃（serious）的活动，后面常加动词宾语组成"进行＋动";"举办"强调活动的组织者、管理者;"举行"强调动作,后常加名词宾语组成"举行＋名",如:举行会议／活动／比赛。

452. 近② jìn　　形. near; close to

例 公司离我家很近,每天可以走路上班。The company is very near to my home. I can go to work on foot every day.

题 请选出正确答案:现在火车的速度非常快,有时乘坐火车甚至比乘坐飞机更节约时间,因为一般来说,去火车站比去机场的距离要近得多。

与飞机比,火车的优点有:　　　　　　　　　　　　　　　(H41003-77)

A 更干净　　　B 座位更软　　　C 速度更快　　　D 火车站比机场近

根据"去火车站比去机场的距离要近得多",得出答案为 D。虽然文中说"现在火车的速度非常快",但并没有说"比飞机快",根据常识我们也可知道火车没有飞机快,所以 C 不对。文中没有提到 A、B。本题中出现的生词:"速度(823)"。

补充 常用结构"地方 A 离地方 B＋有点儿／很／非常／不（太）＋近"

反义 远（1087）

453. 禁止④ jìnzhǐ　　动. to prohibit; to forbid; to ban

例 办公楼内禁止抽烟。Smoking is prohibited in the office building.

例 这条河里禁止游泳。Swimming is banned in this river.

题 选词填空:飞机上（　　）使用手机,飞行过程中手机也要关上。(H41001-48)

A 禁止　　　B 海洋　　　C 推迟　　　D 坚持　　　E 顺便　　　F 估计

"禁止"后常加动词,表示"禁止做什么",得出答案为 A。

题 选词填空:这儿写着"（　　）停车",他们只好把车停在那边了。(H41002-47)

A 冷静　　　B 地址　　　C 引起　　　D 坚持　　　E 禁止　　　F 消息

"禁止"后常加动词,表示"禁止做什么",得出答案为 E。

反义 允许（1095）

454. 京剧④ jīngjù   名. Beijing opera

例 我打算请一位老师教我唱京剧。I intend to invite a teacher to teach me Beijing opera.

J

题 完成句子：爷爷   非常   感兴趣   对   京剧   （H41003-86）

根据"人＋对……感兴趣"，"非常"应在"感兴趣"前，可以得出答案：爷爷对京剧非常感兴趣。

题 看图，用词造句。

（H41004-97）

京剧

"京剧"是名词，可以做主语（S）或者宾语（O），根据"S+V+O"或者"S+副词＋形容词"，得出参考答案①：我很喜欢京剧；京剧很有意思。也可根据"S＋受……欢迎"，得出参考答案②：京剧受（人们）欢迎。还可加上副词"很"、"一直"，使句子的内容更丰富。还可以写出"他是很有名的京剧演员"；"他唱京剧唱得非常好"等句子。

455. 经常③ jīngcháng   副. frequently; often

例 上海的夏天经常下雨。It often rains in summer in Shanghai.

题 判断对错：我经常在电梯里遇到她，可能她也在这座大楼里上班。但是我们从来没有说过话，只是看着很熟悉。

他们俩经常聊天。（   ）   （H41001-2）

根据"但是我们从来没有说过话"，可知"他们俩经常聊天"不对，得出答案为（×）。

辨析 经常 vs. 有时候 vs. 偶尔（646）vs. 总是（1181）
从频率（frequency）来看：偶尔（638）＜有时候＜经常＜总是（1181）

辨析 经常 vs. 往往（894），见"往往（894）"。

456. 经过③ jīngguò 动. to pass; to go through 名. process; course

例 我想看看长江都经过了哪些省。 I want to see what provinces the Yangtze River flows past.

例 经过努力，他的成绩越来越好了。 Through hard work, his grades are getting better and better.

例 请你讲讲事情的经过。 Please talk about what happened.

题 排列顺序：A 它就长满了这面墙，叶子很厚，绿绿的

B 这种植物在这个季节长得很快

C 经过短短一个星期 （H41001-56）

💡 B 先给出主语"这种植物……长得很快"，C 给出一个时间段，A 中"它"指代"这种植物"，说明在这个时间段内，这种植物长得有多快，所以 A 在 C 后，得出答案为 BCA。

🐦 辨析 经过 vs. 通过 (868)，见"通过（868）"。

457. 经济④ jīngjì 名. economy

例 我喜欢看经济方面的新闻，它对我的工作很有帮助。 I like to read news on the economy. It is very helpful to my work.

例 中国的经济发展得很快。 The economy of China is developing very fast.

补充 其他表示专业的词语，见"法律（223）"。

458. 经理③ jīnglǐ 名. manager; director

例 经理对我的工作很满意。 The manager was very satisfied with my work.

例 王经理上个月刚刚结婚，这个月就离婚了。 Manager Wang had just got married last month and then divorced this month.

补充 其他表示职业的词语，见"大夫（147）"。

459. 经历④ jīnglì 动. to experience; to undergo 名. experience

例 人生会经历很多酸甜苦辣。 We will experience a lot of good things and bad things in our lives.

例 我对他的经历很感兴趣。 I am very interested in his experiences.

460. 经验④ jīngyàn 名. experience

例 他当了十几年老师，有丰富的教学经验。He spent over ten years as a teacher and had a wealth of experience.

例 他给我们介绍了自己的成功经验。He introduced his successful experience to us.

题 **判断对错**：回忆过去，有苦也有甜，有伤心、难过也有幸福、愉快，有很多故事让人难以忘记，有很多经验值得我们总结。

应该总结过去的经验。（　　　）   (H41002-9)

根据第一句和最后一句"回忆过去……"、"有很多经验值得我们总结"，可知"应该总结经验"，得出答案为（√）。本题中出现的生词有"值得（1138）"、"总结（1180）"。

461. 精彩④ jīngcǎi 形. wonderful; splendid

例 校长的讲话太精彩了，大家一直不停地鼓掌。The headmaster's speech was so wonderful that we kept clapping our hands.

反义 无聊（913）

462. 景色④ jǐngsè 名. scenery; scene; landscape; view

例 那个地方一年四季的景色都很美。The scenery there is beautiful all the year round.

题 **请选出正确答案**：上次爬长城已经是 5 年前的事了，当时我还在北京读硕士。记得那时候正好是春天，山上的草都刚刚变绿，景色非常美。

上次爬长城时，他：   (H41330-70)

　　A 感冒了　　　　B 在放暑假　　　　C 在读硕士　　　　D 觉得很无聊

根据"当时我还在北京读硕士"可以知道答案为 C，A、B、D 都没有提到。

463. 警察④ jǐngchá 名. police; policeman

例 他是一名交通警察。He is a traffic policeman.

464. 竞争④ jìngzhēng 动. to compete

例 现在找工作的压力很大，常常是十个大学毕业生竞争一个工作。Now there is a heavy pressure for getting a job. It is very common for ten graduates to contend for one job.

例 有竞争才有进步。Where there is competition, there is progress.

465. 竟然④ jìngrán 副. unexpectedly

例 你竟然不知道我们的老师姓什么？You didn't know our teacher's surname?

补充 x 然，见"当然（153）"。

466. 镜子④ jìngzi 名. mirror

例 朋友应该像一面镜子，能帮你看清自己的优点和缺点。Friends should be like a mirror, which can help you see your strengths and weaknesses clearly.

例 谁把我的镜子借走了？Who borrowed my mirror?

467. 究竟④ jiūjìng 副. after all (when all is said and done); on earth

例 这道题的答案究竟是什么？What's the answer to this question on earth?

辨析 究竟 vs. 到底（159），见"到底（159）"。

468. 九① jiǔ 数. nine

例 中国人很喜欢数字"九"，因为它代表"长久"。Chinese people like the number "nine", because it represents "long".

469. 久③ jiǔ 形. long (time)

例 好久不见，最近怎么样？Long time no see. How are you recently?

例 我已经等了你半个多小时了，你究竟还有多久能到？I have been waiting for you for over half an hour. When will you arrive exactly?

470. 旧③ jiù 形. old

例 我的书旧了，你的还很新。My book is worn out, while yours is still very new.

例 我还是穿那件旧衣服吧，我怕把新的弄脏了。I'd better put on that old dress. I'm afraid I will make the new dress dirty.

辨析 旧 vs. 老（533）

"旧＋东西"：旧衣服、旧报纸、旧杂志、旧电脑

"老 + 人 / 东西"：老同学、老朋友、老照片、老房子

"旧"强调东西看起来（look like）不新，"老"强调时间久了、长了，它们的反义词都是"新（965）"。

471. 就② jiù 副. just; at once; only; as soon as

例 我早上八点就出门了，可路上堵车，十点才到公司。I went out at eight o'clock in the morning, but I arrived at the company at ten o'clock because of the traffic jam.

例 你就知道打游戏，马上就要开学了，作业写了吗？ You are playing games all the time. The new semester will start soon. Have you done your homework?

例 这个号码的鞋就这一双了？ Is that the only pair left of this size?

补充 ①在"时间词 + 就 / 才 + 动"结构中，"就"和"才"表示的意思相反。"就"表示时间早，"才"表示时间晚。如：我们八点上课，他七点半就来了；我们八点上课，他九点才来。②"就"表示"as soon as"时，有两个结构：A."一……，就……"，如：他一到家就玩儿电脑。B."动₁ + 了 + 就 + 动₂"，如：下了课就给妈妈打电话。

472. 举④ jǔ 动. to lift; to hold up; to raise

例 如果有问题，请先举手。Please raise your hands first if you have questions.

题 请选出正确答案：地球上的气候真有趣：有的地方一年四季都可以见到雪，而有的地方却从来不下雪；同样是 3 月，有的地方树还没长出新叶子，有的地方却已到处开满鲜花。

这段话通过举例来说明地球的气候： （H41328-73）

A 没有区别　　　B 很有意思　　　C 污染严重　　　D 变化不大

第一句"地球上的气候真有趣"是主题句，后面的例子用来说明地球上的气候如何有趣。"有趣"的意思是"有意思"，所以答案为 B。A、C、D 没有提到。

题 排列顺序：A 让我们一起举杯祝贺这对新人

　　　　　　　B 一切顺利，永远幸福

　　　　　　　C 希望他们在今后的生活中　　　　　（H41330-58）

A 先说明我们"举杯祝贺这对新人"，C 中的"他们"指代"这对新人"，所以 A 在 C 前。B 表明我们祝他们在以后的生活中怎么样。所以答案为 ACB。

473. 举办④ jǔbàn 动. to hold; to conduct; to host

例 我们打算明天举办一个迎新晚会。We plan to hold a party tomorrow to welcome the new students.

辨析 举办 vs. 进行（451）vs. 举行（474），见"进行（451）"。

474. 举行④ jǔxíng 动. to hold; to take place

例 上个月他们在美国举行了婚礼。They held their wedding ceremony in the US last month.

例 比赛什么时候举行？ When will the competition be held?

辨析 举行 vs. 进行（451）vs. 举办（473），见"进行（451）"。

475. 句子③ jùzi 名. sentence

例 请你把这个句子读两遍。Please read the sentence twice.

题 完成句子：这个　　没有　　语法错误　　句子　　　　　　（H41003-92）

💡 "个"是量词，由"量词＋名词"组成"这个句子"，"没有"是动词，根据"S＋V＋O"，得出答案：这个句子没有语法错误。

476. 拒绝④ jùjué 动. to refuse; to decline; to reject

例 他拒绝了我的帮助。He refused my offer of help.

题 请选出正确答案：有的时候，我们要学会拒绝别人。拒绝别人，要找到合适、礼貌的方法，否则，如果表达不合适，就会引起误会。

这段话主要说怎样：　　　　　　　　　　　　　　　　（样卷 -73）

A 拒绝别人　　　B 获得尊重　　　C 减少误会　　　D 获得原谅

💡 一般（usually）第一句是主题句，或者根据"我们要学会拒绝别人"、"拒绝别人，要……"，可得出答案为 A。

反义 接受（432）

477. 距离④ jùlí　名. distance

例 这两个城市之间的距离很远。There is a long distance between the two cities.

题 **选词填空**：这儿离大使馆还有一段（　　），你还是坐出租车去吧。

A 伤心　B 按时　C 距离　D 坚持　E 耐心　F 个子　　（H41004-47）

💡量词短语"一段"后常加"时间"或"距离"等名词，得出答案为 C。"段"的用法见"段（202）"。

478. 聚会④jùhuì　名. party; gathering; get-together

例 他没有参加大学毕业十年的聚会。He didn't attend the college graduation party of ten years.

例 这次聚会的地点是小王选的，时间也是他定的。Xiao Wang decided the place and the time of this party.

479. 决定③ juédìng　动. to decide (to do something)　名. decision

例 她决定住在上海。She decided to live in Shanghai.

例 他做了一个让人吃惊的决定。He made a surprising decision.

题 **完成句子**：代表们　　结束　　会议　　决定　　　　　　（H41001-94）

💡动词"结束"后加名词宾语，而"决定"后加动词宾语，决定做什么事；根据"动词＋名词"组成"结束会议"，一起做动词"决定"的宾语，根据"S+V+O"，得出答案：代表们决定结束会议。

480. 觉得② juéde　动. to think; to feel

例 我觉得自己离不开这座城市了。I felt myself hard to leave this city.

🐦 **辨析** 觉得 vs. 认为（724）vs. 以为（1038），见"认为（724）"。

🖌 自测

一 选词填空。

A 聚会	B 郊区	C 节	D 景色	E 骄傲

1. 你知道上海哪里有适合举办同学（　　）的地方吗？
2. 那儿的（　　）真是太美了，所以我们停下来拍了好多照片。
3. 听说（　　）的空气比这里好多了。
4. 我打算报名参加下个月的艺术（　　）。
5. 儿子考上了中国最有名的大学，这让爸爸妈妈感到很（　　）。

A 教育	B 接受	C 交流	D 结束	E 节约

6. 现在的年轻人常通过 MSN、QQ、微信等聊天工具跟朋友进行（　　）。
7. 对孩子来说家庭教育比学校（　　）重要得多。
8. 很多人都不太愿意（　　）别人的批评。
9. 今年我们的寒假在 2 月 6 号就（　　）了。
10. 为了（　　）两块钱，他每天都走路来上学。

A 经济	B 竟然	C 尽管	D 解决	E 究竟

11. （　　）他个子很矮，但是他跳得很高。
12. 他正在想怎么（　　）这个问题。
13. 我们听他说了半天也没听懂他（　　）想说什么。
14. 最近几十年世界（　　）发展得都很快。
15. 他那么聪明，（　　）提出这么傻的问题，真让人想不到。

A 拒绝	B 竞争	C 经验	D 距离	E 经历

16. A：你知道北京到上海的（　　）是多少吗？

B：当然知道，是 1462 公里。

17. A：这是你第二次来中国了吧？

B：是啊，那段在中国留学的（　　）一直让我很难忘啊。

18. A：怎么你的汉语进步那么大啊？

B：因为我们的老师教学（　　）很丰富，即使很难的问题，她一讲我们很快就明白了。

19. A：听说现在中国的大学毕业生找工作很不容易呢，是吗？

B：是啊，常常是几十个甚至是几百个学生（　　）一份工作呢。

20. A：上个星期你送她的礼物她接受了吗？

B：唉，别提了，她（　　）了。

二 完成句子。

21. 决定　他　照　镜子　一下 _____

22. 解释　警察　拒绝　这个问题　那个 _____

23. 叫　我的　自行车　朋友　借走了 _____

24. 是　这次活动　由　举办的　那家博物馆 _____

25. 摆着　很多　街道　两旁　鲜花 _____

三 看图，用词造句。

26.　　　　结婚

_____

27.　　　　　　　　　　　　　　　进行

_____

28. 　　　　精彩

_____

29.　　　　紧张

_____

30.　　　　禁止

_____

第 **9** 天

 **学习重点**

本部分共有一级词汇 8 个，二级词汇 10 个，三级词汇 11 个，四级词汇 31 个。

需要注意的语言点主要有：① 结构"开始／考虑＋做什么事"；② 结构"可＋动词"，有"值得"的意思；③ 汉语中表示情态（modal）的副词，如"肯定、恐怕"；④ "来得及、来不及"的用法；⑤ "了"的用法。

481. 咖啡② kāfēi　名. coffee

例 她喜欢喝茶，不喜欢喝咖啡。She likes to drink tea and doesn't like coffee.

482. 开① kāi　动. to open; to start; to turn on; to write out (a medical prescription); to drive (vehicle); to bloom

例 现在开始上课，请同学们打开书。Class begins now. Please open your books.

例 医生给我开了很多药。The doctor prescribed a lot of medicines for me.

例 春天来了，花儿都开了。Spring is coming and the flowers are all in blossom.

题 请选出正确答案：

男：我已经出发了，有点儿堵车，到学校大概要四十分钟。

女：好的，你路上小心，慢慢开，别着急。

问：男的怎么去学校？　（H41001-17）

A 步行　　　B 开车　　　C 坐地铁　　　D 打出租车

根据女的说"慢慢开（车）"，可知男的开车去学校，得出答案为 B。

补充 "开" 的其他用法：①"动 + 开"，如：打开、推（878）开、张（1111）开；②"开 + 名"，如：开学、开公司、开会、开电脑、开空调、开飞机、开药方 (prescription)

反义 关（303）

483. 开始② kāishǐ　动. to begin; to start　名. beginning

例 你是什么时候开始学习汉语的？When did you begin learning Chinese?

例 好的开始是成功的一半。Well begun is half done.

补充 进行（451）

反义 结束（441）

484. 开玩笑④ kāi wánxiào　动（离合）. to play a joke; to make fun of

例 别生气，我只是跟你开个小玩笑。Don't be angry. I just played a little joke with you.

例 他喜欢跟朋友们开玩笑。He likes to make fun of his friends.

485. 开心④ kāixīn　形. happy; joyous

例 假期过得开心吗？Did you enjoy your holiday?

例 这个消息让我很开心。The news made me happy.

题 **请选出正确答案**：这家网球馆的服务不错，给我的印象很好。比如说，他们会免费提供饼干和矿泉水，打球打累的时候，我们就可以吃点儿东西休息一下。他们还经常举办一些聚会，邀请的都是在这里打球的人。我参加过几次，每次都玩儿得很开心。

在聚会上，他：　　　　　　　　　　　　　　　　（H41329-83）

A 很安静　　　B 特别激动　　　C 打扮得很帅　　　D 玩儿得很愉快

💡 根据"他们经常举办一些聚会……，我参加过几次，每次都玩儿得很开心"，可以知道答案为 D，因为"开心"和"愉快"意思相近，在这里可以表达相同的意思。A、B、C 都没有提到。

🐦 **辨析** 高兴（273）vs. 开心 vs. 快乐（517）vs. 愉快（1076），见"高兴（273）"。

486. 看① kàn　动. to look at; to watch; to visit

例 那个人一直看着我。That person keeps looking at me.

例 你喜欢看小说还是看电影？Which one do you like, reading novels or seeing movies?

例 朋友病了，我得去看看他。A friend of mine is ill. I have to go to visit him.

补充 "看"在口语中还有"看起来"、"看上去"的用法，都有"look like, it seems"的意思。

🐦 **辨析** 看 vs. 看见（488），见"看见（488）"。

487. 看法④ kànfǎ　名. view; opinion

例 她试着把自己的看法写下来。She tried writing down her views.

例 对这件事的看法每个人都不一样。Everyone's opinion differs on this matter.

题 排列顺序：A 这个任务没有那么困难

B 而关键是要清楚我们的主要目的，找到重点

C 我的看法是 (H41001-61)

💡 C 中"我的看法是"，后面应该（1051）有具体的说明（812），"这个任务"是"看法"的前半部分，而小句是"看法"的后半部分，根据"……，而……"，可以知道 B 在 A 后，指出"关键"是什么，得出答案为 CAB。

🐦 辨析 看法 vs. 意见（1041）

"看法"是对人、事的各种认识（723），"看法"可以是没有经过认真（725）考虑的，不全面（incomprehensive）的。"意见"有两种意思：①对事情的看法或想法；②认为（724）人或事情不对，有不满意的想法。

488. 看见① kànjiàn 动. to see; to catch sight of

例 我看了，但是没看见。I looked, but saw nothing.

例 有人看见他从教室里走出来了。He was seen coming out from the classroom.

🐦 辨析 看见 vs. 看（486）

"看见"强调结果，"看"强调动作。

489. 考虑④ kǎolǜ 动. to think over; to consider

例 请仔细考虑一下这个问题。Please consider this problem carefully.

例 这种盒子无论从质量方面还是价格方面，都值得考虑。In terms of quality or price, this kind of box is worth considering.

490. 考试② kǎoshì 动. to take a test; to have / take an examination

例 明天我要去参加 HSK 考试，有点儿紧张。I will take the HSK exam tomorrow and I feel a little nervous.

题 **判断对错**：这次考试很简单，你不用害怕。一会儿你认真听题，回答的时候慢慢说就可以了。

考试已经结束了。（　　）　　　　　　　　　　　　　　（样卷-17）

💡 从"一会儿你认真听题"，可知考试还没有开始，得出答案为（×）。

---

491. 烤鸭④ kǎoyā 名. roast duck

例 北京烤鸭非常有名。Beijing roast duck is very famous.

例 每到周末，他们都会去那家烤鸭店好好儿吃一顿。They go to the roast duck restaurant to have a good meal every weekend.

---

492. 科学④ kēxué 名. science; scientific knowledge

例 他对自然科学特别感兴趣。He was particularly interested in natural sciences.

例 我们必须用科学的方法研究这个问题。We must take a scientific approach to investigate this problem.

题 **请选出正确答案**：科学技术的发展确实给生活带来了许多方便，但也给我们增加了不少烦恼。最普遍的是，每个现代人头脑中都要记住很多密码：信用卡需要密码，电脑需要密码，电子信箱需要密码，有时候甚至连开门都需要密码。如果谁不小心忘记了这些密码，那麻烦可就大了。

给人们带来烦恼的是：　　　　　　　　　　　　　　　（H41001-85）

A 科学技术　　　　B 电子信箱　　　　C 工作压力　　　　D 环境污染

💡 第一句是主题句，可得出答案为 A。

---

493. 棵④ kē 量. classifier for trees, vegetables, other plants, etc.

例 那棵苹果树长得真好，树上的苹果就要成熟了。It is a really exuberant apple tree and the apples on the tree are about to ripen.

例 我家门前种着一棵大树。There is a big tree in front of my house.

494. 咳嗽④ késou　动. to cough

例 他感冒了，头疼、发烧，还一直咳嗽，真可怜。He has caught a cold. He has a headache, fever, and is coughing all the time. How pitiful he is.

例 她咳嗽得很厉害。She had a bad cough.

补充 感冒 (264)、发烧 (219)、疼 (850)

495. 可爱③ kě'ài　形. cute; lovely

例 她是一个可爱的小姑娘，我们都非常喜欢她。She is a cute little girl. We all like her very much.

补充 其他表示性格的词语，见"活泼 (373)"。

496. 可怜④ kělián　形. pitiful; pathetic

例 她很小就失去了父母，真可怜。Her parents died when she was very young. She is so pitiful.

补充 ①"可＋形"，如：可爱、可惜、可气、可怜；②"可＋动"，如：可听、可看、可学，这里，"可"是"值得"的意思；③"可＋名"，如：可口、可心。

497. 可能② kěnéng　形. possible 名. possibility

例 如果可能的话，我现在就想走。If possible, I want to go now.

例 你觉得今天就完成任务有没有可能？Do you think it's possible to finish the work today?

辨析 可能 vs. 大概 (143) vs. 肯定 (506) vs. 也许 (1017)，见"大概 (143)"。

498. 可是④ kěshì　连. but; however

例 我很想买一套房子，可是我现在没钱。I really want to buy a house, but I have no money now.

题 选词填空：我本来已经打算放弃了，(　　) 他的话让我改变了主意。
A 举办　　B 可是　　C 味道　　D 坚持　　E 食品　　F 流行
(H41005-47)

前句中"本来"表示后来的情况应有变化，"可是"有"但是"的意思，放在这儿比较合适，得出答案为 B。

🐦 **辨析** 可是 vs. 不过（70）vs. 但是 vs. 只是（only）。从语气（tone）上来说，但是＞可是（498）＞不过（70）＞只是（only）。

🐦 **辨析** 可是 vs. 不过（70）vs. 但是 vs. 却（713），见"却（713）"。

499. 可惜④ kěxī　形. pitiful; what a pity; (it's) too bad

例 这件衣服还很新，扔了太可惜了。This dress is still new. It is a pity if you throw it away.

500. 可以② kěyǐ　动. can; might　形. not bad; OK

例 你可以帮我一个忙吗？Could you do me a favor?

例 老师说，上课时不可以睡觉、不可以聊天、不可以吃东西。The teacher told us that we couldn't sleep, chat or eat in class.

例 这次考试，我的成绩还可以。My grades in this exam are not bad.

🐦 **辨析** 可以 vs. 能（631）

① "可以"强调可能性，"能"强调能力，表示善于（be good at）做什么事，如：他很能（可以×）吃，一顿能／可以吃四大碗。② "能"表示猜测（guess），如：今晚他能（可以×）来吗？③ "可以"有"许可（permit）"的意思，"能"没有，如：你有什么问题，可以直接问我。④ "可以"能单独（alone）做谓语，如：你这样做也可以；今晚的饭菜还可以。

501. 渴③ kě　形. thirsty

例 吃咸的食品会让你口渴。Salty food makes you thirsty.

例 我又渴又累，想喝点什么，休息一下。I am so thirsty and tired. I want to drink something and take a rest.

补充 饿（212）、饱（29）、累（537）、困（520）

502. 刻③ kè　量. quarter (of an hour)　名. moment

例 现在差一刻九点。It's a quarter to nine now.

例 这一刻，我终于明白了。At this moment, I finally understood.

503. 客人③ kèrén　名. guest

例 快把房间打扫一下，客人们马上就要到了。Clean the room quickly. The guests

will arrive soon.

补充 客厅（living room）、客房（guest room）、请客（treat）、主人（host）、做客（be a guest）

---

504. 客厅④ kètīng 名. drawing room; living room

例 爸爸每天吃完晚饭都会在客厅看一会儿报纸。Every day my dad reads newspaper in the living room after supper.

题 完成句子：能帮我　把　抬到客厅　吗　沙发　　　　　（H41330-94）

💡 根据结构"S+ 把 +O+V+ 其他"，可得出"把沙发抬到客厅"，能愿动词"能"应在"把"前，"吗"常放在句子末尾，得出答案：能帮我把沙发抬到客厅吗？

题 完成句子：我　客厅　把　收拾　好了　　　　　　　（H41332-88）

💡 根据结构"S+ 把 +O+V+ 其他"，就可得出答案"我把客厅收拾好了"。

---

505. 课② kè 名. course; class; lesson

例 我们每天上午有四节课。We have four classes every morning.

例 今天我们学习第三课。Today we will study Lesson 3.

---

506. 肯定④ kěndìng 副. surely; definitely 形. sure; definite

例 别担心，这件事交给我，我肯定按时完成。Don't worry, I will handle this matter and finish it on time definitely.

例 请给我一个肯定的答案。Please give me a definite answer.

题 排列顺序：　A 这本书的作者是一位著名的儿童教育家
　　　　　　　　B 他在书中提出了很多新的教育看法
　　　　　　　　C 相信年轻父母肯定能从中学到不少东西　　　（样卷 -59）

💡 B 选项中的"他"和"书"指代的是 A 选项中的"作者"和"这本书"，所以先 A 后 B，又因为 A 选项中提到作者是"著名的儿童教育家"，B 选项中提到"很多新的教育看法"，所以可以知道"年轻父母肯定能从中学到不少东西"。答案是 ABC。

🐦 **辨析** 肯定 vs. 一定（1024）

"肯定"强调对客观情况的推测，从可能性上来说：肯定（506）＞大概（143）＞可能＞也许（1017）；"一定"强调主观态度（839）的自信（self-confidence）或事情发展的必然性（inevitability），常表示命令（order）、要求（1009）、希望（921）、决心（determination）等语气。

🐦 **辨析** 肯定 vs. 大概（143）vs. 可能（497）vs. 也许（1017），见"大概（143）"。

507. 空④ kōng 形. empty

例 请问，还有空（kōng）房间吗？ Excuse me, is there an empty room？

例 你有空箱子吗？ Do you have empty boxes?

题 **完成句子**：把　扔进　空瓶子　请　垃圾桶 　　　　　　（H41329-90）

💡 根据结构"S+ 把 +O+V+ 其他"，可得出"把空瓶子扔进垃圾桶"，"进垃圾桶"是"扔"的结果，"请"常放在句子最前面，得出答案：请把空瓶子扔进垃圾桶。

508. 空气④ kōngqì 名. air

例 下雨后空气很新鲜。The air is very fresh after the rain.

题 **请选出正确答案**：森林对环境有很好的保护作用。因为森林里的植物可以留住更多的水，使空气变得湿润，还可以影响地球的温度。

森林对保护环境有什么作用？ 　　　　　　（H41003-72）

A 减少降雨　　　　B 降低气温　　　　C 使空气湿润　　　　D 使降雪受到限制

💡 根据"森林里的植物可以……使空气变得湿润"，得出答案为 C。文中说"可以影响地球的温度"，但是没有说可以"降低气温"，所以 B 不对。A、D 没有提到。

509. 空调③ kōngtiáo 名. air conditioner

例 请帮我把空调搬到教室后面去。Please help me to move the air conditioner to the back of the classroom.

例 这房子条件不错，不但有冰箱、洗衣机，而且还有空调。The condition of the house is good. There is not only refrigerator and washing machine, but also air conditioner.

补充 其他表示家用电器的词语，见"电视（183）"。

510. 恐怕④ kǒngpà　副. probably; be afraid of

例 明天恐怕要下雨，我们不能去旅行了。I am afraid that it will rain tomorrow. Then we can't go to travel.

例 这么做恐怕不符合学校的规定。I am afraid that it is against the rules of the school.

辨析 恐怕 vs. 害怕（328）vs. 担心（150）vs. 怕

"恐怕"除了有"担心"的意思，还常表示估计或猜测，有"可能"的意思，还带有商量（742）的语气，如：你穿这件衣服参加晚会，恐怕不太好吧。"害怕"强调对人、环境或事有"怕"的感觉。"担心"表示对人、事的安全或其他情况不放心，如：妈妈一直担心他。"怕"同时有"害怕、恐怕、担心"三个意思，常用于口语。

511. 口③ kǒu　名. mouth　量. classifier for family member

例 我口渴了，这儿有什么喝的？I am thirsty. Is there anything to drink?

例 我家有四口人，爸爸、妈妈、弟弟和我。There are four members in my family, dad, mom, my younger brother and me.

512. 哭③ kū　动. to cry; to weep

例 听到这个消息，她难过得哭了起来。Hearing this news, she was sad and cried.

题 请选出正确答案：哭不一定是坏事。遇到伤心事，哭一场就会感觉心里舒服多了；人们成功的时候，因为激动会哭；人们获得爱情和友谊的时候，因为感动也会哭。所以说，哭不一定是坏事。

这段话主要想告诉我们什么？　　　　　　　　　　　　　　　　（H41001-45）

A 要懂礼貌　　　　B 要有同情心　　　　C 要互相理解　　　　D 哭不一定不好

根据文中第一句和最后一句两次说到"哭不一定是坏事"，得出答案为 D。A、B、C 都没有提到。

补充 难过（626）、伤心（740）

反义 笑（957）

513. 苦④ kǔ 形. bitter

例 这个药太苦了，我不想吃。This medicine tastes bitter. I don't want to take it.

补充 表示味道（902）的词语：酸（825）、甜（860）、辣（524）、咸（933）、香（940）

514. 裤子③ kùzi 名. trousers; pants

例 这条裤子有点儿长，我能试试短点儿的吗？ This pair of trousers is a bit long. May I try a shorter one?

题 请选出正 男：明天我穿这件衬衫怎么样？

确答案： 女：衬衫没问题，但是裤子要换一条黑色的，另外，你该理发了。

问：女的让男的做什么？ （H41002-15）

A 换裤子 B 戴帽子 C 洗个澡 D 散散步

💡 根据女的说"裤子要换一条黑色的"，可知女的让男的换裤子，得出答案为 A。B、C、D 都没有提到。

补充 其他表示衣服（1032）的词语，见"衬衫（96）"。

515. 块① kuài 量. chunk; piece; (classifier for pieces of cake, soap, etc); *kuai* (colloquial word for *Yuan*)

例 小姐，这块蛋糕的味道很奇怪，是不是坏了？ Miss, this piece of cake tastes very strange. Does it go bad?

例 咖啡二十块钱一杯，牛奶十五块。20 *kuai* for a cup of coffee, and 15 *kuai* for a glass of milk.

补充 其他表示钱币单位的词语，见"角（424）"。

516. 快② kuài 形. fast; quick 副. soon

例 他是我们班跑得最快的人。He runs fastest in my class.

例 已经七点五十了，再不快点儿就要迟到了。It's already 7:50 now. We will be late if we don't hurry up.

例 你快去还书吧，图书馆马上就要关门了。 Go to return the books quickly. The library will close very soon.

补充 汉语中"快要……了 / 要……了 / 快……了 / 就要……了"表示动作马上发生，如：快要下雨了。/ 要上课了。/ 再有两个星期就要放寒假了。如果句中有表示具体时间的词语做状语时只能用"就要……了"，如：下个月姐姐就要结婚了。

517. 快乐② kuàilè 形. happy; merry

例 和他在一起让我感到很快乐。I feel very happy to stay with him.

例 祝你生日快乐。Happy birthday to you.

题 请选出正确答案：幽默是一种让人羡慕的能力，有这种能力的人能在任何事情中发现有趣的东西，再无聊的事经过他们的嘴都可能变成笑话，甚至让人笑得肚子疼。一个有幽默感的人不管走到哪里，都会给别人带去愉快的心情，所以总是受到大家的欢迎。

幽默的人为什么受欢迎？ (H41005-41)

A 使人快乐　　　B 十分礼貌　　　C 遇事冷静　　　D 能给人安全感

根据"有幽默感的人……会给别人带去愉快的心情，所以总是受……欢迎"，得出答案为 A。B、C、D 都没有提到。

辨析 快乐 vs. 高兴 (273)vs. 愉快（1076），见"高兴（273）"。

518. 筷子③ kuàizi 名. chopsticks

例 中国人习惯用筷子吃饭。Chinese people are used to having dinner with chopsticks.

例 刚来中国时我不会用筷子，而现在我用得很熟练。I didn't know how to use chopsticks when I just came to China, but now I can use them very skillfully.

519. 矿泉水④ kuàngquánshuǐ 名. mineral water

例 我不喜欢喝饮料，只爱喝矿泉水。I don't like beverage, but mineral water.

例 除了矿泉水以外，什么都不可以带进来。You can't bring anything in except mineral water.

题 **请选出正确答案**：小姐，我们这种矿泉水取自雪山，不仅很好喝，用它来洗脸对皮肤也很有好处，所以价格要比其他矿泉水贵一些。

这种矿泉水的特点是： (H41330-72)

A 干净　　　B 有点儿咸　　　C 来自海洋　　　D 洗脸对皮肤好

💡 根据"用它来洗脸对皮肤也很有好处"可知答案为 D，选项 A、B、C 在短文中都没有提到。

---

520. 困④ kùn 形. sleepy

例 昨天晚上我加班到十点，现在非常困。Last night I worked until ten o'clock. I am very sleepy now.

例 我一上课就困。I get sleepy as soon as I attend the class.

题 看图，用词造句。

(H41005-100)

困

💡 "困"是形容词，前边可加副词"很、非常"等，根据"S+副词+形容词"和图片，可写出"现在他很困"；还可加上"困"的原因，使句子的内容更丰富。当然也可以加上时间词，得出参考答案：他昨晚没有睡好，现在有点儿困了。

补充 其他表示感觉的词语，见"渴（501）"。

---

521. 困难④ kùnnan 名. difficulty 形. difficult; hard

例 不管遇到多么大的困难，我们都要坚持理想，不能放弃。No matter how difficult it is, we must stick to our ideal and never give up.

例 想一天复习完这本书，太困难了。It is very difficult to review this book in one day.

反义 容易（732）

522. 垃圾桶④ lājītǒng　名. rubbish bin

例 请把不要的东西扔到垃圾桶里，不要到处乱扔。Please throw the useless things into the dustbin. Don't throw them everywhere.

补充 x 桶：木桶、水桶；垃圾 x：垃圾袋（bag）、垃圾箱、垃圾站

523. 拉④ lā　动. to pull; to drag; to draw

例 两匹马拉着那辆车。The cart was drawn by two horses.

题 完成句子：拉近　　了　　人与人之间的　　手机　　距离　（H41005-87）

💡 "拉近"是动补短语，跟宾语（O）"距离"组成"拉近距离"；根据"的＋名词"，组成"人与人之间的距离"；"手机"做主语（S），根据"S+V+O"可写出"手机拉近人与人之间的距离"；"了"放在动词后，表示完成，得出答案：手机拉近了人与人之间的距离。

反义 推（878）

524. 辣④ là　形. hot (spicy)

例 我不能吃太辣的食品。I can't eat too spicy food.

补充 其他表示味道的词语，见"苦（513）"。

525. 来① lái　动. to come

例 欢迎你来我家做客。Welcome to our home.

例 谁来回答这个问题？ Who will answer this question?

补充 ①"动＋来"，如：带来、买来、取来、拿来；②"趋向词＋来"，如：过来、回来、上来、下来、出来、进来、起来；③"来＋动"，如：我来介绍，你来回答这个问题；④"时间词＋来"，如：几天来、两年来。"去"没有③和④的用法。

反义 去（708）

526. 来不及④ láibují 　动. there's not enough time (to do something); it's too late (to do something)

例 快起床，还有十分钟上课，我们来不及了。Get up quickly. There are only 10 minutes left. We don't have enough time to go to school.

例 还有十分钟出发，来不及吃早饭了。We will set out in 10 minutes. It's too late to have breakfast.

527. 来得及④ láidejí 　动. there's still time; be able to do something in time

例 离上课还有半小时呢，来得及吃早饭。There is half an hour before the class begins. We still have time to have breakfast.

例 别着急，还有一个星期才考试呢，现在复习还来得及。Don't worry. There is still a week from the exam, and we have enough time to review.

题 **请选出正确答案：**
男：只剩下十五分钟，今天恐怕要迟到了。
女：别担心，现在不堵车，十五分钟肯定够。
问：女的主要是什么意思？　　　　　　　　(H41003-23)

A 来得及　　　B 来不及了　　　C 速度太慢了　　　D 航班推迟了

💡 根据女的说"别担心，……十五分钟肯定够"，可知女的意思是"来得及"，得出答案为 A。

528. 来自④ láizì 　动. to come from

例 我不知道她来自哪个国家。I don't know which country she comes from.

529. 蓝③ lán 　形. blue

例 妈妈，你看见我那条蓝裙子了吗？Mom, have you seen my blue skirt?

补充 其他表示颜色的词语，见"黑（345）"。

530. 懒④ lǎn 　形. lazy

例 他很懒，常常躺在床上什么也不做。He is very lazy, often lying on the bed and doing nothing.

531. 浪费④ làngfèi 动. to waste

例 我们要从小养成节约的习惯，不能浪费。We should develop a thrifty habit from childhood and never waste.

例 浪费时间就是浪费生命。Wasting time is wasting life.

反义 节约（438）

532. 浪漫④ làngmàn 形. romantic

例 浪漫的爱情故事总是很吸引人。Romantic love stories are always very attractive.

例 每个女孩子都想要浪漫的爱情。Every girl wants romantic love.

题 判断对错：怎么样才能找到适合自己的人？两个人共同生活，不仅需要浪漫的爱情，更需要性格上互相吸引，最重要的是，两个人都要有对家的责任感。

真正的爱情不需要浪漫。（　　　）　　　　　　　　　　　（H41002-6）

💡 根据"两个人共同生活，不仅需要浪漫的爱情，更需要……"，可知"爱情需要浪漫"，得出答案为（×）。

533. 老③ lǎo 形. aged; old; of the past

例 他看起来很老，其实他只有三十岁。He looks old, but in fact, he is only 30 years old.

例 爸爸很喜欢看老电影、听老歌。My dad likes seeing old movies and listening to the old songs.

补充 "老"表示年龄大时，反义词是"年轻（637）"；表示其他意思时，反义词是"新（958）"。

🐦 辨析 老 vs. 旧（470），见"旧（470）"。

534. 老虎④ lǎohǔ 名. tiger

例 老虎是森林之王。The tiger is the king of the forest.

题 请选出正确答案：各位观众，大家晚上好。欢迎大家在星期六晚上，准时收看我们的《人与自然》节目。在今天的节目里，我们主要向大家介绍亚洲虎。今天我们还请来了国内著名的动物学教授，王教授，来给我们介绍这方面的知识。今天的节目主要介绍什么？ (H41003-39)

A 亚洲　　　　B 地球　　　　C 老虎　　　　D 狮子

💡 根据"在今天的节目里，我们主要向大家介绍亚洲虎，……还请来……动物学教授"，得出答案为 C；介绍老虎，而不是介绍亚洲，所以 A 不对；B、D 没有提到。

补充 其他表示动物的词语，见"动物（194）"。

535. 老师① lǎoshī 名. teacher

例 他是一位经验丰富的老师。He is an experienced teacher.

补充 其他表示职业的词语，见"大夫（147）"。

536. 了① le 助. used at the end of a sentence to indicate that something has taken place or to indicate an affirmative tone

例 我的作业写完了。I have finished my homework.

例 快放假了，我终于可以回国了。The vacation is coming soon. I can return to my home country finally.

补充 "动＋了"表示动作从没有到有的实现过程，重在实现过程的开始点。如：我买了一本书。因此，句末的"了"可以表示行为的发生、情况的变化或动作的实现。如：昨天晚上我没去图书馆，去商店了；以前我很忙，现在不忙了。

537. 累② lèi 形. tired; weary

例 我又累又困，得好好休息休息。I am tired and sleepy. I need to have a good rest.

题 请选出正确答案：
女：我们去对面的商店看看吧。
男：我真的受不了你了，你到底还要逛多久？
女：我们才逛了一个小时。

男：时间过得真慢，和你逛街比上班还辛苦。

问：男的现在是什么感觉？ (H41003-28)

A 太累 B 得意 C 感动 D 怀疑

💡 根据男的说"我真的受不了你了，……"，"和你逛街比上班还辛苦"等可知男的现在觉得很累，得出答案为A。

L

补充 其他表示感觉的词语，见"渴（501）"。

538. 冷① lěng 形. cold

例 北方的冬天很冷。The winter in the North is very cold.

补充 凉快（558）、天气（859）

反义 热（719）、暖和（645）

539. 冷静④ lěngjìng 形. calm; cool-headed

例 他现在太激动了，需要一段时间冷静冷静。He is too excited now. He should take some time to calm down.

题 排列顺序：A 他很年轻

　　　　　　B 比相同年龄的人更成熟

　　　　　　C 可是遇到问题很冷静 (H41001-57)

💡 B中"比"字句没有主语，C中有"可是"，都不应是第一句，所以A是第一句，A中"他"是主语；C中"遇到问题很冷静"是他"比相同年龄的人更成熟"的原因，所以C在B前，得出答案为ACB。

补充 其他表示性格的词语，见"活泼（373）"。

540. 离② lí 动. to be away from

例 我家离学校很近，走路十分钟就到了。My home is very close to the school, just 10 minutes' walk.

例 现在离考试结束还有十分钟。Now there are 10 minutes before the examination ends.

补充 常用结构"A 离 B+ 很 / 非常……＋远 / 近"、"A 离 B+ 有 + 一段时间 / 距离"

自 测

（一） 选词填空。

A 开玩笑	B 棵	C 考虑	D 科学	E 可惜

1. 在现代社会，（　　）和技术都是非常重要的。

2. 那（　　）树真高啊！

3. 不管什么时候，他总是喜欢跟别人（　　）。

4. 请您再认真（　　）一下这个决定。

5. 天气这么好，我真想出去玩儿啊，（　　）我还有很多作业没做完呢。

A 肯定	B 空气	C 可怜	D 困难	E 恐怕

6. 这么冷的天，那个孩子没有衣服穿，也没有饭吃，真（　　）！

7. 最近天气一直都不好，（　　）明天还会下雨呢。

8. 即使有（　　），我们也应该自己想办法解决。

9. 放心吧，他（　　）会同意的。

10. 有了（　　）人们才能顺利生活下来。

A 冷静	B 拉	C 懒	D 浪费	E 筷子

11. 飞机场、火车站里很多人都（　　）着大行李箱。

12. 他（　　）地离开了那个地方。

13. 他是一个很（　　）的人，常常很久也不打扫房间，不洗衣服。

14. 来中国以前我从来没有用（　　）吃过饭。

15. 昨天他（　　）了一个下午，什么也没做。

A 来得及	B 来不及	C 客厅	D 看法	E 咳嗽

16. A：请问，你对这件事有什么（　　）？

B：对不起，我不想谈这个问题。

17. A：这班车还有十分钟就出发了。

　　B：啊？那我（　　）去买票了，看来只好坐下一班了。

18. A：对，那部电影是七点开演的。

　　B：太好了！现在刚六点半，从这儿到那儿只要二十分钟，我马上就去一定还（　　）。

19. A：已经感冒这么长时间了，你还是去医院看看吧。

　　B：没事，现在我只是还有点儿（　　），别的都好了。

20. A：钥匙你放哪儿去啦？

　　B：就在（　　）的桌子上呀，你没看见吗？

（二）完成句子。

21. 觉得　我　中国菜　又辣又咸　＿＿＿＿＿＿＿＿＿＿＿＿＿＿＿

22. 什么　我　每天　开心　觉得　比　都重要　＿＿＿＿＿＿＿＿＿＿＿＿＿＿＿

23. 客人　他们夫妻俩　对　总是　非常热情　＿＿＿＿＿＿＿＿＿＿＿＿＿＿＿

24. 那条蓝色的　他　裤子　一直　穿着　＿＿＿＿＿＿＿＿＿＿＿＿＿＿＿

25. 浪漫的　一部　这是　爱情故事片　＿＿＿＿＿＿＿＿＿＿＿＿＿＿＿

（三）看图，用词造句。

26.　　　　　　　可爱

＿＿＿＿＿＿＿＿＿＿＿＿

27.　　　　　　　哭

＿＿＿＿＿＿＿＿＿＿＿＿

28.  垃圾桶

_____

29.  苦

_____

30.  矿泉水

_____

第 **10** 天

学习重点

本部分共有一级词汇 8 个，二级词汇 10 个，三级词汇 16 个，四级词汇 26 个。

需要注意的语言点主要有：① "俩 / 两、没 / 不" 的区别；② 结构 "连……也……"；③ 结构 "跟 + 人 + 联系" 和 "对 + 人 / 事 / 地方 + 满意"；④ 离合词的用法，如：跟朋友聊天、聊一会儿天、聊聊天、聊天聊得很开心；⑤ 表示身体各部位的词语。

---

541. 离开③ líkāi 动. to depart; to leave

例 离开家已经快一年了，我很想爸爸妈妈。I have been away from home for almost one year, and I miss my dad and mom very much.

例 她的男朋友离开她的时候，她伤心得哭了。She was sad and cried when her boyfriend left her.

---

542. 礼拜天④ lǐbàitiān 名. Sunday

例 那家银行礼拜天不开门。That bank doesn't open on Sunday.

例 每个礼拜天他都会带女儿去附近的公园。He takes his daughter to the park nearby every Sunday.

🐦 **辨析 礼拜天 vs. 星期天 vs. 星期日**

口语多说星期天；星期日在口语中不常见；礼拜天的说法跟宗教（religion）有关，因为基督教徒（Christian）在这一天会到教堂做礼拜（go to church），所以常说礼拜天。

---

543. 礼貌④ lǐmào 形. polite; courteous 名. politeness; manners

例 见到老师的时候，他很礼貌地问了个好。He greeted the teacher politely when he met her.

例 你这样说话很没有礼貌。The way you speak is very rude.

例 这个孩子又聪明又懂礼貌，大家都很喜欢他。This kid is smart and courteous. Everyone likes him.

---

544. 礼物③ lǐwù 名. gift; present

例 你的礼物太贵重了，我不能接受。Your gift is too valuable. I can't accept it.

题 **请选出正确答案：** 男：小姐，您是今天第一个来我们超市的客人，我们准备了一个小礼物送给您。

女：真的吗？谢谢你！太高兴了。

男：这是我们超市送您的环保购物袋，祝您购物愉快。

女：谢谢。

问：女的为什么很高兴？ (H41002-31)

A 收到短信了　　B 她今天结婚　　C 衣服很漂亮　　D 得到一个礼物

💡 根据男的说"我们准备了一个小礼物送给您",女的说"真的吗？……太高兴了"，得出答案为 D。A、B、C 都没有提到。

---

545. 里① lǐ　名. inside; inner

例 教室里有 24 个学生和一位老师。There are 24 students and a teacher in the classroom.

例 你的书包里有什么东西？　What is in your schoolbag?

题 **完成句子**：钥匙　　里　　在　　塑料袋　　　　　　　　（H41004-86）

💡 "在"做谓语动词时，常用结构是"东西＋在＋地方"，得出答案：钥匙在塑料袋里。

补充 国家或城市等表示地方名称（name）的词语不能跟"里"连用，如不能说"中国里、上海里"。

🐦 辨析　里 vs. 内（629），见"内（629）"。

反义 外（883）

---

546. 理发④ lǐfà　动（离合）. to have a haircut; to have one's hair cut

例 今天下午我打算去理个发，你陪我一起去，好不好？　This afternoon I am going to have a haircut. Will you go with me?

题 **选词填空**：A 快过年了，我想理个发。你平时都去哪里理？　　（样卷 -52）
　　　　　　　　B 我常去学校西边那家，里面有个理发师（　　）还不错。

　　A. 材料　　B. 调查　　C. 温度　　D. 继续　　E. 技术　　F. 够

💡 A 问 B 去哪里理发，是想问哪家理发店理得好。理发理得好不好跟理发师的技术有关系，所以 B 回答说他常去学校西边那家理发店，因为"理发师技术还不错"，E 正确。

题 看图，用词造句。

（H41003-97）

理发

💡 "理发"是动词（离合词），根据"S+V+O"，可写出"他在理发"；"他喜欢理发"。还可以加上时间、地方等，使句子内容更丰富，得出参考答案：如：他每个月都去那儿理发；他喜欢去那儿理发。

547. 理解④ lǐjiě　动. to comprehend; to understand

例 我对他的做法很不理解。I didn't understand his way of dealing with this.

例 感谢朋友们对我的理解和支持。I am grateful to my friends for their understanding and support.

🐦 辨析 理解 vs. 懂（193）vs. 了解（562）vs. 明白（612），见"明白（612）"。

548. 理想④ lǐxiǎng　名. ideal; dream; aspiration 形. ideal; perfect

例 我的理想是当一名画家。My ideal is to be a painter.

例 祝你早点儿找到理想的爱人。I wish you find your ideal spouse soon.

题 判断对错：我父亲是医生，母亲是演员。我的性格很像我父亲，我的理想就是做一个像父亲那样的医生。

他的职业是演员。（　　）　　　　　　　　　　　　　　（H41003-8）

💡 根据"我父亲是医生，母亲是演员。……，我的理想是做……医生"，可知他母亲的职业是演员，不是他。将来他也不想做演员，而是想做医生，得出答案为（×）。

549. 力气④ lìqi　名. strength

例 这几天我太累了，没力气继续工作了。These days I have been so tired and have no strength to continue working.

例 他身体很好，力气很大。He is in good health and has great strength.

550. 历史③ lìshǐ 名. history

例 我对历史一点儿也不感兴趣。I'm not interested in history at all.

补充 其他表示专业的词语，见"法律（223）"。

551. 厉害④ lìhai 形. serious; severe; in a high level

例 我肚子疼得厉害，不得不去医院看病。I have got a severe stomachache and have to go to hospital.

例 那位老师很厉害，学生们都很怕他。That teacher is very harsh and all the students are afraid of him.

例 你真厉害，第一次参加比赛就得了第一名。You are really great. You got the first prize in your first time attending the competition.

补充 表示程度高时，常用结构"形＋得＋厉害"，如：冷得厉害、伤心（740）得厉害。

552. 例如④ lìrú 动. for example; for instance; such as

例 我们要养成帮助别人的好习惯，例如在公共汽车上要为老人让座。We should develop a good habit of helping others. For example, we should give up seats to the elderly on the bus.

例 想感谢一个人有很多方法，例如请他吃饭，送他礼物等等。There are many ways to thank someone, for example, inviting him to dinner, sending him gifts, and so on.

题 排列顺序：A 让被批评的人不觉得难受，而且能感觉到是在帮助他
　　　　　　B 例如批评人的时候要考虑用正确的方法
　　　　　　C 管理是一门艺术　　　　　　　　　　　　（H41001-58）

C 是主题句，这段话要说的是"管理"，所以 C 应该放在第一句；B 中有"例如"，是用"批评"这个例子来说明"管理"，所以 B 在 C 后；A 解释了 B 中说的"正确的方法"的作用，所以应该在 B 的后面，得出答案为 CBA。

553. 俩④ liǎ 数量. two (colloquial equivalent of "两个")

例 她们俩关系很好，像姐妹一样。They two have a good relationship, just like sisters.

题 判断对错：虽然她俩是姐妹，性格却很不一样。姐姐非常安静，极少说话，妹妹正好相反，最喜欢和人聊天。

姐妹俩性格差不多。（　　　）　　　　　　　　　　　　　　　　(H41001-7)

💡 根据"虽然她俩是姐妹，性格却很不一样"，得出答案为（×）。

🐦 **辨析** 俩 vs. 两（559）

俩＝两个，可以说"我们俩，他们俩"，不能说"他们俩个"。

---

554. 连④ lián　介. even (used correlatively with 也，都，etc.)

例 你连自己的妈妈也不相信吗？　You even don't believe your own mother?

题 排列顺序：A 为人们交友提供了方便

B 网上各种免费的聊天工具

C 现在，人们连办公也离不开它了　　　　　　　　　　　(H41004-62)

💡 B 中"聊天工具"是主语，所以 B 应是第一句；A 中有"为"，根据"……为……＋V"，可知 A 在 B 后；C 中"它"是指"聊天工具"，"连……也……"做进一步的说明，所以 C 在最后，得出答案为 BAC。

补充 常用结构"连……也／都……"，表示强调。"连"后宾语常常是序列（sequence）的底端（bottom）或顶端（top），如：连小学生都知道这个问题。（小学生＜中学生＜大学生，如果小学生知道，那么中学生和大学生当然都知道。）再如：他连自己的妈妈都不相信。（自己的妈妈＞其他亲戚朋友＞认识的人＞不认识的人，妈妈最亲密，如果不相信自己的妈妈，更不会相信其他人。）

---

555. 联系④ liánxì　动. to connect; to contact

例 毕业以后，我跟他失去了联系。After graduation, I lost contact with him.

例 我已经很久没有跟他联系了，不知道他最近过得怎么样。I have had no contact with him for a long time. I don't know how he is doing recently.

556. 脸③ liǎn　名. face

例 我一喝酒就脸红。My face turns red whenever I drink alcohol.

补充 身体（753）、头（head）、胳膊（arm）、手（hand）、腰（waist）、腿（880）、脚（426）、头发（875）、眼睛（1001）、鼻子（44）、耳朵（216）、嘴（1184）

557. 练习③ liànxí 动. to practice 名. exercise; practice

例 我在练习用电脑打汉字。I am practicing typing Chinese characters with the computer.

例 同学们，这节课我们做第一课的练习。Everyone, we will do some exercises of Lesson 1 in this class.

558. 凉快④ liángkuai 形. pleasantly cool

例 秋天快来了，天气越来越凉快了。Autumn is coming, and the weather is getting cooler and cooler.

题 看图，用词造句。

（H41001-99）

凉快

💡 "凉快"是形容词，是人的一种感觉，所以可写出"他们感觉很凉快"；根据图片可以看出他们在海边，加上他们在的地方"海边"，可使句子内容更丰富。得出参考答案：走在海边，他们感觉很凉快。

题 请选出正确答案：

女：工作半天了，起来活动活动。

男：好，坐久了确实有些难受。

女：今天天气不错，外面很凉快，我们去楼下走走？

男：行，我顺便买本杂志。

问：今天天气怎么样？ （H41005-32）

A 很热　　B 很凉快　　C 刮大风了　　D 要下雨了

💡 根据女的说"今天天气不错，外面很凉快"，得出答案为 B，A 不对。C、D 没有提到。

补充 其他表示天气的词语，见"冷（538）"。

559. 两② liǎng　　量．two　量．liang (a traditional unit of weight, equal to 0.1 jin, and equivalent to 50 grams)

例 请给我两杯咖啡，谢谢。Please give me two cups of coffee. Thank you.

例 今天早上我吃了三两饺子。This morning I ate 150 grams of dumplings.

辨析 两 vs. 二（217），见"二（217）"。

辨析 两 vs. 俩（553），见"俩（553）"。

L

560. 辆③ liàng　量．classifier for vehicles

例 我有一辆红色的自行车。I have a red bike.

561. 聊天儿③ liáotiānr　动（离合）．to chat

例 她很幽默，大家都喜欢跟她聊天。She is very humorous. Everybody likes chatting with her.

题 判断对错：我经常在电梯里遇到她，可能她也在这座大楼里上班。但是我们从来没有说过话，只是看着很熟悉。

他们俩经常聊天。（　　）　　　　　　　　　　　　　　　　　（H41001-2）

💡 根据"我经常……遇到她"，"但是我们从来没有说过话"，可知"他们俩经常聊天"不对，得出答案为（×）。

辨析 聊天 vs. 告诉（274）vs. 讲（414）vs. 说话（816）vs. 谈（840），见"告诉（274）"。

562. 了解③ liǎojiě　动．to understand; to find out

例 我对你说的情况不太了解。I didn't know much about what you said.

例 我跟他不熟，不太了解他。I am not familiar with him, so I don't understand him so well.

辨析 了解 vs. 认识（723）vs. 熟悉（800）vs. 知道（1135）

"了解"表示非常清楚（699）或者知道（1135）人（如：性格、爱好、脾气、习惯、家人等）、事情、情况；"认识"的宾语常是人，有时也可以是地方和东西，"认识"了并不一定"了解"；"熟悉"指对人、事情、环境、地方知道得很详细（939）、很清楚；"知道"的宾语常是人、地方、东西、事情或事情的解决办法、问题的答案等。

辨析 了解 vs. 懂（193）vs. 理解（547）vs. 明白（612），见"明白（612）"。

563. 邻居③ línjū 名. neighbor; next door

例 我的邻居是一对老夫妻。My neighbor is an elderly couple.

例 邻居家的小妹妹病了。The little sister next door was ill.

564. 零② líng 数. zero

例 八点上课，现在都八点零五分了，你迟到了。The class has begun at 8 o'clock, but it is 8:05 now. You are late.

565. 零钱④ língqián 名. change; small/loose change

例 如果没有交通卡，就要先准备好零钱。You should take some small change in advance if you don't have a traffic card.

题 看图，用词造句。

零钱

（H41001-99）

"零钱"是名词，可以做主语（S）或者宾语（O），结合图片，根据"S+V+O"得出，"他手里有零钱"、"我要换零钱"，在名词"零钱"前可以加"很多、一些"等，得出参考答案：他手里有很多零钱；今天我要去银行换一些零钱。

566. 另外④ lìngwài 连. moreover; in addition 代. another

例 张东的英语比我好得多，翻译的事情你最好找他帮忙，另外我最近也没有时间，对不起。Zhang Dong's English is much better than mine, so you'd better ask him for help about the translation. Moreover, I don't have time recently. Sorry.

例 等一下，我还要跟你谈另外一件事情。Wait a moment. I have another thing to talk to you.

🐦 **辨析** 另外 vs. 还（324）

"另外"是连词，用在句首；"还"是副词，用在动词前。

---

567. 留④ liú 动. to leave (e.g. a message); to stay; to remain

例 离家之前，她给妈妈留了一封信。She left a letter to her mother before leaving home.

例 在中国生活的一年给我留下了很多美好的回忆。One year living in China left me a lot of beautiful memories.

例 我病了，我的同屋留在房间里照顾我，我很感动。I was sick. My roommate stayed with me in the room and took care of me. I was very moved.

---

568. 留学③ liúxué 动（离合）. to study abroad

例 我朋友在国外留学。My friend is studying abroad.

569. 流利④ liúlì 形. fluent

例 要想说一口流利的汉语，就得来中国留学。You can come to study in China if you want to speak fluent Chinese.

题 **完成句子**：中文　　很流利　　说得　　他的　　　　　　(H41001-89)

💡 "中文"是名词，由"的＋名词"组成"他的中文"；根据"动词＋得＋怎么样"组成"说得很流利"，句子最前面加上 S "他的中文"，得出答案：他的中文说得很流利。

---

570. 流行④ liúxíng 动. popular; fashionable

例 现在年轻人里很流行穿这种衣服。It's very popular among young people to wear such clothes now.

题 **请选出正确答案**：您看这个沙发怎么样？我们年底有活动，正在打折，比平时便宜了 1000 块。不过您放心，质量肯定不"打折"，这种沙发是今年最流行的，有很多种颜色可以选择，您可以考虑一下。

这种沙发：   (H41002-69)

A 不打折　　　　B 特别软　　　　C 样子很流行　　　　D 质量不合格

💡 根据"这种沙发是今年最流行的"，得出答案为 C。根据"正在打折"和"质量肯定不'打折'"，可知 A、D 都不对，B 没有提到。

(补充) "流行"可以同时受副词修饰和带宾语。

571. 六① liù　数. six

(例) 我每天早上六点起床。I get up at six o'clock every morning.

572. 楼③ lóu　名. building　量. floor

(例) 那座大楼很漂亮。That building is very beautiful.

(例) 我住在 2 楼。你住几楼？I live on the second floor. On which floor do you live?

🐦 辨析　楼 vs. 层（84）

"楼"有两个意思：①你住几号楼（building)？②你住几楼（floor)？

"层"只有"楼"的第二个意思。

573. 路② lù　名. road; path; way

(例) 那条路太窄了，汽车开不进去。That road is too narrow. The car can't drive through.

(例) 我们走错路了，这条路到不了学校。We took the wrong way. This road doesn't lead to the school.

574. 旅行④ lǚxíng　动. to travel; trip; journey; tour

(例) 他大学毕业后就出去旅行了一年。He traveled for one year after graduating from university.

(题) 请选出正确答案：人一定要旅行，旅行能丰富你的经历，不仅会让你对很多事情有新的认识和看法，还能让你变得更自信。

这段话主要谈的是： (H41328-76)

A 旅游的好处　　　B 说话的艺术　　　C 阅读的作用　　　D 知识的重要性

💡 第一句指出"人一定要旅行"，其后说明旅行的好处，旅游和旅行为近义词，所以答案为 A。B、C、D 都没有提到。

🐦 **辨析** 旅行 vs. 旅游（575），见"旅游（575）"。

补充 常用结构"去 / 来 / 到 + 什么地方 + 旅行"，不能用"旅行 + 地方"，如不说"旅行上海"。

575. 旅游② lǚyóu 动. to travel

例 我喜欢运动、看书、跳舞和旅游。 I like sports, reading books, dancing and traveling.

例 下个月我打算去北京旅游。 I plan to travel to Beijing next month.

🐦 **辨析** 旅游 vs. 旅行（574）

"旅游"与休闲（leisure）和观光（sightseeing）相关，例如：旅游景点 / 区 (view spot)、旅游中心 (center)、旅游城市 (101)、旅游观光、旅游淡季 (off season)、旅游行业 (industry)、旅游专业 (1167)。"旅行（1129）"强调为了工作观光或其他目的去较远的地方，例如：商务旅行、结婚旅行、旅行家。

与相关用品的搭配有：旅行箱、旅行杯、旅游鞋。

补充 常用结构"去 / 来 / 到 + 地方 + 旅游"，不能用"旅游 + 地方"，如不说"旅游上海"。

576. 律师④ lǜshī 名. lawyer

例 小时候，我的理想是当一名律师。 When I was a child, my ideal was to become a lawyer.

题 请选出正确答案：儿子小时候一说话就脸红，回答老师问题的时候声音也很小，我当时很替他担心。但随着年龄的增长，他逐渐成熟了，大学毕业后成了一名优秀的律师，真让人吃惊。

"让人吃惊"的是儿子： (H41001-73)

A 当了律师　　　B 变得很笨　　　C 越来越帅　　　D 赚了很多钱

💡 这段话最后是"真让人吃惊"，它的主语是前边"他成了律师"，而代词"他"代指前面的"儿子"，得出答案为 A。

577. 绿③ lǜ 形. green

例 春天到了，树叶绿了。Spring has arrived, and leaves have turned green.

补充 其他表示颜色的词语，见"黑（345）"。"绿"是形容词，"绿色"是名词。

578. 乱④ luàn 形. in a mess; in disorder

例 你的房间太乱了，应该整理整理。Your room is too messy. You should tidy it.

补充 见"打扫（136）"。

579. 妈妈① māma 名. mom; mother

例 我妈妈是一位老师。My mom is a teacher.

题 判断对错：女儿出生以后，我才知道做妈妈有多么不容易。因此，我更加理解我的父母了，也感谢他们这么多年来给我的爱。

现在她也做妈妈了。（　　）　　　　　　　　　　　　　（H41002-2）

💡 根据"女儿出生以后，我才知道……"，可知她也做妈妈了，得出答案为（√）。

补充 母亲（614）、父亲（249）；其他表示家庭成员的词语，见"爸爸（14）"。

580. 麻烦④ máfan 名. trouble; inconvenience　动. to trouble; to bother
形. troublesome; inconvenient

例 昨天我遇到了一个很大的麻烦。I met a big trouble yesterday.

例 麻烦你帮我一个忙，可以吗？ May I trouble you to do me a favor?

例 他很懒，做什么事情都觉得麻烦。He is very lazy and treats everything as a trouble-some matter.

题 **判断对错**：现在朋友之间流行发各种幽默短信，这给我们的生活带来一些快乐。但是如果同样的短信你收到了三四遍，再幽默的短信你也笑不出来了。

发短信很麻烦。（　　　）　　　　　　　　　　　　　　（H41004-7）

💡 本段话主要谈现在流行发幽默短信，没有提到发短信麻烦还是不麻烦的问题，得出答案为（×）。

🐦 **辨析** 麻烦 vs. 复杂（255）vs. 难（624）

"麻烦"指做事情不方便，反义词是"方便"；"复杂"指工作、技术、想法（thought）、情况、办法、感情、性格多而且杂，反义词是"简单（408）"；"难"是问题不容易回答或解决，可以指具体的一道题目，反义词是"容易（732）"。

581. 马③ mǎ **名**. horse

例 马是一种自由的动物。The horse is a kind of free animal.

补充 其他表示动物的词语，见"动物（194）"。

582. 马虎④ mǎhu **形**. careless; sloppy

例 考试时要认真，不能马虎。You should be careful in exams and should not be careless.

例 这么简单的题你都能做错？你太马虎了。 You made mistakes in such a simple question? You were too sloppy.

反义 仔细（1174）、认真（725）

583. 马上③ mǎshàng **副**. at once; right away

例 他没有马上回答老师的问题。He didn't answer the teacher's questions right away.

题 **完成句子**：马上　　结束了　　就要　　这场足球赛　　（H41003-93）

💡 "（快/就）要+V（+O）+了"表示事情很快就会发生，其中"了"在句末。"马上"常在"就要+V（+O）+了"前，"这场足球赛"做主语（S），得出答案：这场足球赛马上就要结束了。

584. 吗① ma 助.（at the end of a question）

例 难道你连这么简单的道理也不明白吗？ Don't you understand such a simple principle?

例 明天我们一起去公园，好吗？ Let's go to the park tomorrow, OK?

辨析 吗 vs. 啊（2）vs. 吧（15）vs. 呢（628），见"呢（628）"。

585. 买① mǎi 动. to buy

例 我去超市买东西，却忘了带钱。 I went to the supermarket to buy some things, but I forgot to take money.

题 请选出正确答案：
女：天都这么晚了，你还出去干什么？
男：我们明天去上海旅游，我要去买一个轻一点儿的行李箱。
问：男的现在要去做什么？ （H41001-12）
A 请假　　　B 唱歌　　　C 散步　　　D 买东西

根据男的说"我要去买一个……"，可知男的现在要去买东西，得出答案为D。A、B、C都没有提到。

586. 卖② mài 动. to sell

例 你知道卖电脑的地方在哪儿吗？ Do you know where the computers are sold?

题 请选出正确答案：
女：你的电脑贵吗？
男：还可以，现在卖五千三百块，比上个月便宜了不少。
问：电脑现在多少钱？ （样卷-29）
A 4500 块　　　B 5300 块　　　C 9000 块

根据男的说"现在卖五千三百块"，得出答案为B。

补充 "卖"后常跟"出/出去"；"买"后常跟"回/回来"。

587. 满④ mǎn 形. full; filled

例 别倒了，我的杯子已经满了。 Don't pour any more. My cup is full.

例 今天太热了，我一出门就出了满头的汗。Today was so hot that I sweated a lot as soon as I went out.

补充 "满"可以放在动词后，"动＋满"，如：坐（1193）满、装（pack）满，常用结构"地方＋动＋满＋（了）＋东西／人"。

---

588. 满意③ mǎnyì 形. satisfied; pleased; to one's satisfaction

例 爸爸妈妈对我的学习成绩很满意。Dad and Mom are satisfied with my academic record.

例 这样的结果真让人满意。This result is really satisfying.

辨析 满意 vs. 得意 (162)，见"得意（162）"。

---

589. 慢② màn 形. slow

例 慢点儿吃，还有半小时才上课，来得及。Eat slowly. There is half an hour before the class. Time is enough.

反义 快 (516)

---

590. 忙② máng 形. busy 动. be busy with

例 爸爸最近工作很忙。My dad was very busy with work recently.

例 你在忙什么呢？ What are you busy with?

---

591. 猫① māo 名. cat

例 我家里有两只非常可爱的小猫。I have two very cute little cats at home.

补充 其他表示动物的词语，见"动物（194）"。

---

592. 毛④ máo 量. mao (a fractional unit of money in China, equal to 1/10 yuan or 10 fen)

例 这个东西很便宜，只要 5 毛钱。This one is cheap which only costs 5 *mao*.

---

593. 毛巾④ máojīn 名. towel

例 热了吧，用毛巾擦擦汗吧。You must feel hot. Wipe the sweat with the towel.

例 这条黄色的毛巾是我的，那条蓝色的是我爸爸的。This yellow towel is mine, and that blue one is my father's.

补充 日用品（daily necessities）：毛巾、牙膏（993）、牙刷（toothbrush）、洗发膏（shampoo）、香皂（soap）

594. 帽子③ màozi 名. hat; cap

例 今天很冷，戴上帽子再出门吧。It's cold today. Put on your hat before you go out.

补充 其他表示衣服的词语，见"衬衫（96）"。

595. 没关系① méi guānxi it doesn't matter

例 如果别人跟你说"对不起"，你不说"没关系"，别人会觉得你很不礼貌。

If someone says "sorry" to you, but you don't say "it doesn't matter", you would be considered rude.

596. 没有① méiyǒu 动. have no（+名） 副. not yet

例 我没有哥哥。I have no elder brother.

例 你没（有）把这件事告诉任何人吧？ You didn't tell this story to anyone else, did you?

补充 "没"可以否定表示存在的"有"，"没有"一起否定名词；"没有"还可以否定"动＋了"，意思是"have not done/not yet"，口语里可以用"没"。

辨析 没 vs. 不（66），见"不（66）"。

597. 每② měi 代. each; every

例 这些水果，我每种要一斤，谢谢。I want to buy each kind of these fruits for 500 grams, thank you.

题 判断对错：爸爸每天起床后做的第一件事就是看报纸，看完报他会出去跑跑步，运动运动。　　　　　　　　　　　　　　　　　　　　（样卷 -89）

爸爸很少看报纸。（　　）

💡 根据"爸爸每天起床后做的第一件事就是看报纸"，可知爸爸每天看报纸，得出答案为（✕）。

辨析 每 vs. 各（279），见"各（279）"。

598. 美丽 ④ měilì   形. beautiful

例 上海是一座美丽的城市。Shanghai is a beautiful city.

例 那个女孩儿不但美丽，而且聪明，我们都很喜欢她。That girl is not only beautiful but also clever. We all like her.

辨析 美丽 vs. 漂亮 (666)

"美丽"是指人的样子（主要是女性）、风景等好看，主要用于书面语。"漂亮"是指人的样子（主要是女性）、衣服、房子、用品等好看，也指说话、做事、写文章非常好，主要用于口语。"美丽"和"漂亮"都可以用来修饰人，但"漂亮"更多地指外表（appearance）；"美丽"可以指外表和心灵（heart）。

599. 妹妹 ② mèimei   名. younger sister

例 我有两个妹妹，都非常漂亮。I have two younger sisters and they are both very beautiful.

补充 其他表示家庭成员的词语，见"爸爸（14）"。

600. 门 ② mén   名. gate; door   量. classifier for lessons, subjects

例 学校门前禁止停车。No parking in front of the school gate.

例 这学期我们一共有六门课。We have six courses this term in total.

自 测

一 选词填空。

| A 理想 | B 礼貌 | C 凉快 | D 连 | E 联系 |

1. 见到老师的时候，他非常（   ）地向老师问了个好。

2. 他的（   ）是做一名成功的建筑师。

3. 大学毕业以后，你还常跟以前的同学（   ）吗？

4. 打开空调以后，我觉得（   ）多了。

5. 他从来不迟到，（   ）下雨天也非常准时。

A 礼拜天	B 了解	C 邻居	D 理解	E 力气

6. 女孩子的（　　）常常比男孩子小得多。

7. 虽然跟他一起生活了一年了，但是我一点儿也不（　　）他。

8. 我的（　　）十年前就出国了，到现在也没回来过。

9. 今天是（　　），所以他不用去上班。

10. 小时候，我们常常不能（　　）父母为什么对我们要求那么严格。

A 流行	B 留	C 另外	D 马上	E 满

11. 昨天他买了一件衬衫，（　　）还买了一条裤子。

12. 毕业后，他打算继续（　　）在中国。

13. 等一下，我（　　）就来。

14. 现在苹果手机非常（　　），尤其是年轻人非常喜欢。

15. 钱、钱、钱！你（　　）脑子都是钱！

A 美丽	B 帽子	C 乱	D 联系	E 麻烦

16. A：那个地方很远，而且没有地铁可以直接到那儿。

　　B：看来去那儿确实有点儿（　　）。

17. A：你知道他现在在哪儿吗？

　　B：我也不知道，毕业后我们就没有（　　）过了。

18. A：这真是一个（　　）的地方！

　　B：是啊，所以每年这个季节都有很多人到这里来旅游。

19. A：你的房间怎么这么（　　）啊？

　　B：不好意思，我已经好长时间没有收拾了。

20. A：你的新（　　）真漂亮啊！在哪儿买的？

　　B：谢谢，就在前面那个商店买的。

二 完成句子。

21. 一点儿　中国历史　我　对　也不了解　＿＿＿＿＿＿＿＿＿＿＿＿

22. 说　请　您　可以吗　慢点儿　＿＿＿＿＿＿＿＿＿＿＿＿

23. 绿色的　一条　洗手间的墙上　挂着　旧毛巾　＿＿＿＿＿＿＿＿＿＿＿＿

24. 比我　他的汉语　说得　多了　流利　＿＿＿＿＿＿＿＿＿＿＿＿＿

25. 一辆　路上　开过去　刚　空出租车　＿＿＿＿＿＿＿＿＿＿＿＿＿

三 看图，用词造句。

26.　　　　毛巾

＿＿＿＿＿＿＿＿＿＿＿＿＿

27.　　　　旅行

＿＿＿＿＿＿＿＿＿＿＿＿＿

28.　　　　满意

＿＿＿＿＿＿＿＿＿＿＿＿＿

29.　　　　理想

＿＿＿＿＿＿＿＿＿＿＿＿＿

30.　　　　礼物

＿＿＿＿＿＿＿＿＿＿＿＿＿

第**11**天

 学习重点

本部分共有一级词汇12个，二级词汇7个，三级词汇17个，四级词汇24个。

需要注意的语言点主要有：① 疑问代词"哪、哪儿"的用法；② 语气副词"难道"的用法；③ 语气词"啊、呢、吧、吗"的用法；④ 量词和名词，如："盘"是量词，"盘子"是名词；⑤ 离合词"爬山、跑步"的用法。

601. 梦④ mèng 名. dream 动. to dream

例 我刚一睡着就开始做梦。As soon as I fell asleep, I started to have a dream.

例 我经常梦见她。I often dream of her.

602. 迷路④ mílù 动. to lose the way; to get lost

例 我们迷路了，所以晚了两个小时才到。We lost our way, and that's why we were late for 2 hours.

例 刚到中国的时候，我常常迷路。I always lost the way when I just came to China.

603. 米③ mǐ 名. rice 量. meter (classifier)

例 我要去超市买点儿米，回来做饭。I am to buy some rice in the supermarket, and then cook.

例 我家离学校大约五百米。It is about 500 meters from my home to the school.

补充 公里（288）

604. 米饭① mǐfàn 名. (cooked) rice

例 我喜欢吃米饭，不喜欢吃面条。I like to eat rice, and don't like to eat noodles.

补充 其他表示食物（food）的词语：饺子（425）、面条儿（608）、馒头（steamed bun）、面包（607）

605. 密码④ mìmǎ 名. secret code; password; pin number

例 最好不要用自己的生日当作银行卡的密码，不安全。You'd better not use the date of your birthday as your bank cards' passwords. It's not safe.

606. 免费④ miǎnfèi 动. free (of charge)

例 世界上没有免费的午饭。There is no free lunch in the world.

题 **判断对错**：因为塑料袋会给环境带来污染，所以现在超市不再免费提供塑料袋，有需要的顾客，可以向超市购买。

超市提供免费塑料袋。（　　）　　　　　　　　　　　　　　　（H41003-6）

💡 根据"现在超市不再免费提供塑料袋"，得出答案为（×）。"不再"是"not any more"的意思。

607. 面包③ miànbāo 名. bread

例 这家商店的面包很好吃，我们买点儿明天早上吃吧。The bread in this shop is delicious. Let's buy some for tomorrow's breakfast.

补充 其他表示食物的词语，见"米饭（604）"。

608. 面条儿② miàntiáor 名. noodle

例 我对这家饭馆儿的饭菜非常满意，尤其是面条儿，特别好吃。I'm very satisfied with this restaurant's food, especially the noodles, which are very delicious.

补充 米饭（604）

609. 秒④ miǎo 名. second (=1/60 of a minute)

例 你有 20 秒钟写答案。You have 20 seconds to write the answer down.

题 **请选出正确答案**：很晚了，5 岁的女儿还在看电视。我对她说："再看 10 分钟就去洗脸睡觉。"她不高兴地说："10 分钟太短了。"于是我说："那就 600 秒，够长了吧？"女儿听后开心地说："够了够了，妈妈真好。"

女儿为什么后来又高兴了？ (H41332-81)

A 鱼做好了　　　B 收到礼物了　　　C 受到表扬了　　　D 以为时间增加了

根据"女儿不高兴地说：'10 分钟太短了。'我说：'那就 600 秒，够长了吧？'"，女儿听后很开心，可知女儿是以为 600 秒比 10 分钟长，所以答案为 D。A、B、C 都没有提到。

610. 民族④ mínzú 名. nationality; ethnic group

例 我们学校有 8 位老师，分别来自不同的民族。There are 8 teachers in our school and they are of different ethnic groups respectively.

题 **请选出正确答案**：中国有 56 个民族，同汉族相比，其他民族的人数比较少，习惯上被叫做"少数民族"，每个民族都有不同的习惯和文化，许多民族都有自己的语言和文字。

根据这段话，可以知道中国的少数民族： (H41004-68)

A 有 56 个　　　B 多在山区　　　C 爱唱歌跳舞　　　D 有不同的文化

> 💡 根据"每个民族都有不同的……文化"，可知少数民族有自己的文化，得出答案为 D。根据"中国有 56 个民族"，"同汉族相比，其他民族……被叫做'少数民族'"，可知汉族不是少数民族，所以 A"少数民族有 56 个"不对。B、C 没有提到。

N

611. 名字① míngzi　名. name (of a person or thing)

例 请把您的名字写在这儿。Write your name here please.

612. 明白③ míngbai　动. to understand; to realize　形. clear; obvious

例 我明白你的意思，不需要再解释了。I have understood your meaning. You don't need to explain anymore.

例 今天上课时老师说的话我都听明白了。Today I understood all that my teacher said in class.

🐦 辨析 明白 vs. 懂（193）vs. 理解（547）vs. 了解（562）

"明白"是懂了学习中遇到的问题（908），清楚（699）了生活中遇到（1082）的情况（700）；"懂"是明白了问题、人等；"理解"的宾语常是人的心情（963）、文章（906）的内容（630）等；"了解"表示非常清楚（699）或者想知道（1135）什么人、事情、情况。

🐦 辨析 明白 vs. 清楚（699），见"清楚（699）"。

613. 明天① míngtiān　名. tomorrow

例 明天我要陪朋友去大使馆拿护照。I will accompany my friend to the embassy to get a passport tomorrow.

补充 今天（447）

614. 母亲④ mǔqīn　名. mother

例 他的母亲是一名医生。His mother is a doctor.

补充 妈妈（579）

615. 目的④ mùdì　名. purpose

例 我来中国的目的不是旅游，而是留学。The purpose of my coming to China is not

travelling, but studying.

N

---

616. 拿③ ná　动. to hold; to take

例 她回房间拿照相机去了，我们等她一会儿吧。She went back to her room to get her camera. Let's wait for her for a moment.

例 他手里拿着一本书走进了教室。He came into the classroom with a book in his hand.

辨析 拿 vs. 带（148）vs. 取（707），见"带（148）"。

---

617. 哪① nǎ　代. which

例 A：你是哪一年大学毕业的？　　A: In which year did you graduate from university?

B：去年。　　B: Last year.

例 天冷了，我打算哪天去买一件厚衣服。It's getting cold. I'm thinking of buying a thick coat someday.

例 这些书哪本也不好看。None of these books is good.

补充 "哪"后常加量词，表示疑问（doubt）。如：哪天、哪年、哪本、哪件、哪个、哪条。

---

618. 哪儿① nǎr　代. where; wherever; anywhere

例 天太冷了，我哪儿也不想去。It's so cold that I don't want to go anywhere.

例 你知道在哪儿买机票比较便宜吗？ Do you know where I can buy a cheaper flight ticket？

题 请选出正确答案：

女：喂，我还在路上，你得等我一会儿。

男：没事，时间还早，我在学校东门等你好了。

问：他们打算在哪儿见面？　　　　　　　　　　　　　　　（样卷-58）

A 教室　　　　B 公园西门　　　　C 学校东门　　　　D 图书馆门口

从"我在学校东门等你好了"可知答案为 C。注意 HSK 听力考试中经常会用"哪儿"来问关于事情发生地点的问题。

619. 那① nà 代. that/there 连. then (in that case)

例 那是谁的杂志? Whose magazine is that?

例 如果你想来，那就给我打电话吧。Give me a call if you want to come.

补充 那：that；那儿：there；这：this；这儿：here；哪：which；哪儿：where。连词"那"有时也用"那么"。

反义 这（1121）

N

620. 奶奶③ nǎinai 名. (informal) father's mother; grandma

例 爸爸陪奶奶坐出租车去医院了。Dad has accompanied grandma to go to hospital by taxi.

例 明天张东要陪奶奶去长城参观。Zhang Dong will accompany his grandma to visit the Great Wall tomorrow.

补充 其他表示家庭成员的词语，见"爸爸（14）"。

621. 耐心④ nàixīn 名. patience 形. patient

例 做一名合格的老师最重要的就是有耐心和责任心。What is the most important for a qualified teacher is patience and sense of responsibility.

例 经理很耐心地跟大家解释了这个问题。The manager was very patient with us to explain this problem.

题 请选出正确答案：年轻人刚刚进入社会的时候，不要太急着赚钱。不要眼睛里只有工资和奖金。实际上，正确的做法应该是，在工作的前几年，重点要丰富自己的工作经验，学习与同事们交流的方法，积累专业的知识和技术，还有，要懂得什么是职业的态度等。这些比收入重要多了。

这段话主要提醒刚进入社会的年轻人： (H41002-81)

A 要有耐心　　　B 要信任别人　　　C 人都有缺点　　　D 不要怀疑自己

💡 根据"年轻人刚刚进入社会的时候，不要太急着……"应该是"在工作的前几年，重点要丰富……"，可知这段话的意思是年轻人要有耐心，得出答案为A。B、C、D都没提到。

题 选词填空：这个问题有点儿复杂，你（　　）听我给你解释一下好吗？
　　A 伤心　　B 按时　　C 距离　　D 坚持　　E 耐心　　F 个子　　　（H41004-48）

💡 复杂的问题解释时需要时间，所以需要"耐心"，得出答案为 E。

---

622. 男② nán　　名. man; male

例 大多数男人都不喜欢陪女人逛街。Most men don't like to accompany women for shopping.

补充 女（643）

题 请选出正　男：喂？你声音能大点儿吗？你那里太吵了。
确答案：　女：我刚才问你，我们下午几点去参观海洋馆？
　　　　　　问：男的为什么让女的大声点儿？　　　　（H41008-13）

　　A 没睡醒　　　　B 听不清楚　　　　C 在玩游戏　　　　D 没认真听

💡 根据男的说"你那里太吵了"，可知男的听不清楚，所以答案为 B。A、C、D 都没有提到。注意 HSK 听力部分常有问男的或女的怎么样等的问题。

---

623. 南③ nán　　名. south

例 我一直生活在南方，所以对北方不太了解。I have always lived in the South, so I am not familiar with the life in the North.

例 一直往南走就可以了。You should walk towards the south all the way.

补充 北方（37）

---

624. 难③ nán　　形. difficult (to...); not good

例 大家都说汉语很难，其实汉语一点儿也不难。Everyone says Chinese is difficult. Actually it's not difficult at all.

例 这种水果真难吃。This kind of fruit tastes so bad.

补充 麻烦（580）

🐦 **辨析** 难 vs. 复杂（255）vs. 麻烦（580），见"麻烦（580）"。

625. 难道④ *nándào* 副. could it be that...

例 这次会议他难道没通知你吗？ Could it be that he didn't inform you about this meeting?

例 这么简单的题难道你不会吗？ Could it be that you can't work out such a simple question?

题 完成句子：不知道　难道你　连这个规定　都　　　　　（H41003-94）

💡 根据强调句"连……也/都+动词"，"知道"是动词，组成"连这个规定都不知道"，语气副词"难道"用在句子的开头，表示反问，得出答案：难道你连这个规定都不知道？

626. 难过③ *nánguò* 形. sad; sorry; difficult; hard

例 她难过得说不下去了。 She is so sad that she can't continue talking.

例 这件事一直让她很难过。 This issue has made her feel sorry all the time.

🐦 **辨析** 难过 vs. 伤心（740）

"难过"可以指心情不好、不舒服（798），也可以指为别人的事情或遭遇（suffer）伤心，还可以指生活不容易；"伤心"是由于遇到（1082）不幸（unfortunate）或不如意（unhappy）的事情而心里不高兴，主要用于口语。

🐦 **辨析** 难过 vs. 难受（627），见"难受（627）"。

627. 难受④ *nánshòu* 形. to feel sorry; to suffer pain; to be difficult to bear

例 今天我发高烧了，觉得哪儿都很难受。 Today I got a high fever. I feel pain everywhere.

例 他知道是自己做错了，心里很难受。 He knew it's his own fault, and he felt very sorry.

🐦 **辨析** 难受 vs. 难过（626）

"难受"可以指身体，也可以指心理；"难过"主要指心理。

628. 呢① *ne* 助. (marker of a declarative sentence; marker of a special, alternative or rhetorical question)

例 她正给妈妈打电话呢。 She is calling her mom.

例 我们学校下周五放暑假，你们学校呢？ Next Friday summer vacation begins in our school. How about yours?

🐦 **辨析** 呢 vs. 啊（2）vs. 吧（15）vs. 吗（584）

"呢"可以表示强调，如"正……呢"、"没……呢"，还可以用于省略（ellipsis）问

句，如：我的书呢？意思是"我的书在哪儿？"再如：我现在回家，你呢？意思是"我现在回家，你现在去哪儿？""啊"表示感叹（sigh），可以用于句末，也可以用于句首，"啊"后常有"！"。"吧"可以表示祈使（imperative），如：走吧；开始吧。还可以表示"想确认"的意思，如：你是中国人吧？"吗"只表示疑问。

629. 内④ nèi　名. inside; internal; within

例 我们学校有一个很大的室内游泳馆。There is a big indoor swimming pool in our university.

例 他们一年内就要通过 HSK 四级考试。They must pass the HSK-4 exam in one year.

辨析 内 vs. 里（545）

"时间／地方＋内"，如：一天内、十年内、国内、体内；"地方＋里"，如：学校里、心里。（这里的"地方"不能是指国家和城市的地方名词，如不能说"中国里、上海里"等。）

630. 内容④ nèiróng　名. content

例 这本书的内容我一点儿也看不懂。I can't understand the book at all.

631. 能① néng　动. to be able to; can

例 对不起，您能不能再说一遍？我没听懂您刚才说的话。I'm sorry but can you repeat? I didn't understand what you said just now.

辨析 能 vs. 会（370），见"会（370）"。

辨析 能 vs. 可以（500），见"可以（500）"。

632. 能力④ nénglì　名. capability; ability

例 老板相信他的工作能力。The boss believes in his work ability.

题 请选出正确答案：

女：你看电视上的报道了吗？今年十个大学毕业生竞争一个工作。

男：关键还是看能力，有能力的人不怕找不到好工作。

问：男的认为什么是关键？ (H41002-12)

A 能力　　　B 数量　　　C 知识　　　D 专业

💡 根据男的说"关键还是看能力，有能力的人不怕……"，可知男的认为"能力"是关键，得出答案为 A。

633. 你① nǐ 代. you (informal, as opposed to polite "您")

例 你现在过来吧，我有时间。Come here. I have time now.

634. 年① nián 名. year

例 我才来中国不到一年。I've just been in China for less than one year.

例 去年这个时候我还在美国呢。I was still in the US at this time last year.

635. 年级③ niánjí 名. grade

例 你儿子今年上几年级了？ Which grade is your son going to this year?

636. 年龄④ niánlíng 名. (a person's) age

例 一般来说，女孩子都不喜欢别人问她们的年龄。In general, girls don't like being asked about their ages.

题 排列顺序： A：所以对我来说，年龄只是一个数字

　　　　　　B：我的理解是，重要的是要有永远年轻的心

　　　　　　C：我从来不关心它　　　　　　　　　　　　　(H41003-60)

💡 A 中有"所以"，C 中有"它"，都不应是第一句，B 是第一句；C 中的"它"指 A 中的"年龄"，所以 C 在 A 后，得出答案为 BAC。

🐦 辨析 年龄 vs. 岁（829）

"年龄"是名词；"岁"是量词。

637. 年轻③ niánqīng 形. young

例 现在的年轻人打扮得越来越漂亮了。Nowadays young people dress up more and more beautifully.

例 她虽然已经四十多岁了，但看上去很年轻。Although she is over forty, she still looks very young.

題 判断对错：年轻就是健康，年轻就是美丽。不要太担心胖瘦，也不要太关心自己长得是不是漂亮，是不是帅，年轻人最重要的是要对自己有信心。

年轻人应该相信自己。（   ）   (H41005-3)

💡 根据"年轻人最重要的是要对自己有信心"，可知年轻人应该相信自己，得出答案为（√）。

---

638. 鸟③ niǎo 名. bird

例 天上飞过去一群鸟。A herd of birds are flying over in the sky.

639. 您② nín 代. you (polite, as opposed to informal "你")

例 麻烦您帮我拿一下那个杯子，可以吗？ Could you please help me to get that cup?

640. 牛奶② niúnǎi 名. milk

例 每天早上我都要喝一杯牛奶。I drink a glass of milk every morning.

补充 果汁（319）、面包（607）

641. 弄④ nòng 动. to do; to manage; to handle; to play with

例 儿子把我的手机弄坏了，我得想办法把它弄好。My son broke my mobile phone. I have to manage to repair it.

辨析 弄 vs. 干(268)vs. 做(1200)，见"做(1200)"。

642. 努力③ nǔlì 形. make great efforts; try hard

例 他学习一直很努力。He studies very hard all the time.

例 他每天都努力工作。He works hard every day.

643. 女② nǚ 名. woman; female

例 她是一个聪明又美丽的女人。She is a clever and beautiful woman.

题 请选出正确答案：

女：这些报纸是按照时间顺序排列的，你别弄乱了。

男：好的，看完后我会放好的，肯定弄不乱。

问：女的希望怎么样？   (H41008-18)

A 理短发   B 学中文   C 请人帮忙   D 别弄乱报纸

💡 根据"这些报纸……"和"你别弄乱了"，可知答案为 D。A、B、C 都没有提到。注意 HSK 听力部分常有问男的或女的怎么样等的问题。

补充 女 x：女教授、女经理、女校长；男（622）

---

644. 女儿① nǚ'ér   名. daughter

例 我有一个非常可爱的女儿。I have a very lovely daughter.

补充 孩子（326）、男孩（boy）、女孩（girl）

---

645. 暖和④ nuǎnhuo   形. warm

例 上海的冬天是不是比北京暖和一点儿？ Is the winter in Shanghai a bit warmer than that in Beijing?

反义 冷（538）

---

646. 偶尔④ ǒu'ěr   副. occasionally

例 他喜欢听笑话，偶尔也给我们讲个笑话。He likes listening to jokes, and he occasionally tells us some too.

例 他只偶尔用一下信用卡。He uses credit card just occasionally.

🐦 辨析 偶尔 vs. 有时候 vs. 经常（455）vs. 总是（1181），见"经常（455）"。

647. 爬山 ③ páshān 动（离合）. to climb a mountain; mountaineer

例 明天我们去爬山，你跟我们一起去吗？ Tomorrow we will go to climb the mountain. Will you go with us?

例 我看见他爬上山去了。I saw that he had climbed up the hill.

题 请选出正 A：上星期日爬山你怎么没去？
确答案： B：我在家（ ）我女儿了，她发烧了。   （样卷-58）

A 饮料   B 照顾   C 聪明   D 爱好   E 经常   F 还

💡 根据"S+V+O"，可知"我在家（ ）我女儿了"中缺少谓语，所以"（ ）"应为动词。然后根据句子意思可知因为女儿发烧了，所以"我"没去爬山，在家照顾女儿，得出答案为 B。

648. 排队 ④ páiduì 动. to line /queue up

例 这里人太多了，干什么都要排队。There are so many people here that you need to line up whatever you want to do.

例 排队的时候你最讨厌别人做什么？ What do you hate the others doing when you line up?

题 请选出正确答案：排好队   按照   顺序   请同学们   （H41332-95）

💡 "排队"是离合动词，可以说"排好队、排一个小时队"等，"按照"是介词，一般结构是"[按照+O]+V+O"，"请……"一般放在句子的开头，得到答案：请同学们按照顺序排好队。

P

649. 排列④ páiliè 动. to array; to arrange

例 汉语词典中的生词常按英文字母顺序排列。The words in the Chinese dictionary are often arranged in the alphabetical order.

题 完成句子：请　从小到大的顺序　按　排列　这些数字　(H41001-91)

💡 "按"这里是"按照"的意思，"按照"是介词，一般结构是"[按照 +O]+ V+O"，得到答案①：请按从小到大的顺序排列这些数字。或者把"这些数字"放在句子前做话题，得到答案②：这些数字请按从小到大的顺序排列。

650. 盘子③ pánzi 名. plate; dish

例 昨天我买了几个新盘子。Yesterday I bought several new plates.

补充 "盘子"是名词，"盘"是量词，如：一盘菜。有相似用法的词语还有：箱子—箱，杯子—杯等，但是，"碗（889）"可以是名词，也可以是量词。

651. 判断④ pànduàn 动. to judge; to determine; to tell

例 你怎么判断一个人是好人还是坏人呢？How can you tell whether someone is good or bad?

例 请判断这个句子是对还是错。Please tell whether this sentence is right or wrong.

652. 旁边② pángbiān 名. side

例 学校旁边有一家银行。There is a bank beside the school.

例 玛丽旁边的那个人是谁？Who is the person beside Mary?

补充 前面（691）、后面（351）、左边（1191）、右边（1073）、里（545）边、外（883）边、上（743）边、下（927）边、中间（1149）。有时候"边"也可以用"面"，"面"常用于书面语。"边"一般用于口语，用于具体的方位。

653. 胖③ pàng 形. fat

例 在中国，女孩子都怕自己胖。Girls are afraid of being fat in China.

反义 瘦（795）

654. 跑步② pǎobù　动（离合）. to run

例 我喜欢跑步，每天都要跑两个小时左右。I like running, and I run for about 2 hours every day.

例 为了下个星期的比赛，昨天他跑了一下午的步。Yesterday he ran for a whole afternoon to prepare for next week's match.

补充 散步（737）、走（1182）路

655. 陪④ péi　动. to accompany

例 爸爸让我陪奶奶去医院。Dad asked me to accompany grandma to the hospital.

题 判断对错：那家店我常陪女朋友去逛，她说里面的衣服虽然样子看着比较简单，但穿上后效果却不错，而且价格也便宜，每次去逛她都能买到满意的衣服。　　　　　　　　　　　　　　　　　　　　（样卷-9）

那家店的衣服不贵。（　　）

💡 根据"价格也便宜"，可知那家店的衣服不贵，得出答案为（√）。

656. 朋友① péngyou　名. friend

例 每个人都需要朋友。Everybody needs friends.

例 她是跟朋友一起去的美国。It was with her friends that she went to the US.

657. 批评④ pīpíng　动. to criticize

例 没有人喜欢被批评，但有时候接受批评才能提高自己。Nobody likes being criticized, but sometimes people can improve themselves only through accepting criticism.

例 校长批评她没把自己的工作做好。The headmaster criticized her because she didn't do her job well.

反义 表扬（58）

658. 皮肤④ pífū　名. skin

例 她的皮肤很好。Her skin is very good.

659. 皮鞋③ píxié 名. leather shoes

例 明天是妈妈的生日，我打算给她买一双皮鞋。Tomorrow is mum's birthday, so I want to buy a pair of leather shoes for her.

660. 啤酒③ píjiǔ 名. beer

例 你知道哪国的啤酒最好喝吗？ Do you know which country's beer is the best?

补充 x 酒：白酒、红酒、葡萄酒

自 测

一）选词填空。

A 民族	B 目的	C 梦	D 母亲	E 难受

1. 中国一共有 56 个（　　）。

2. 我来中国的（　　）是留学，可不是来玩儿的。

3. 很多人都认为世界上最爱孩子的人就是他的（　　）。

4. 他知道那件事是自己做错了，心里一直觉得很（　　）。

5. 昨天晚上我做了一个很美的（　　）。

A 秒	B 年龄	C 鸟	D 排队	E 偶尔

6. 早上我们常常可以听到（　　）的叫声。

7. 对女孩子来说，找工作的时候（　　）也会是一个问题。

8. 虽然他一般都很准时，但（　　）也会迟到。

9. 博尔特只需 9.58（　　）就可以跑完 100 米，实在是太厉害了！

10. 中午在食堂吃饭的时候我们每次都需要（　　）。

A 难道	B 年轻	C 内	D 皮肤	E 耐心

11. （　　）人跟老年人的看法常常是不一样的。

12. 男人能做到的事情，（　　）我们女人就做不到吗？

13. 现在人们的大部分时间都是在室（　　）环境中度过的。

14. 孩子的（　　）常常比大人好得多。

15. 在教育孩子的过程中，（　　）是非常重要的。

> A 暖和　　　B 判断　　　C 批评　　　D 排列　　　E 陪

16. A：你怎么（　　）一个人是好人还是坏人呢？

　　 B：这个确实不太容易。

17. A：为什么今天他看起来不太高兴？

　　 B：因为他昨天被老师（　　）了。

18. A：今天天气怎么样？

　　 B：快出来吧，比昨天（　　）多了。

19. A：下午我要去超市，你跟我一起去吗？

　　 B：不行，今天我朋友病了，我得（　　）她去一趟医院。

20. A：老师，我们怎么（　　）这些数字呢？

　　 B：按照从小到大的顺序就可以了。

二 完成句子。

21. 被儿子　手机　又　刚修好的　弄坏了　　_____

22. 儿子　我相信　自己解决　有能力　这个问题　_____

23. 内容　这本书的　看得懂　你　吗　　_____

24. 优秀的教师　一名　就是　最需要的　耐心　_____

25. 都要　我每天　一个小时的　跑　步　_____

三 看图，用词造句。

26. 　　　　　　　面条儿

_____

27. 　　　　　　　爬山

_____

28. _____ 迷路

29. _____ 盘子

30. _____ 胖

第**12**天

 **学习重点**

本部分共有一级词汇8个，二级词汇9个，三级词汇12个，四级词汇31个。

需要注意的语言点主要有：① 副词"其实、千万、确实"；② 代词"其次、其他"；③ 连词"然而、然后"；④ 动词"请、请假"；⑤ 结构"动＋起来"的用法；⑥ 表示各种水果的词语。

661. 脾气④ píqi 名. temper

例 每个人都有脾气，但不是每个人都常发脾气。Everybody has his own temper, but not everybody often loses his temper.

题 **判断对错**：三十七岁的王教授，在我们学校很有名，不但会三种语言，而且会写小说，各方面都很优秀。

王教授脾气很大。（　　）   (H41002-5)

💡 该题说的都是王教授优秀的地方，没说他的"脾气"怎么样，得出答案为（×）。

662. 篇④ piān 量. sheet; piece of writing

例 这篇文章我一点儿也没看懂。I didn't understand this piece of article at all.

663. 便宜② piányi 形. cheap; inexpensive

例 这件衣服比那件便宜得多。This dress is much cheaper than that one.

题 **请选出正确答案**：大家都说：便宜没好货，好货不便宜。其实不一定都是这样的。有的时候，质量很好的东西也会很便宜。例如，春天来了，冬天的衣服就会打折，质量很好，也很便宜，花很少的钱就可以买到。

根据这段话，质量很好的东西：   (H41005-68)

A 当然很贵　　　　B 不会打折　　　　C 不受顾客欢迎　　　　D 有时候也便宜

💡 这段话说的是"好货"和"便宜"的关系，所以 C 显然不对。A、B 意思相似，运用排除法，可以同时排除。根据"有的时候，质量很好的东西也会很便宜"以及后面举的例子，得出答案为 D。

反义 贵（318）

664. 骗④ piàn 动. to cheat; to trick

例 昨天他被那个骗子骗了一百块钱。Yesterday he was cheated of one hundred *yuan* by that swindler.

例 骗人不是好习惯。Cheating is not a good habit.

665. 票② piào 名. ticket

例 火车票你买到了没有？ Have you bought the train ticket?

例 我这儿有两张票，今天晚上一起看电影吧。 I have two tickets for tonight. Let's see a movie together.

补充 x 票：门票、车票、机票、邮票（stamp）、电影票

666. 漂亮① piàoliang 形. pretty; beautiful

例 这几年，上海变得比过去更漂亮了。 In recent years, Shanghai has become more beautiful than in the past.

辨析 漂亮 vs. 美丽（598），见"美丽（598）"。

667. 乒乓球④ pīngpāngqiú 名. table tennis; ping-pong

例 乒乓球运动在中国很普遍。 The table tennis is very popular in China.

题 看图，用词造句。

（样卷 - 例题）

乒乓球

💡 "乒乓球"是名词，可以做主语（S）或者宾语（O），结合图片，根据"S+V+O"得出"她打乒乓球"，在动词"打"前加副词"正在"或者动词"喜欢"，得出参考答案：她正在打乒乓球；她喜欢打乒乓球。

补充 x 球：篮球 (basketball)、网球（891）、排球（volleyball）、羽毛球（1078）、足球；打篮球 / 网球 / 排球 / 羽毛球；踢足球（851）

668. 平时④ píngshí 名. in normal times; in peacetime

例 平时他六点就起床了，今天十二点才起来。 He gets up at six o'clock in normal times, but today he got up at twelve o'clock.

题 排列顺序：A 可是今天起晚了

　　　　　　B 平时我骑自行车上下班

　　　　　　C 所以就打车来公司　　　　　　（H41001- 排列顺序例题）

💡A 中有"可是"，C 中有"所以"，都不应是第一句，所以 B 是第一句。B 指出"平时"我怎么上下班，A 指出"今天"发生了什么情况，C 指出这种情况下我怎么来公司，A 是 C 的原因，得出答案为 BAC。

669. 苹果① píngguǒ　名. apple

例 苹果没有西瓜大。An apple is not as big as a watermelon.

补充 水果（809）、香蕉（941）、葡萄（672）、西瓜（918）

670. 瓶子③ píngzi　名. bottle

例 我不喜欢用塑料瓶子。I don't like using plastic bottles.

补充 x 瓶：酒瓶、水瓶、花瓶；"瓶"是量词，如：一瓶花；"瓶子"是名词。

671. 破④ pò　动. to break; to be broken　形. broken; shabby

例 孩子们踢球时把窗户打破了。The children broke the window when they were playing football.

例 找了半天，我只找到了一双破袜子。After a long search, I only found a pair of worn out socks.

💡动词"破"，常跟在别的动词后表示结果，如：打破、摔破。

672. 葡萄④ pútao　名. grape

例 我喜欢吃葡萄。I like to eat grapes.

补充 其他表示水果的词语，见"苹果（669）"。

673. 普遍④ pǔbiàn　形. universal; widespread

例 现在汽车在中国已经很普遍了。Nowadays the car is very common in China.

题 请选出正确答案：网上购物原来只能在电脑上进行，但随着手机互联网的发展，用手机上网购物正变得越来越普遍。与电脑相比，手机更小更轻，想上网购物时，只要从口袋里拿出手机，就能轻松完成，比用电脑方便多了。

用手机购物比用电脑更：　　　　　　　　　　　　　　　　　（样卷-82）

A 方便　　　　B 复杂　　　　C 安全　　　　D 易管理

💡 根据最后一句"想上网购物时，……比用电脑方便多了"，可知手机购物比电脑方便，得出答案为 A。

题 请选出正确答案：这段话主要谈的是：　　　　　　　　　（样卷-83）

A 手机游戏　　　B 电脑的缺点　　　C 购物的好处　　　D 手机网上购物

💡 根据第一句"……用手机上网购物正变得越来越普遍"和第二句"与电脑相比，……手机上网购物更方便"，这段话主要在说手机网上购物，得出答案为 D。

🐦 **辨析　普遍 vs. 普通**

"普遍"强调"遍"，指情况（700）、规律（rule）、意见（1041）等存在面广，有共同性，没有例外 (exception)；"普通"是说"不特别（848）"。

674. 普通话④ pǔtōnghuà　　名. Mandarin

例 在城市里生活，人们大多使用普通话进行交流。Most people use Mandarin to communicate with each other in cities.

675. 七① qī　　数. seven

例 每天我都要睡七八个小时才行。I must be asleep for seven to eight hours every day.

七面镜子　seven mirrors　　　　七位教授　seven professors

七间教室　seven classrooms　　七双筷子　seven pairs of chopsticks

676. 妻子② qīzi　　名. wife

例 在大多数国家，一个男人只能有一位妻子。A man can have only one wife in most countries.

题 **判断对错**：很多妻子都希望自己的丈夫能记住他们结婚的日子，并且能在每年的这一天收到他送的礼物。

妻子希望丈夫陪她逛街。（　　） (H41004-1)

💡 文中只说"妻子希望丈夫能记住……结婚的日子"，"并且能在这一天收到礼物"，没有提到"希望丈夫陪自己逛街"，得出答案为（×）。

补充 丈夫（1113）、夫妻

677. 其次④ qícì　　代. secondly; next

例 他最喜欢旅游，其次就是游泳。His favorite sport is travelling, and the second is swimming.

例 重庆是中国人口最多的城市，其次是上海。Chongqing is the city with the biggest population in China, the second is Shanghai.

补充 写作时，表示顺序（814）：首先（791）→其次→再次（thirdly）→最后（1187）；或者：第一→第二→第三→第四……

678. 其实③ qíshí　　副. actually; in fact

例 他看起来很年轻，其实他的孩子都已经十七岁了。He looks very young, but actually his child is already seventeen years old.

题 **排列顺序**：A 于是大家都以为他是一个骄傲的人

　　　　　　B 他从来不主动和别人说话

　　　　　　C 其实他只是有点儿害羞 (H41002-57)

💡 A中"于是"有"所以"的意思，C中有"其实"，它们都不能放在第一句，所以B是第一句；因为"他从来不主动和别人说话"，所以大家认为他很骄傲，知道A在B后;C用"其实"说明实际情况，应放在最后，得出答案为BAC。"其实"常用在动词前或者主语前，引出和上文相反的意思，如例题；有时候也用于对上文的补充（supplement），如：你们只知道他会说英语，其实他法语说得也不错。

679. 其他③ qítā 代. others; else; the rest

例 我们班除了老师以外，其他人都是外国人。All are foreigners in our class except the teacher.

例 你们先把这件事解决了，其他问题以后再说。Solve this problem first and then think about the others.

680. 其中④ qízhōng 代. among; in

例 我们公司一共有五十个外国人，其中三十个是韩国人。There are fifty foreigners in our company, among whom thirty are from the R.O.K.

题 排列顺序：A 然而更多时候，留下的还是甜甜的回忆

B 生活的味道是酸、甜、苦、辣、咸的

C 其中的酸、苦、辣、咸是偶尔的不愉快　　　　（H41001-64）

💡 "然而" 是 "但是" 的意思，A 不应是第一句；B 指出生活的味道有五种，C 指出其中的四种是 "不愉快" 的，可知先 B 后 C；再根据 A "然而……甜甜的回忆"，知道 A 在最后，得出答案为 BCA。

681. 奇怪③ qíguài 形. strange; odd

例 那儿有很多我们没见过的、奇怪的东西。There are many odd things that we have never seen before.

例 我很奇怪他怎么到现在还没来。I'm wondering why he hasn't come until now.

682. 骑③ qí 动. to ride

例 我们骑车去书店怎么样？How about going to the bookstore by bike?

例 我的自行车叫朋友骑走了。My bike was used by my friend.

🔄 搭配 骑＋马 (581) / 自行车 （1178）/ 摩托车 （motorcycle）

683. 起床② qǐchuáng 动（离合）. to get up

例 我每天早上六点半就起床了。I get up at half past six every morning.

684. 起飞③ qǐfēi 动. to take off

例 飞机马上就要起飞了，请大家把手机关上。The plane is about to take off. Please

turn off your mobile phone.

题 **请选出正确答案**：我们的飞机是明天上午 10 点一刻的，大家必须在 8 点前到机场。还有最重要的一点就是别忘记带护照。

根据这段话，可以知道什么？ （样卷 -68）

A 问题还没解决　　　　B 他们要去南方　　　　C 飞机 10:15 起飞

💡 根据 "飞机是明天上午 10 点一刻的"，可知飞机明天上午 10 点一刻起飞，10 点一刻即 10:15，得出答案为 C。

685. 起来③ qǐlái　动. to stand up; to begin or continue an action

例 老板一进来，同事们都站起来了。All the colleagues stood up as soon as the boss came in.

例 她说得大家都笑起来了。What she said made us start laughing.

例 我想起来了，这个地方我们来过。I remember that we have been here before.

补充 "起来" 可以单独（alone）使用，也可以放在动词或形容词后。"动 / 形 + 起来" 有三个意思：①表示动作的方向，如：站起来、拿起来。②表示动作开始或状态出现，如：笑起来、唱起来；这个用法中也可以是形容词，如：高兴起来。③表示动作进行时的主观感觉，如：这个菜看起来好看，吃起来难吃；很多事说起来容易，做起来难。

686. 气候④ qìhòu　名. climate

例 我对这儿的气候还不太习惯，总觉得太干燥了。I'm not used to the climate here. I always feel it is so dry for me.

题 **请选出正确答案：**　男：来北方好几年了吧？你觉得北方和南方在气候上有什么区别？

女：夏天都差不多，只是冬天北方比较干燥，而南方更湿润。

问：他们在谈什么？

A 气候　　　　B 文化　　　　C 风景　　　　D 职业　　　　（H41001-21）

💡 根据男的说 "你觉得……在气候上有什么区别" 和女的说 "冬天北方……干燥，南方……湿润"，可知他们在谈气候，得出答案为 A。

补充 天气（859）

687. 千② qiān　数. thousand

例 很多家小饭馆儿的月收入都超过了八千元。The monthly income of many small restaurants is more than eight thousand *yuan*.

补充 其他表示数字（804）的词语，见"百（18）"。

688. 千万④ qiānwàn　副. be sure to; must

例 那儿很危险，你千万要小心啊。It's very dangerous there. Do be careful.

补充 副词"千万"表示对听话人的劝慰（persuade and comfort）或提醒（856），主语常是"您、你、你们"，常用在否定句中。

689. 铅笔② qiānbǐ　名. pencil

例 HSK 考试的听力和阅读部分只能使用铅笔。Only pencils can be used in the listening and reading part of the HSK exam.

补充 x 笔：钢笔（pen）、圆珠笔（ball pen）、毛笔（writing brush）

690. 签证④ qiānzhèng　名. visa

例 老板的签证你办好了没有？ Have you got the boss's visa ready?

题 判断对错：明天就要去使馆办签证了，邀请信竟然还没寄到，这可怎么办？签证已经办好了。（　　）　　　　　　　　　　（H41002-1）

💡 根据"明天就要去……办签证了，……还没寄到"，可知签证还没有办好，得出答案为（×）。

题 请选出正　女：小王，我要去办签证，需要准备哪些材料？
确答案：　男：我也不是很清楚，我有大使馆的号码，您给他们打个电话问问？
　　　　　　问：关于女的，可以知道什么？　　　　　　（H41003-18）

A 要办签证　　　B 是位翻译　　　C 要办护照　　　D 在使馆工作

💡 根据女的说"我要去办签证"，得出答案为 A，C 不对。文中男的说他有大使馆的号码，并没有说女的在大使馆工作，所以 D 不对。B 没有提到。

691. 前面① qiánmiàn 名. in front of

例 前面开过来一辆出租车。There is a taxi coming in front of us.

补充 旁边（652）

692. 钱① qián 名. money

例 我的钱快用完了。My money is about to be used up.

693. 敲④ qiāo 动. to knock

例 进别人房间之前应该先敲门。You should knock on the door before you get into other people's room.

694. 桥④ qiáo 名. bridge

例 那个公园里有一座非常漂亮的桥。There is a very beautiful bridge in that park.

例 我看见他走过桥去了。I saw him walk past the bridge.

695. 巧克力④ qiǎokèlì 名. chocolate

例 你知道哪个国家的巧克力最有名吗？ Do you know which country's chocolate is the most famous?

补充 饼干（63）、糖（843）、冰淇淋（ice cream）

696. 亲戚④ qīnqi 名. relative (i.e. family relation)

例 今天我家来了很多亲戚。Many relatives came to our home today.

补充 阿姨（1）、叔叔（797）、朋友（656）

697. 轻④ qīng 形. light

例 什么东西比水轻？ What is lighter than water?

例 轻轻推一下这儿就行了。It's OK if you push here lightly.

反义 重（1154）

698. 轻松④ qīngsōng 形. relaxed

例 考完试以后，我觉得自己考得不错，所以我的心情也很轻松。When the exam is over, I think I did a good job. So I feel much relaxed.

题 请选出正确答案：哭不一定是坏事。遇到伤心事，哭一场就会感觉心里舒服多了；人们成功的时候，因为激动会哭；人们获得爱情和友谊的时候，因为感动也会哭。所以说，哭不一定是坏事。

伤心时哭一哭会怎么样？ (H41001-44)

A 更难过　　　　B 更紧张　　　　C 轻松许多　　　　D 觉得无聊

根据文中第一句和最后一句两次说到"哭不一定是坏事"，得出答案为 C。A、B、D 都没有提到。本题中出现的生词有"无聊（913）"。

反义 紧张（449）

---

699. 清楚③ qīngchu 形. clear; distinct

例 黑板上的字你看得清楚吗？ Can you see the words on the blackboard clearly?

例 你听清楚他说什么了吗？ Do you hear clearly what he said?

辨析 清楚 vs. 明白（612）

"清楚"指容易让人看见、听见、辨认（identify）或对事情很了解；"明白"指看懂、听懂或理解。

---

700. 情况④ qíngkuàng 名. circumstances; state of affairs; situation

例 大夫，我妈妈的情况怎么样？ Doctor, what is the situation of my mother?

搭配 工作 / 生活 / 学习 / 国内 / 国际（international）＋情况

---

701. 晴② qíng 形. clear; fine (weather)

例 明天是晴天还是阴天？ Is tomorrow sunny or cloudy?

补充 阴（1045）、多云（1094）、下雨（929）、下雪（991）、刮风（301）

---

702. 请① qǐng 动. please (do something); to invite

例 啊，王老师，请进。 Ah, Mr. Wang, please come in.

例 上个周末，老师请我们去她家玩儿。 The teacher invited us to her home last weekend.

703. 请假③ qǐngjià 动（离合）. to ask for leave

例 他向老板请三天假，可是老板不同意。He asked for three days' leave, but the boss didn't agree.

704. 穷④ qióng 形. poor

例 他小时候家里很穷，连学也上不起。When he was young, his family was very poor and could not afford his tuition.

例 穷人的孩子常常更理解父母。The children in poor families often understand their parents better.

反义 富（256）

705. 秋③ qiū 名. autumn; fall

例 一年有春、夏、秋、冬四个季节。There are four seasons in a year: spring, summer, autumn and winter.

例 秋天到了，人们都换上了秋装。The autumn is coming. People have begun to wear their autumn clothes.

补充 春（120）、夏（930）、冬（192）

706. 区别④ qūbié 名. difference

例 这两幅画儿有什么区别？What's the difference between the two pictures?

707. 取④ qǔ 动. to take; to get; to fetch

例 他从邮局取回来一封信。He got a letter from the post office.

例 下午我要去银行取点儿钱回来。This afternoon I need to go to the bank to withdraw some money.

辨析 取 vs. 拿（616）vs. 带（148），见"带（148）"。

708. 去① qù 动. to go

例 昨天你去银行了没有？Did you go to the bank yesterday or not?

例 外边太冷了，我们进教室去吧。It's so cold outside. Let's go into the classroom.

补充 "动 + 来 + 动 + 去"表示动作重复（repeat），如：走来走去、想来想去、看来看去、吃来吃去。

反义 来（525）

709. 去年② qùnián 名. last year

例 我是去年八月才来的中国。It's in August last year that I came to China.

补充 "年、月、日、星期"的表示法：

前年、去年、今年、明年、后年；前天、昨天、今天、明天、后天；

上个月、这个月、下个月；上个星期、这个星期、下个星期

710. 全部④ quánbù 名. whole

例 这不是全部，只是一部分。This is not all, just a part.

例 今天的作业他全部都做完了。He has finished all of today's homework.

辨析 全部 vs. 都（196）

"全部"是名词，可以做主语、宾语、定语；"都"是副词，只能做状语。

辨析 全部 vs. 所有（831）vs. 一切（1028），见"所有(831)"。

711. 缺点④ quēdiǎn 名. weak point; fault; shortcoming

例 难道你什么缺点都没有吗？ Could it be that you have no shortcoming at all?

题 排列顺序：A 就可以变得越来越优秀

B 但只要能发现自己的缺点并及时去改

C 每个人都有缺点 (H41003-57)

A 中"就……"，B 中"但……"，都不可能是第一句，而"每个人都……"常在句首，可确定 C 为第一句。根据"只要……，就……"，可以确定 B 在 A 前，得出答案为 CBA。

反义 优点（1058）

712. 缺少④ quēshǎo 动. to be short (of); to lack

例 他们缺少交流，所以互相都不太了解。They lack communication, so they don't understand each other.

辨析 缺少 vs. 减少（407），见"减少（407）"。

713. 却④ què 副. but; yet; however

例 别人都很高兴，她却有点儿生气。Others are all happy, but she is a bit angry.

辨析 却 vs. 不过（70）vs. 但是 vs. 可是（498）
"却"是副词，常用在后一小句的主语后，动词或者形容词前，如果后一小句主语因与前一小句主语一样而省略的话，"却"就用在后一小句句首。"不过、但是、可是"都是连词，用在后一小句句首。

714. 确实④ quèshí 副. indeed; really

例 他确实是一个好人。He is really a good man.

715. 裙子③ qúnzi 名. skirt

例 夏天的时候很多女孩子都喜欢穿裙子，因为又漂亮又凉快。Many girls would like to wear skirts in summer because skirts are beautiful and cool.

补充 衬衫（96）

716. 然而④ rán'ér 连. however; yet; but

例 他虽然已经试过很多次，然而却一次也没成功过。He tried many times. However, he never succeeded.

例 城市的发展越来越快，然而污染也越来越严重。The development of cities is faster and faster. However, the pollution is more and more serious at the same time.

辨析 然而 vs. 但是，"然而"的语气、意思和"但是"都差不多，但"然而"常用于书面语。

717. 然后③ ránhòu 连. then

例 我先去银行取钱，然后再去超市买东西。I will go to the bank to get some money first, then go to the supermarket to buy something.

例 我们先商量一下，然后再做决定。We will discuss first, then make a decision.

辨析 然后 vs. 以后
"然后"是"这样／那样以后"的意思，用在后一小句句首，常用结构是"先……，然后……"；"以后"是名词，常用结构是"时间／做什么事＋以后"，如：一年以后，从那以后。在对比（contrast）结构中可以用"以前……，以后……"的结构，如：以前我不努力学习，以后我想努力学习。

718. 让② ràng 动. to ask 介. by (indicates passive-voice sentences or clauses)

例 玛丽让我帮她请个假。Mary asked me to ask for leave for her.

例 我的照相机让弟弟弄坏了。My camera was broken by my younger brother.

补充 常用结构"S＋让＋人＋做什么事"、"S＋让＋O＋V＋其他"，在这个结构中"让"后一定要有宾语，"让"还可以换成"被、叫"，见"被（40）"。

719. 热① rè 形. hot (of weather)

例 快打开窗户吧，房间里太热了。Open the window quickly. It's too hot in the room.

反义 冷（538）

720. 热闹④ rènao 形. bustling with noise and excitement

例 南京东路比这儿热闹多了。Eastern Nanjing Road is much more bustling than here.

题 选词填空：A：外面有好多人，停了好多辆车，特别（　　）。

B：今天老王的女儿结婚，我们也去祝贺一下吧。 （H41003-52）

A 最好　　B 继续　　C 温度　　D 热闹　　E 作者　　F 商量

"热闹"是形容词，副词"特别"后加形容词，再根据外面"好多人、好多车"和"结婚"，可以知道那儿很热闹，得出答案为D。

自 测

一 选词填空。

A 破	B 普遍	C 普通话	D 其次	E 其实

1. 他的汉语说得太好了，大家都以为他是中国人，（　　）他是外国人。

2. 上海人跟外地人聊天时必须说（　　），否则别人都听不懂。

3. 乒乓球运动在中国十分（　　）。

4. 他第一个回答问题，（　　）就该是你了。

5. 孩子把杯子打（　　）了。

> A 其他　　　B 奇怪　　C 起飞　　D 气候　　E 千万

6. 我们公司除了总经理以外，（　　）人都是中国人。

7. 那家博物馆里面有很多我们没见过的、（　　）的东西。

8. 他是个骗子，你可（　　）不能相信他的话啊。

9. 中国北方的（　　）比南方干燥得多。

10. 已经过去半个小时了，飞机怎么还没（　　）啊？

> A 然而　　　B 轻松　　C 其中　　D 缺少　　E 全部

11. 因为（　　）锻炼，他的身体一直都不太好。

12. 我们医院一共有 168 位医生，（　　）有 12 位是全国名医。

13. 虽然已经失败了很多次，（　　）他却一点儿也不担心。

14. 考完试后，我的心情（　　）多了。

15. 请把事情的（　　）经过详细说一遍。

> A 签证　　　B 亲戚　　C 热闹　　D 确实　　E 清楚

16. A：你的（　　）办好了没有？

B：还没有呢，明天我还得再去一趟大使馆。

17. A：去上海旅游的话我们住哪儿呢？听说上海的旅馆可贵了。

B：放心吧，我们家有很多（　　）都在上海，我们可以住在他们家。

18. A：快说，到底是谁弄坏的？

B：我（　　）不知道啊。

19. A：医院门口的那个人是谁呀？

B：离得太远了，我也看不（　　）。

20. A：那个地方怎么那么（　　）啊？

B：你不知道吗？今天老王的儿子结婚，所以才会来了那么多人和车啊。

二 完成句子。

21. 你　区别　发现　他们俩的　在哪儿了吗 ＿＿＿＿＿＿＿＿＿＿＿＿＿

22. 有自己的　我们　每个人　都　优点和缺点 ＿＿＿＿＿＿＿＿＿＿＿＿＿

23. 被骗了　他　又　500块　钱 ＿＿＿＿＿＿＿＿＿＿＿＿＿

24. 脾气　他　比　他妻子的　好得多 ＿＿＿＿＿＿＿＿＿＿＿＿＿

25. 什么　无论　困难　遇到　他都不怕 ＿＿＿＿＿＿＿＿＿＿＿＿＿

三 看图，用词造句。

26. 篇

＿＿＿＿＿＿＿＿＿＿＿＿

27. 裙子

＿＿＿＿＿＿＿＿＿＿＿＿

28. 巧克力

＿＿＿＿＿＿＿＿＿＿＿＿

29. 敲

＿＿＿＿＿＿＿＿＿＿＿＿

30. 骑

＿＿＿＿＿＿＿＿＿＿＿＿

第13天

学习重点

本部分共有一级词汇11个，二级词汇7个，三级词汇11个，四级词汇31个。

需要注意的语言点主要有：① 心理动词"伤心、生气、失望"的用法；② 动词"散步、商量、生病"的用法；③ "上"的意思及构词"上 +……"和"……+ 上"；④ 疑问代词"谁、什么"的用法。

721. 热情③ rèqíng 形. enthusiastic; passionate

例 她热情地请我们吃糖。She gave us candies warmly.

例 她对人很热情。She is very warm-hearted.

722. 人① rén 名. person; people

例 来中国以前，我连一个中国人也不认识。I didn't know even one Chinese person before I came to China.

补充 男（622）人、女（643）人、动物（194）、植物（1140）

723. 认识① rènshi 动. to know; to recognize

例 你认识那个穿着红裙子的女孩子吗？ Do you know that girl in the red skirt?

例 我对你要重新认识才行呢。I should look at you with new eyes.

辨析 认识 vs. 了解（562）vs. 熟悉（800）vs. 知道（1135），见"了解（562）"。

724. 认为③ rènwéi 动. to think; to consider

例 我认为要成功就必须坚持。I think you must persevere if you want to succeed.

例 你认为他能完成这项任务吗？ Do you think he can finish this task?

辨析 认为 vs. 觉得（480）vs. 以为（1038）

"认为"是正式(1129)用语，常用于比较客观地表达自己的看法，这一看法常有事实（fact）根据；"觉得"意思是"感觉到了"，强调结果，也常用于表达自己的想法，用于口语；"以为"常表示自己的想法和判断与事实是不符的。如：你怎么现在才来，我以为你早来了呢。

725. 认真③ rènzhēn 形. conscientious; earnest; serious

例 工作和学习一样，都要认真去做才行。Working is the same as studying in that both need one to be earnest.

辨析 认真 vs. 小心 (955)vs. 仔细（1174）

"认真"指态度，严肃（serious）对待，不马虎、不随便，书面语；"小心"常用于提醒（856）别人注意（1163），不要让不好的事情发生，"小心"的主语常是"你 / 你们 / 您"，有时也省略；"仔细"指动作中注意细节（detail），考虑周到（thoughtful）。

726. 任何④ rènhé 代. any; whatever; whichever

例 谁都不能进来，任何人不能例外。Nobody can come in. There can be no exception.

例 他对任何事情都不感兴趣。He is not interested in anything.

727. 任务④ rènwu 名. assignment; task; duty

例 我保证按时完成任务。I promise to finish the task on time.

例 儿子结婚了，父母就算是完成任务了。After the son gets married, the parents think that they have finished their tasks.

728. 扔④ rēng 动. to throw

例 我把那本旧杂志扔到垃圾桶里了。I threw that old magazine into the dustbin.

729. 仍然④ réngrán 副. still; yet

例 都四月了，天气却仍然很冷。It's already April, but it is still cold.

例 我已经听了十分钟了，但仍然没听懂他说的是什么。I have already been listening for ten minutes, but I still can't understand what he is talking about.

补充 x 然，见"当然（153）"。

"仍然"口语中也用"仍"，有时为了强调，"仍然"常和"还"连用。

730. 日② rì 名. sun; day; date

例 日出日落都是我最爱的风景。Both sunrise and sunset are my favorite sceneries.

例 今天几月几日？ What's the date today?

731. 日记④ rìjì 名. diary

例 你有每天写日记的习惯吗？ Do you have the habit of writing diary every day?

题 看图，用词造句。

（H41001-96）

日记

💡 "日记"是名词，根据"S+V+O"可以写出"她写日记"，为了使句子内容更丰富，可再加时间词"每天"等，得出参考答案：她每天都坚持写日记。

> 题 排列顺序：A 我从小就养成了写日记的习惯
>
> B 把每天发生的事情记在笔记本上
>
> C 也算是对一天生活的总结 　　　　　　　(H41004-58)

💡 B 中有"把……"，C 中有"也……"，所以都不是第一句。本段主要谈"写日记"，A 是主题句，应是第一句；C "也算是……总结"的 S 是"把每天发生的事情记在笔记本上"，所以先 B 后 C，得出答案为 ABC。

S

---

732. 容易③ róngyì　形. easy

例 哪本容易我们就选哪本吧。Let's choose whichever is easy.

例 很多事都是说起来容易做起来难。On many occasions, it is easier said than done.

补充 麻烦（580）

---

733. 如果③ rúguǒ　连. if; in case

例 你如果真喜欢她，就应该告诉她。If you really like her, you should tell her.

例 如果他去，（那）我就不去了。I won't go if he goes.

🐦 辨析 如果 vs. 即使（388）

两个词都表示假设，"如果"常用在第一小句的开始，后一小句常出现连词"那么"或者副词"就"，组成"如果……，（那么）就……"；"即使"是假设一种还没有发生的情况或者与事实相反的情况，说话人认为这种情况对结果没有影响（1053），后边常出现"也"，组成"即使……，也……"，用于书面语。

---

734. 入口④ rùkǒu　名. entrance

例 这个公园有四个入口。There are four entrances to this park.

例 请问地铁站的入口在哪儿？Would you tell me where the entrance of the subway station is?

反义 出口（exit）

S

735. 三① sān 数. three

例 三瓶果汁 three bottles of juice　　三座花园 three gardens

三个机会 three opportunities　　三种技术 three kinds of technology

736. 伞③ sǎn 名. umbrella

例 中国人一般不送别人伞。Chinese people generally don't give others umbrellas as gifts.

例 夏天出门时，女孩子喜欢打一把太阳伞。Girls like holding an umbrella when going out in summer.

737. 散步④ sànbù 动（离合）. to take a walk; to go for a walk

例 晚饭后我常出去散一会儿步。I often go out for a walk after supper.

补充 跑步（654）、走（1182）路

738. 森林④ sēnlín 名. forest

例 山上有一大片森林。There is a big forest on the mountain.

补充 地球（175）、海洋（327）、天空（sky）

739. 沙发④ shāfā 名. sofa

例 这套沙发坐上去很软。This set of sofa is so soft.

题 **请选出正确答案：**

男：小姐，您好，您想买什么家具？需要我为您介绍一下吗？

女：谢谢，我想买沙发，有蓝色的吗？

问：女的要买什么？

A 沙发　　　B 空调　　　C 眼镜　　　D 袜子　　　　　（H41004-15）

💡 男的问"您想买什么家具？"只有 A"沙发"是家具；再根据女的说"我想买沙发"，得出答案为 A。B、C、D 都没有提到。

题 看图，用词造句。

（H41001-99）

沙发

💡 "沙发"是名词，可以做主语（S）或宾语（O），如果做主语（S），可以根据"S＋副词＋形容词"得出参考答案①：这种沙发很好/很舒服/非常漂亮。也可根据"S＋V＋O"，得出参考答案②：我喜欢这种沙发；她坐/躺在沙发上。

740. 伤心④ shāngxīn 形. broken-hearted; sad

例 孩子的做法让妈妈很伤心。The child's behavior made his mother broken-hearted.

题 选词填空：人在（　　）难过的时候，哭一哭也许会好受些。　　（H41004-50）

A 伤心　　B 按时　　C 距离　　D 坚持　　E 耐心　　F 个子

💡 人在"难过"的时候会哭，在"伤心"的时候也会哭，"伤心"和"难过"的意思差不多，常可一起用，得出答案为 A。

🐦 辨析 伤心 vs. 难过（626），见"难过（626）"。

741. 商店① shāngdiàn 名. store; shop

例 这家商店是他自己开的。He runs this shop himself.

题 请选出正 　女：不好意思，我来晚了。

确答案： 　男：没关系，电影还没开始，我们进去吧。

问：他们最可能在哪儿？　　　　　　　　　　（样卷 -25）

A 机场　　　　　B 商店　　　　　C 电影院

💡 根据男的说"电影还没开始"，可知男的和女的去电影院看电影，得出答案为 C。

题 请选出正 　下午我去商店，我想买一些水果

确答案： 　问：他下午去哪里？　　　　　　　　　　　（样卷 - 例题）

A 商店　　　　B 医院　　　　C 学校

💡 根据"下午我去商店"，得出答案为 A。

补充 X 店：饭店、酒店、书店；超市（95）

---

742. 商量④ shāngliang 动. to discuss

例 做出决定以前我需要跟爸妈商量一下。I need to discuss with my parents before I make the decision.

题 选词填空：A：这事你跟她（　　）了吗？

B：还没，她最近在忙公司的事情，我怕打扰她。（H41003-55）

A 最好　　B 继续　　C 温度　　D 热闹　　E 作者　　F 商量

💡 根据"没"常在动词前，可知前句应该缺少一个动词，再根据"A 跟 B……"，可知应该是两个人做的事，而"商量"正好是需要两个人以上才可以做的事，得出答案为 F。

🐦 辨析 商量 vs. 讨论（946），见"讨论（946）"。

---

743. 上① shàng 名. on; last; above　动. to go up; to attend (class or university)

例 那本书在桌子上。That book is on the table.

例 上个星期，我们一起去爬山了。Last week, we climbed the mountain together.

例 外面很冷，你们快点儿上车吧。It's cold outside. Hurry to get on the bus.

例 亲戚朋友们都来祝贺他考上大学。Relatives and friends all came to congratulate him on being admitted to the university.

补充 除了上面的意思以外，"上"还常跟在动词后：①表示从低处到高处，如：走上楼、爬上山、飞上天；②表示接触（touch），如：关上门、挂上画、穿上衣服；③表示达到某种水平或目的，如：考上大学、当上代表；④"在……上"表示在某方面，如：在工作上、在生活上、在学习上。

---

744. 上班② shàngbān 动（离合）. to go to work

例 我刚毕业，还没开始上班呢。I just graduated from the university, and haven't begun working.

例 今天上了一天的班，有点儿累。I have worked for a whole day and feel a little tired.

补充 上课、上学

反义 下班

---

745. 上网 ③ shàngwǎng 动（离合）. to surf the Internet

例 有时候我去图书馆上网。Sometimes I go to the library to surf the Internet.

例 你每天大概上多长时间的网？ How long do you spend on the Internet every day?

---

746. 上午 ① shàngwǔ 名. morning; forenoon

例 我花了一个上午才把房间收拾好。I spent the whole morning tidying up the room.

补充 早上（1104）（6:00—8:00）、上午（8:00—11:00）、中午（1151）（11:00—13:00）、下午（928）（13:00—17:00）、晚上（888）（17:00—21:00）、夜里（21:00—第二天早上）。每个地方或国家的时间段可能有不同，这里只是大概地区分。

---

747. 稍微 ④ shāowēi 副. a little bit

例 因为要去参加朋友的婚礼，她稍微打扮了一下。She dressed up a little bit to attend the wedding of her friend.

补充 口语里也说"稍稍"、"稍"。

---

748. 勺子 ④ sháozi 名. scoop; spoon

例 中国人常常在喝汤的时候用勺子。Chinese people use scoops when they have soup.

例 服务员，请帮我们拿一把勺子。Excuse me, please help us with a spoon.

---

749. 少 ① shǎo 形. few; little 动. to lack

例 今天买的东西很少，花的钱却不少。I bought very few things today but spent much money.

例 刚买的书怎么少了一本？ Why is there one book missing among those I just bought?

---

750. 社会 ④ shèhuì 名. society

例 我们生活的现代社会，工作和生活的压力越来越大。In the modern society in which we live, the pressure of work and life is increasingly heavier.

例 如果我们没有办法改变社会，那么我们就要学会适应它。We must adapt to the

society if we can't change it.

751. 谁① shéi 代. who/whom; someone; whoever/whomever

例 这件礼物是谁送给你的？ Who gave you this present?

例 我好像听谁说过这事。 I seem to have heard of this from someone.

例 我们班的同学谁都喜欢他。 All of our classmates like him.

例 谁唱得好我就跟谁学。 I will learn from whoever sings well.

补充 汉语里，"谁、什么、什么时候、怎么、哪、哪儿"等，除了表示疑问以外，还有三种用法：①任意指代（arbitrary reference），如例 3；②具体指代（specific reference），如例 4；③模糊指代（ambiguous reference），如例 2。

752. 申请④ shēnqǐng 动. to apply

例 出国以前必须先申请才行。 You must submit the application before you go abroad.

例 我的那份申请还没交上去呢。 I haven't handed in my application yet.

753. 身体② shēntǐ 名. (human) body

例 他每天都坚持锻炼一个小时，所以身体很好。 He has sound health because he keeps on doing physical exercise for one hour every day.

补充 表示身体各部位的词语，见"脸（556）"。

754. 深④ shēn 形. deep; dark

例 你知道长江最深的地方是多少米吗？ Do you know how many meters is Yangtze River's deepest point?

例 我喜欢穿深颜色的衣服。 I like dark clothes the most.

例 那位著名的演员深受观众的喜爱。 The famous actor was adored by the audience deeply.

755. 什么① shénme 代. what; anything; whatever

例 你爸爸做什么工作？ What's your father's job?

例 你是什么时候回上海的？ When did you come back to Shanghai?

例 什么好吃我们就吃什么。 We eat whatever is delicious.

756. 甚至④ shènzhì 　连. even

例 那个男孩儿非常健康，甚至连一次感冒也没得过。That boy is very healthy. He has never even caught a cold.

题 排列顺序：A 可惜到现在仍然没有一个科学的说法

　　　　　　B 有些人甚至专门写过这方面的书

　　　　　　C 很多人都曾经试着对梦进行解释　　　　　（H41002-65）

💡 由 "……，可惜……" 和 "……，甚至……" 可知A、B都不应该是第一句，C 应是第一句；B 中的 "有些人甚至……" 是对 C 的进一步说明；A 中 "可惜" 有 "但是" 的意思，指出了 C 和 B 对梦解释的不足（shortage），应放在最后，得出答案为 CBA。

---

757. 生病② shēngbìng 　动（离合）. to fall ill; be sick

例 你的脸色怎么这么差？生病了吗？ Why do you look so unwell? Are you sick?

例 他已经生了一个月的病了。He has been ill for a month.

补充 健康（412）

758. 生活④ shēnghuó 　名. life; livelihood 　动. to live

例 我差不多已经习惯了这儿的生活了。I've almost been used to the life here.

例 我已经在上海生活五个月了。I've already lived in Shanghai for five months.

题 请选出正确答案：生活是什么？不同的人有不同的看法。有人说，生活是一杯酒，辣中带香；有人说，生活是一块巧克力，甜中带些苦；也有人说，生活是一个圆面包，最中间那部分是最好吃的，然而不是每个人都能吃到。生活究竟是什么？可能我们每个人都有自己的答案。

这段话谈的是什么？　　　　　　　　　　　　　　　（H41004-42）

A 职业　　　　B 生活　　　　C 食品　　　　D 味道

💡 首先，第一句问"生活是什么"；其次，"有人说，生活是……"出现三次；最后问"生活究竟是什么"。可知这段话主要谈的是"生活"。"生活是酒、是巧克力、是圆面包，……辣、香、甜、苦"只是一些人用食品和味道来表达对生活的感觉、看法，不是整段话要谈的内容，得出答案为B。

759. 生命④ shēngmìng　名. life; living

例 不管是动物还是植物都有生命。Both animals and plants have life.

补充 动物（194）、植物（1140）、人（722）、生物（living creature）

760. 生气③ shēngqì　动（离合）. to get angry

例 这件事让她很生气。This made her very angry.

例 别生他的气了，他只是个孩子。Don't be angry with him. He is just a child.

761. 生日② shēngrì　名. birthday

例 我把这个送给她当生日礼物。I gave this to her as a birthday gift.

题 请选出正
确答案：

男：小李，你的手表真漂亮，新买的?

女：不是，是生日那天朋友送的。

问：小李的手表是谁送的?

A 丈夫　　　　　　B 朋友　　　　　C 学生　　　　　（样卷-26）

💡 根据女的说"是生日那天朋友送的"，可知小李的手表是朋友送的，得出答案为B。

762. 生意④ shēngyi　名. business; trade

例 他是做珠宝生意的。He runs the jewelry business.

例 他做生意很实在。He is honest in business.

763. 声音③ shēngyīn　名. voice; sound

例 你听得见我的声音吗？Can you hear my voice?

764. 省④ shěng   名. province   动. to save; to economize

例 中国一共有 23 个省。There are 23 provinces in China.

例 他很少出去买东西、旅游等等，因为他要省钱买房子。He seldom goes out for shopping, travelling, etc, because he needs to save money to buy a house.

题 请选出正 确答案：

男：姐，您这儿有中国地图吗？

女：没有，你要地图做什么？

男：我想看看长江都经过了哪些省市，你知道吗？

女：真笨！上网一查不就知道了吗？

男：那不一样。

问：男的想了解长江的什么？　　　　　　　　　　（H41003-27）

A 历史　　　　B 长度　　　　C 风景　　　　D 经过的省市

根据男的说"我想看看长江都经过了哪些省市"，得出答案为 D。A、B、C 都没有提到。

补充 世界（778）、国家（318）、民族（610）、城市（101）

765. 剩④ shèng   动. to remain; to be left

例 大家都走了，只剩下他一个人。Everybody has gone. He is the only one left.

例 别吃剩饭、剩菜，对身体不好。Don't eat the leftover. It's bad for your health.

766. 失败④ shībài   动. to lose; to fail   形. failure

例 中国人常说："失败是成功之母。"Chinese people often say that "failure is the mother of success".

例 这次活动组织得太失败了。This activity is badly organized.

题 请选出正确答案：我们对失败应该有正确的认识。偶尔的失败其实可以让我们清楚自己还有什么地方需要提高，这可以帮助我们走向最后的成功。

"这"指的是：　　　　　　　　　　　　　　　　　　（H41002-79）

A 仔细　　　　B 认真　　　　C 失败　　　　D 准确的判断

💡 先找到"这"在哪儿，可以知道问题应该是"什么可以帮助我们走向最后的成功"。根据前文可以知道这段话的意思是"偶尔的失败"对我们也有好处，就是"可以让我们清楚自己还有什么地方需要提高"，从而"走向成功"，得出答案为C。

---

767. 失望④ shīwàng 形. disappointed 动. to lose hope; to despair

例 这件事让我对自己很失望。This made me disappointed with myself.

例 多次考试，成绩不理想，我对他完全失望了。He got low scores in many exams. I'm completely disappointed with him.

题 看图，用词造句。

(H41004-100)

失望

💡 "失望"是形容词，根据"S+副词＋形容词"和图片中他们的表情可以写出"他们很失望"，还可以加上失望的原因"比赛输了"、"不能参加比赛了"等使句子的内容更丰富，得出参考答案：比赛输了，他们很失望。

补充 常用结构"事情／人＋让／叫＋人＋失望"、"人＋对＋人／事情＋失望"

---

768. 师傅④ shīfu 名. sir; master; qualified worker

例 师傅，请在这儿停车。Sir, please stop the car here.

例 刚参加工作的时候，公司给我安排了一位很有经验的师傅。The company appointed an experienced mentor as my master when I began to work.

---

769. 十① shí 数. ten

例 他十点三刻才到机场。He didn't arrive at the airport until ten forty-five.

补充 其他表示数字的词语，见"百（17）"。

770. 十分④ shífēn　副. very; extremely

例 这件事让他十分兴奋。This made him very excited.

补充 表示程度的副词，见"非常（241）"。

771. 时候① shíhou　名.（the duration of）time; moment

例 你想什么时候来就什么时候来吧。You can come whenever you want.

例 那时候我还没出生呢。I was not born at that time.

辨析 时候 vs. 时间（772）

"时候"指时间里的一个点，有时也表示不确定（sure）的时间，如"有时候"不和"长、短"等词一起用。常用结构：①"什么时候(when)"，表示疑问，如：你什么时候回来？②"……的时候，……"，如：我在洗澡的时候，有人给我打电话。"时间"是有起点（starting point）和终点（terminal point）的一段时间，可以和"长、短"等词一起用。如：他用了三天时间才看完这本书；电影开始的时间是九点一刻。

772. 时间② shíjiān　名. time; period

例 我每天都起得很晚，所以常常没有时间吃早饭。I get up very late every day, so I often don't have time to eat breakfast.

例 在英国上学的那段时间，是我最难忘的回忆。The period when I studied in the UK is my most unforgettable memory.

辨析 时间 vs. 时候（771），见"时候（771）"。

773. 实际④ shíjì　名. reality　形. realistic; practical

例 一边学习一边工作的情况下时间怎么安排？这是一个很实际的问题。How to arrange the time in the case of learning while working? This is a very realistic question.

例 这种不努力也会成功的想法不太符合实际。The thought of attaining success without hardwork is not realistic.

补充 口语里有"实际上（in fact）"，跟"其实（678）"意思差不多。

774. 实在④ shízài　副. really; honestly　形. real; honest

例 这件事我实在不知道。I really don't know about this.

例 他这个人很实在。He is an honest man.

775. 使④ shǐ　动. to make; to cause

例 他说的话使我很不高兴。What he said made me very unhappy.

例 你觉得怎样才能使大家都满意呢？ How do you think can make everyone satisfied?

补充 常用结构"事情＋使＋人／东西＋动／形（常有表示变化的意思）"

776. 使用④ shǐyòng   动. to use; to make use of

例 现在使用电子邮件的人越来越多。Today more and more people use E-mails.

例 人能制造并使用工具，动物不能。Human beings can make and use tools, but animals can't.

777. 世纪④ shìjì   名. century

例 一个世纪就是 100 年。A century is one hundred years.

题 请选出正确答案：这是一家在当地非常有名的面馆儿，历史已经超过 50 年了。它一直只卖一种东西：牛肉面。由于面的味道很特别，在众多食客中名气很大。

这家面馆儿：   (H41002-72)

A 顾客不多   B 只卖羊肉汤   C 在全国很有名   D 有半个世纪了

💡 一个世纪是 100 年，根据"这是一家……面馆儿，历史已经超过 50 年了"，得出答案为 D；根据"它一直只卖一种东西：牛肉面"，可知 B 不对；根据"在众多食客中……"，可知顾客很多，A 不对；短文开头说"在当地非常有名"，不是"在全国很有名"，所以 C 也不对。

778. 世界③ shìjiè   名. world

例 中国是世界上人口最多的国家。China has the biggest population in the world.

补充 国家（318）、民族（610）、城市（101）

779. 事情② shìqing   名. affair; matter; thing

例 我不想把这件事情告诉她。I don't want to tell her about this.

例 跟他聊天是一件十分有趣的事情。Chatting with him is very interesting.

780. 试③ shì   动. to test; to try

例 我可以试试那条颜色深一点儿的裙子吗？ Can I try that dark skirt?

例 这件衣服很漂亮，我想试一下。This dress is very beautiful. I'd like to try it on.

自 测

一 选词填空。

A 认真	B 森林	C 仍然	D 日记	E 社会

1. 虽然已经是 4 月了，但天气（　　）很冷。

2. 你有每天写（　　）的习惯吗？

3. 不管做什么事情都应该（　　）才对。

4. 老虎等动物常常生活在（　　）里。

5. 这个（　　）上有各种各样的人。

A 商量	B 剩	C 生命	D 甚至	E 申请

6. 如果一个人死了，这个世界上就又少了一条（　　）。

7. 考试时间已经快结束了，他还（　　）三道题没有做。

8. 到底去哪个国家留学，我需要跟家里人（　　）一下。

9. 来中国留学以前，我们都需要先（　　）。

10. 这次参加晚会的人很多，（　　）连老人也来了。

A 世纪	B 适应	C 适合	D 实在	E 失望

11. 在中国生活了半年以后，我已经完全（　　）这儿的生活了。

12. 一个（　　）就是一百年。

13. 过去的经验不一定（　　）现在的情况。

14. 孩子一直不努力，这让妈妈很（　　）。

15. 他这个人很（　　），如果他说帮你，他就一定会帮你的。

A 实际	B 稍微	C 入口	D 失败	E 省

16. A：你好，请问这个公园的（　　）在哪里？

　　B：往前走 50 米，左手边就是。

17. A：别伤心了，你忘了吗？中国人常说："（　　）是成功之母"啊。

B：谢谢你能这么鼓励我。

18. A：老师，今天的考试难不难？

    B：不太难，只要你（   ）认真一点儿，就一定会考得很好的。

19. A：放心吧，我这么聪明，一定没问题的。

    B：你这种不努力也会成功的想法不太符合（   ）。

20. A：你怎么很少出去买东西或者旅游啊？

    B：因为我要（   ）出钱来买房子。

（二）完成句子。

21. 把会议　可以　大家　都认为　推迟到下个星期　_____

22. 中国人　非常热情的　对客人　总是　_____

23. 汉语　任务　我们今年的　是把　学好　_____

24. 什么声音　你　这是　了　没有　听出来　_____

25. 给病人看病　一种很细的针　中医　会使用　有时候　_____

（三）看图，用词造句。

26. 勺子

27. 生病

_____

28. 扔

29. 上班

_____

30. 生气　_____

第 **14** 天

学习重点

本部分共有一级词汇11个，二级词汇6个，三级词汇10个，四级词汇33个。

需要注意的语言点主要有：① 结构"是……的"；② "熟悉、顺便、随便、随着"的用法；③ 离合词"刷牙、睡觉、说话"的用法；④ 连词"虽然……但是……"的用法；⑤ 构词法，如：x员。

781. 是① shì　动. to be

(例) 你是不是在听音乐呢？　Are you listening to music or not?

(例) 我是跟朋友们一起来的北京。It's with my friends that I came to Beijing.

(题) **完成句子**：2009 年 7 月 8 号　　我孙子　　是　　出生的　　（H41003-89）

(灯) "S +（是）……的"表示的是对于已经发生的事情，我们想知道"在哪儿、什么时候、怎么"发生的，这里强调的是时间"2009 年 7 月 8 号"，得出答案：我孙子是 2009 年 7 月 8 号出生的。

(补充) "是……的"结构强调已经发生的事情的时间、地方、人、方式、原因、目的等。

782. 是否④ shìfǒu　副. whether (or not); whether; if

(例) 她是否愿意帮忙，我还不清楚。I am not yet clear whether she is willing to help or not.

(例) 我不知道是否应该告诉你。I wonder if I should tell you.

(题) **请选出正确答案**：经理，这次来应聘的一共有 15 人，经过笔试和面试，有两个人比较优秀，符合我们的要求，您看，是否今天就通知他们下周一来上班？

那两个人：　　　　　　　　　　　　　　　　　　　（H41330-76）

A 能力一般　　　B 不符合条件　　　C 通过了面试　　　D 普通话很标准

(灯) 根据"经过笔试和面试，有两个人比较优秀……是否今天就通知他们下周一来上班"，可知答案为 C。根据"有两个人……符合我们的要求"可知 B 不正确。A、D 没有提到。

783. 适合④ shìhé　动. to fit; to suit

(例) 这些衣服很适合你。These clothes fit you very much.

(题) **请选出正确答案**：有不少人都喜欢按照流行的标准来穿衣服、打扮自己。其实，是不是流行不重要，真正适合自己的才是最好的。

年轻人应该穿什么样的衣服？ (H41003-71)

A 正式的　　　　B 高级的　　　　C 适合自己的　　　　D 人们普遍接受的

根据"真正适合自己的才是最好的"，可知人们应该穿"适合自己的"衣服，"年轻人"也一样，得出答案为 C。

辨析 适合 vs. 合适（342），见"合适（342）"。

784. 适应④ shìyìng 动. to adapt; to get used to something

我已经完全适应这儿的生活了。I have completely gotten used to the life here.

辨析 适应 vs. 习惯（922），见"习惯（922）"。

785. 收④ shōu 动. to receive; to accept; to collect

她收下了他送的礼物。She accepted his gift.

题 选词填空：A：我刚从会议室过来，怎么一个人也没有？

B：对不起，今天的会议改到明天上午了，您没（　　）到通知吗？

A 工具　　B 收　　C 温度　　D 到底　　E 辛苦　　F 抱歉 (H41001-53)

此句"到"是结果补语，前边应该有一个动词，根据后边的宾语是"通知"，比较其他动词，得出答案为 B。

搭配 动词"收"后常有补语"到、下"等。

辨析 收到 vs. 接受（432）vs. 受到（793），见"接受（432）"。

786. 收入④ shōurù 名. income; revenue; earning

很多中国农村家庭一年的收入只有几万元。The yearly income of many rural Chinese families is only tens of thousands *yuan*.

题 排列顺序：A 这个公司的工资虽然不算很高

B 但是奖金很多

C 所以总的来说收入还不错 (H41005-60)

💡 根据"虽然……，但是……"，可知 A 在 B 前，"所以……"常为后句，"工资"和"奖金"都是总收入的一部分，工资和奖金加起来才知道收入怎么样，所以 C 应在 A 和 B 后，得出答案为 ABC。

补充 工资（284）、奖金（415）

787. 收拾④ shōushi　动. to put... in order; to tidy up

例 去旅行以前，要先收拾好行李。You'd better pack up your things before traveling.

题 看图，用词造句。

（H41003-96）

收拾

💡 动词"收拾"后常加"房间、行李"等，或加"一下"表示时间很短、动作很快。根据图片可知"她正在收拾房间"，还可加时间词等使句子内容更丰富，得出参考答案①：她每天都要收拾房间。当然也可用"把"字句，得出参考答案②：她想把这儿收拾干净。

补充 "收拾"常用于口语，书面语中常用"整理（1125）"，见"打扫（136）"。

788. 手表② shǒubiǎo　名. watch

例 这块手表是丈夫送给她的结婚礼物。This watch was sent by her husband as a wedding present.

789. 手机② shǒujī　名. cell phone

例 请把你的手机号码写在这儿。Please write your cell phone number here.

790. 首都④ shǒudū　名. capital (city)

例 北京是中国的首都。Beijing is the capital of China.

791. 首先④ shǒuxiān　代. in the first place　副. first; firstly

例 首先，请让我自我介绍一下，我叫玛丽，来自美国。Firstly, let me introduce myself. My name is Mary, and I come from the US.

例 要想顺利通过 HSK 考试，首先要学好生词。To pass the HSK exam successfully, first of all we have to remember the new words well.

补充 见"其次（677）"。

792. 受不了④ shòubuliǎo　unable to endure; can't stand

例 这种味道真让人受不了。This taste is unbearable.

例 我实在受不了你了！I really can't stand you any more!

反义 受得了（can endure）

793. 受到④ shòudào　动. to receive; to suffer

例 因为上课不认真听讲，他又受到了老师的批评。He received criticism from the teacher again because of being absent-minded in class.

辨析 受到 vs. 接受（432）vs. 收（785）到，见"接受（432）"。

794. 售货员④ shòuhuòyuán　名. salesperson

例 那家商店的售货员对顾客非常热情。The salespersons in that shop are very friendly to the customers.

补充 x 员：服务员（247）、演员（1004）、运动（1096）员、职员（employee）

795. 瘦③ shòu　形. tight; thin; lean

例 这条裙子太肥了，有没有瘦一点儿的？The skirt is so wide. Do you have a tighter one?

例 胖的人想瘦一点儿，瘦的人想胖一点儿。The fat people want to be thinner and the thin want to be fatter.

补充 "瘦"可以指人、动物、衣服、肉（meat）等，当指"人、动物"时，反义词是"胖"；当指"衣服、肉"时，反义词是"肥（fat）"。

796. 书① shū　名. book

例 那本书你买到了没有？Have you bought that book or not?

补充 x 书：图画书、英语书、法律书

797. 叔叔③ shūshu　名. uncle

例 他的叔叔在大使馆工作。His uncle works in the embassy.

补充 阿姨（1）、亲戚（696）、朋友（656）

253

798. 舒服③ shūfu　形. comfortable; feeling well

例 我今天哪儿都不舒服，头疼，发烧，还咳嗽，可能是感冒了。I feel bad all over today. I got a headache, fever and cough. Maybe I have got a cold.

例 这种沙发坐起来非常舒服。This kind of sofa is very comfortable.

799. 输④ shū　动. to lose

例 昨天的比赛，你们队输了还是赢了？ Did your team win the match or not yesterday?

题 判断对错：他说，因为压力太大，他想过放弃这次比赛，是母亲一直鼓励他，让他重获信心，并最终赢得了比赛。

那场比赛他输了。（　　　）　　　　　　　　　　　　　　　　（样卷 -1）

根据"并最终赢得了比赛"，可知那场比赛他没输，得出答案为（×）。

辨析 输 vs. 丢（189），见"丢（189）"。

800. 熟悉④ shúxi　动. to be familiar with; to know well

例 现在他很熟悉上海，更熟悉人民广场附近的情况。He is now very familiar with Shanghai, especially with the area around the People's Square.

题 完成句子：对　　　很熟悉　　　我　　　这个城市　　　（H41001-95）

"对"的一般用法是"[对＋O]＋动/形"，其中"动/形"常表示态度或关系等，得出答案：我对这个城市很熟悉。其他句子还有"他对我很友好"；"老师对我们非常关心"；"爷爷对京剧很感兴趣"等。

辨析 熟悉 vs. 了解（562）vs. 认识（723）vs. 知道（1135），见"了解（562）"。

801. 树③ shù　名. tree

例 一看见那棵苹果树就到我家了。We arrive at home as soon as we see that apple tree.

补充 花（358）、草（82）、公园（290）、森林（738）

802. 数量④ shùliàng 名. amount; quantity

例 质量比数量更重要。 The quality is more important than the quantity.

803. 数学③ shùxué 名. mathematics

例 现在你还学数学吗？ Now do you still learn mathematics?

补充 其他表示专业的词语，见"法律（223）"。

804. 数字④ shùzì 名. number

例 他喜欢玩数字游戏。 He likes to play games of numbers.

805. 刷牙③ shuāyá 动（离合）. to brush teeth

例 你知道正确的刷牙方法吗？ Do you know the correct method of brushing teeth?

例 牙疼最好别使用这种牙膏刷牙。 If you have toothache, you'd better not use this kind of toothpaste to brush teeth.

806. 帅④ shuài 形. handsome

例 你今天打扮得真帅啊！ You dress so handsome today!

807. 双③ shuāng 量. pair

例 三双鞋子　three pairs of shoes　　四双筷子　four pairs of chopsticks

一双袜子　a pair of socks　　一双手　a pair of hands

808. 水① shuǐ 名. water

例 你每天要喝多少水？ How much water do you drink every day?

809. 水果① shuǐguǒ 名. fruit

例 你最喜欢哪种水果？ What kind of fruit is your favorite?

补充 表示各种水果的词语，见"苹果（669）"。

810. 水平③ shuǐpíng 名. level (of achievement, etc)

例 "HSK"是指汉语水平考试。 HSK is the abbreviation for *Hanyu Shuiping Kaoshi*.

例 现在你的汉语水平怎么样？ How are you getting on with your Chinese?

811. 睡觉① shuìjiào　动（离合）. to go to bed; to go to sleep

(例) 我每天晚上十点睡觉。I go to bed at ten o'clock every night.

(例) 昨天他只睡了四个小时觉。Yesterday he slept for only four hours.

(题) 请选出正 女：真对不起，把您吵醒了。
确答案：　男：别客气，我正好也要起来活动活动了。

　　　　　问：男的刚才最可能在做什么？　　　　　　　　(H41004-16)

A 睡觉　　　　B 看电视　　　　C 弹钢琴　　　　D 阅读杂志

(灯) 由女的说"对不起，把您吵醒了"，可以知道男的刚才应该在睡觉，得出答案为 A。

812. 顺便④ shùnbiàn　副. by the way; incidentally

(例) 你去超市的时候顺便帮我买点儿牛奶行吗？Can you buy some milk for me when you're shopping in the supermarket?

(题) 选词填空：你去买啤酒吗？（　　　）帮我买一盒牛奶吧。　　　(H41001-46)

A 禁止　　B 海洋　　C 推迟　　D 坚持　　E 顺便　　F 估计

(灯) "去买啤酒"是主要目的，"帮我买牛奶"只是"顺便"，"帮"是动词，"顺便"是副词，由"副词＋动词"得出答案为 E。

(补充) 方便（228）、随便（827）

813. 顺利④ shùnlì　形. smooth

(例) 这件事进行得很顺利，没有遇到任何困难。This thing went smooth without any trouble.

814. 顺序④ shùnxù　名. sequence; order

(例) 请把这些数字按从大到小的顺序排列起来。Please arrange these numbers in the descending order.

题 请选出正确答案：当我们与别人见面握手时，注意要按顺序一个一个来。如果你与一个人握手的时候，用另外一只手去和其他人握手，那是极其不礼貌的。

握手时要注意： (H41005-75)

A 力气要大　　B 动作要慢　　C 按顺序来　　D 不要戴帽子

💡 根据"注意要按顺序一个一个来"，得出答案为 C。

---

815. 说① shuō 动. to speak; to say; to talk

例 不管你说什么，她都不会相信的。She won't believe anything you say.

题 请选出正确答案：男人和女人在很多方面是不相同的。例如，在工作中遇到了不愉快的事，男人回到家，不喜欢跟妻子说，而女人正好相反。

女人在工作中遇到不高兴的事，会： (H41111-66)

A 流泪　　B 跟丈夫说　　C 请父母帮忙　　D 去商场购物

💡 根据"在工作中遇到了不愉快的事，男人……不喜欢跟妻子说，而女人正好相反"，可知答案为 B。A、C、D 没有提到。

题 请选出正确答案：我认为，广告会介绍一样东西的优点，却不会说它的缺点。人们把东西买回家，才发现原来并不像广告上说的那么好，所以不能完全相信广告。

"我"觉得广告： (H41111-72)

A 只说优点　　B 数量太多　　C 内容是假的　　D 应该受到重视

💡 根据"我认为，广告会介绍……优点，却不会说它的缺点"，可知答案为 A。B、C、D 都没有提到。

---

816. 说话② shuōhuà 动（离合）. to speak; to say; to talk

例 老师讲课的时候，大家不要说话。Please don't talk when the teacher is giving a lecture.

例 他说的话我一句也听不懂。I can't understand what he said at all.

🐦 **辨析** 说话 vs. 告诉（274）vs. 讲（414）vs. 聊天（561）vs. 谈（840），

见"告诉（274）"。

817. 说明④ shuōmíng 动. to explain 名. explanation

例 请说明一下你的情况。Please tell us your situation.

例 我看不懂这台冰箱的使用说明书。I can't understand the instructions of this refrigerator.

辨析 说明 vs. 解释（444）

"说明"是把道理（reason）、情况、原因（1086）、问题、使用方法等说明白，是解释的话或文字；"解释"是把某（some）方面的专业问题讲清楚，把错误的原因或实际情况讲明白。

818. 硕士④ shuòshì 名. master; master's degree

例 硕士毕业后他就参加了工作。He began to work after he got the master's degree.

补充 博士（65）

819. 司机③ sījī 名. driver

例 每辆公共汽车都有两名司机。There are two drivers for each bus.

补充 乘客（passenger）；其他表示职业的词语，见"大夫（147）"。

820. 死④ sǐ 动. to die; to be dead 形. extreme

例 他已经死了六年了。He has been dead for six years.

例 快给我弄点儿吃的，我饿死了。Hurry to get me something to eat. I will starve to death.

821. 四① sì 数. four

例 八是二的四倍。Eight is four times of two.

822. 送② sòng 动. to give (as a present); to send; to see off

例 我想把这张照片送给她。I want to send her this photo.

例 你把这本书送到他的房间，好吗？Could you please send this book to his room?

例 朋友明天要回国，我得去送他。My friend will go back to his country tomorrow. I will go to see him off.

补充 给（280）

反义 接（431）

823. 速度④ sùdù 名. speed

例 火车的速度一定比汽车的速度快得多吗？ Is a train definitely much faster than a car?

824. 塑料袋④ sùliàodài plastic bag

例 你把那个蓝色的塑料袋扔到哪儿去了？ Where did you put that blue plastic bag?

题 **判断对错**：因为塑料袋会给环境带来污染，所以现在超市不再免费提供塑料袋，有需要的顾客，可以向超市购买。

超市提供免费塑料袋。（　　　）　　　　　　　　　　　（H41003-6）

💡 "不再＝not any more"，从"不再免费提供塑料袋"，可知"超市提供免费塑料袋"不对，得出答案为（×）。

825. 酸④ suān 形. sour; acid

例 有人特别喜欢吃酸的东西。Some people prefer eating sour food.

题 **选词填空**：A：这两瓶饮料有什么区别吗？

　　　　　　　B：左边这瓶有点儿（　　　），右边这瓶是甜的。　（H41002-52）

　A 填　　　B 正式　　　C 温度　　　D 酸　　　E 广播　　　F 肚子

💡 根据 A 中说"饮料"，"右边"的是"甜的"，"左边"和"右边"都是指饮料的味道，再由"有点儿＋形容词"，"酸"指饮料味道，又是形容词，得出答案为 D。

补充 其他表示味道的词语，见"苦（513）"。

826. 虽然……但是……② suīrán···dànshì··· 连. although; even though; even if

例 虽然他学汉语的时间不长，但是说得很不错。He speaks Chinese quite well though he has just learned Chinese for a short time.

题 请选出正确答案：广告越来越多，几乎无处不在。不只是广播、电视、网站有广告，公共汽车、地铁上也有很多广告，连我家的电梯里都挂着三个广告。广告虽然给我们带来很多方便，但数量太多也会让人觉得讨厌。

作者认为广告：　　　　　　　　　　　　　　　　　　　（H41009-68）

A 太多了　　　　B 内容无聊　　　　C 很受欢迎　　　　D 范围要扩大

💡 根据"广告越来越多，几乎无处不在"，并在其后说明为什么说广告"无处不在"，更直接指出广告"数量太多、让人觉得讨厌"，可知答案为 A。B、C、D 都没有提到。

题 排列顺序：A 但世界上还有很多东西是钱买不到、也换不来的

　　　　　　　B 钱虽然能买到很多东西

　　　　　　　C 例如生命、爱情、友谊和时间　　　　　　　（H41327-57）

💡 "例如……"不应为第一句，A 中有"但"，B 中有"虽然"，可知先 B 后 A，所以 B 应为第一句；A 先指出"世界上有很多东西是钱买不到的"，C 句通过举例证明 A 是正确的，C 应在 A 后。所以答案为 BAC。

🐦 **辨析** 虽然 vs. 即使（388）vs. 尽管（448）

"虽然"和"尽管"都表示一种事实，这种事实没有影响后面的结果，后一句常用"但是、可是、然而、还是、仍然（729）、却（713）"等，"虽然"语气比"尽管"强（strong）；"即使"假设一种还没有发生的情况或与事实相反的情况，后一句表示这种情况对结果（439）没有影响（1053），后一句常用"也"。

补充 "虽然……，但是……"常一起使用，也可以只用"但是"；"但是"还可以换成"但、可是（498）、可、却（713）、然而（716）"等，如"妈妈想让我学医，可是我却不想当医生"等。

827. 随便④ suíbiàn　　形. as one wishes; casual

例 今天我请客，想吃什么菜随便点。It's my treat today. Order whatever you want to eat.

例 上班的时候不要穿得太随便。Don't be dressed in too casual clothes when you're at work.

828. 随着④ suízhe　　介. along with; as

例 随着年龄的增长，我们的知识也越来越丰富了。We have gained more and more

knowledge as our age increases.

829. 岁① suì   量. classifier for years (of age); year

例 他十八岁就到中国来了。He came to China when he was only eighteen.

辨析 岁 vs. 年龄（636），见"年龄（636）"。

830. 孙子④ sūnzi   名. grandson

例 他孙子刚出生，非常可爱。His grandson was just born and is very cute.

补充 孙女（granddaughter）；其他表示家庭成员的词语，见"爸爸（15）"。

831. 所有④ suǒyǒu   形. all

例 我把身上所有的钱都给了那个可怜的老人。I gave all the money I took with me to the poor old man.

辨析 所有 vs. 全部（710）vs. 一切（1028）
"所有"是形容词，表示领有（have）的东西，一定范围内某（some）一事物的全部；"一切"是代词，表示全部，但不限（limit）于一定范围，而是某事物的全部类别；"全部"是名词，表示范围，强调没有例外。

832. 他① tā   代. he / him

例 他是一个对工作非常负责的人。He is a person who is very dutiful to his work.

833. 它② tā   代. it

例 这杯牛奶你喝了它。Drink this glass of milk.

834. 她① tā   代. she / her

例 她很喜欢帮助别人。She likes to help others very much.

835. 台④ tái   量. classifier for machines   名. platform; stage

例 三台冰箱   three refrigerators   四台电脑   four computers

例 讲台　platform for teachers　　　舞台　stage

836. 抬④ tái　动. to raise; to lift

例 抬起头回答问题。Raise your head and answer my questions.

例 这张桌子很轻，不需要两个人抬。This desk is light. We needn't lift it together.

837. 太① tài　副. too (much); very; extremely

例 外面太冷了。It is too cold outside.

例 这杯水太热了。This glass of water is too hot.

补充 "太＋形容词"不能做定语，只能做谓语，如：他是一个太好的老师。（×）这个老师太好了！（√）同样用法的还有"真"。

838. 太阳③ tàiyáng　名. sun

例 太阳像一个圆球。The sun looks like a ball.

补充 地球（175）、月亮（1091）、星星（stars）

839. 态度④ tàidù　名. attitude; manner

例 这家商店的服务员态度一直很好。The waiters in this store are always very friendly.

840. 谈④ tán　动. to talk about

例 老师让同学们谈谈自己的爱好。The teacher asked students to talk about their hobbies.

辨析 谈 vs. 告诉（274）vs. 讲（414）vs. 聊天儿（561）vs. 说话（816），见"告诉（274）"。

自 测

一 选词填空。

| A 收入 | B 受到 | C 首都 | D 首先 | E 受不了 |

1. 最近的天气实在是太热了，真让人（　　）。

2. 很多中国家庭一年的（　　）也只有几万块。

3. 在中国留学期间，我（　　）过很多人的帮助，也曾经帮助过很多人。

4. （　　）请让我自我介绍一下。

5. 中国的（　　）是北京。

> A 说明　　B 数量　　C 数学　　D 顺利　　E 速度

6. 飞机的（　　）比火车快得多。

7. 上中学的时候我的（　　）就一直不太好。

8. 我在这儿的工作一直进行得很（　　）。

9. 我们不仅要保证（　　），更要保证质量。

10. 这种药瓶子上有（　　），告诉你应该怎么吃。

> A 硕士　　B 态度　　C 孙子　　D 随着　　E 所有

11. （　　）人都要先办好护照才能出国，没有人例外。

12. 大学毕业以后，他又读了三年的（　　）。

13. 虽然他问了很多问题，但是那个服务员的（　　）仍然很好。

14. 他（　　）很可爱，大家都很喜欢他。

15. （　　）社会的发展，人们生活越来越方便了。

> A 太阳　　B 收拾　　C 是否　　D 抬　　E 瘦

16. A：这张桌子实在是太重了，怎么办呢？
    B：别担心，我们再找两个人一起（　　）吧。

17. A：他的房间怎么这么乱啊？
    B：他已经三个星期没有（　　）过了。

18. A：你今天怎么这么高兴啊？
    B：哈哈，告诉你吧，这个星期我又（　　）了两公斤。

19. A：考虑到安全的问题，我想买辆贵点的车。
    B：那你有没有想过：（　　）越贵的车就一定越安全呢？

20. A：今天外边有（　　）吗？
    B：没有，天气预报说今天还要下雨呢。

二 完成句子。

21. 请　排列　这些数字的顺序　重新　一下　＿＿＿＿＿＿＿＿＿＿

22. 他们家附近的　情况　我　对　不太熟悉　＿＿＿＿＿＿＿＿＿＿＿＿＿＿

23. 陪爷爷　叔叔　我　让　去医院看病　＿＿＿＿＿＿＿＿＿＿＿＿＿＿

24. 女儿　一辆自行车　爸爸　送了　做生日礼物　＿＿＿＿＿＿＿＿＿＿

25. 三场比赛　都　上个月的　他　输了　＿＿＿＿＿＿＿＿＿＿＿＿＿＿

三　看图，用词造句。

26. 刷牙

＿＿＿＿＿＿＿＿＿＿＿＿

27. 酸

＿＿＿＿＿＿＿＿＿＿＿＿

28. 帅

＿＿＿＿＿＿＿＿＿＿＿＿

29. 说

＿＿＿＿＿＿＿＿＿＿＿＿

30. 舒服

＿＿＿＿＿＿＿＿＿＿＿＿

第 **15** 天

 学习重点

本部分共有一级词汇3个，二级词汇9个，三级词汇18个，四级词汇30个。

需要注意的语言点主要有：① 离合词"跳舞"的用法；② 结构"提醒 / 同意 + 人 + 做什么事"；③ 结构"讨厌 / 推迟 / 忘记 + 做什么事"；④ 介词"通过、往、为、为了"的用法；⑤ 味道类的词语；⑥ 反义词组如"提高—降低、同意—反对、推—拉、推迟—提前、脱—穿、外—里、危险—安全"。

841. 弹钢琴④ tán gāngqín　to play the piano

例 昨天她弹了一下午钢琴。She played the piano for the whole afternoon yesterday.

补充 拉（523）+小提琴（violin）、吹（blow）+口琴（harmonica）、打+鼓（drum）

842. 汤④ tāng　名. soup

例 你喜欢喝什么汤？What soup do you like?

843. 糖④ táng　名. sugar; candy

例 糖是甜的，而盐是咸的。Sugar is sweet, while salt is salty.

例 这种糖挺甜的，十分受孩子们的欢迎。This kind of candies are very sweet. They are popular with children.

844. 躺④ tǎng　动. to lie down

例 他进来时，我正躺着看书呢。I was lying on bed and reading books when he came in.

补充 常用结构"躺+着+做什么事"、"躺+在+地方+（做什么事）"、"在+地方+躺+着+（做什么事）"，同样用法的词还有"站（1110）"和"坐（1197）"等。

845. 趟④ tàng　量. classifier for trips or runs made

例 今天我得去一趟大使馆。I need to go to the embassy today.

搭配 常出现在"V+（一）+趟"中的动词有"来、去、走、跑"等。

辨析 趟 vs. 遍（53）vs. 次（123），见"遍（53）"。

846. 讨论④ tǎolùn　动. to discuss; to talk over

例 教授们正在认真地讨论这个问题。The professors are discussing it seriously.

题 看图，用词造句。

（H41003-100）

讨论

💡"讨论"是动词，图中有两个男人和一张图纸，根据"S+正在/正/在+V+O"得出参考答案：他们正在讨论那个计划；他们在讨论那个计划；他们正在讨论一个问题。

辨析 讨论 vs. 商量 (742)

"商量"指两个人或几个人交换（exchange）意见（1041），主要用于口语；"讨论"语气比"商量"重，有"辩论（debate）"的意思，口语和书面语都用。

847. 讨厌④ tǎoyàn　动. to dislike; to hate

例 我讨厌下雨天出门。I hate going out in a rainy day.

反义 喜欢（926）

848. 特别③ tèbié　形. special; particular　副. especially; particularly

例 你身上穿的这件衣服很特别啊。The dress you wear is very special.

例 爷爷对京剧特别感兴趣。Grandpa is particularly interested in Peking opera.

辨析 特别 vs. 尤其（1061），见"尤其（1061）"。

849. 特点④ tèdiǎn　名. characteristic; trait; feature

例 你觉得中国菜有什么特点？ What do you think are the features of Chinese dishes?

题 请选出正确答案：有些人对自己的性格总是不很满意，想要改变它。其实性格没有完全好或者坏的区别，关键是要根据自己的性格特点来选择适合自己做的事。

关于性格，下列哪个正确？ (H41004-76)

A 决定成败　　　B 各有特点　　　C 和友谊无关　　　D 一直在变化

根据"其实性格没有完全好或者坏的区别"，可以知道性格不能"决定成功失败"，A 是不对的；C 和 D 文中没有提到，得出答案为 B。

850. 疼③ téng　形. ache; pain

例 昨天我头疼得很厉害，不得不去医院。Yesterday I got a bad headache and had to go to hospital.

补充 x 疼：牙疼、腿疼、头疼、肚子疼

851. 踢足球② tī zúqiú　play soccer (football)

例 昨天他踢了一个下午的足球。He played football for an entire afternoon yesterday.

例 他的爱好就是踢足球、打网球。His hobbies are playing football and tennis.

补充 见"打篮球（134）"。

852. 提④ tí 动. to bring up; to mention

例 他在会议上提了一下这个计划。He mentioned the plan on the meeting.

例 别再提那件事了。Don't bring that up again

853. 提高③ tígāo 动. to raise; to improve

例 他的汉语水平提高得很快。He improved his Chinese quickly.

题 完成句子：语言表达能力　经常阅读报纸　提高　能　　　　（H41002-90）

💡 "提高"是 V，根据"V+O"，组成"提高语言表达能力"；"能"是能愿动词，根据"能愿动词 +V"，组成"能提高语言表达能力"，句子最前面加上 S "经常阅读报纸"，得出答案：经常阅读报纸能提高语言表达能力。

反义 降低（416）

854. 提供④ tígōng 动. to offer; to supply; to provide

例 我们宾馆的服务质量很好，全天都免费提供热水。The service in our guesthouse is very good. We provide hot water for 24 hours each day for free.

题 完成句子：专为老年人　提供的　这椅子　是　　　　（H41001-88）

💡 "专"是"专门"的意思，"为"是介词，一般用法是"[为 +O]+V"；"提供"是 V，得出"专为老年人提供的"；再根据"是……的"，组成"是专为老年人提供的"，句子最前面加上 S "这椅子"，得出答案：这椅子是专为老年人提供的。"是……的"强调目的。

题 完成句子：公司　机会　提供了　一些　学习的　　　　（样卷 -90）

💡 动词"提供了"，一般用法"S+ 提供了 +O"，"一些"表示不肯定，根据汉语的特点，应放在 O 前，得出答案：公司提供了一些学习的机会。

855. 提前④ tíqián 动. ahead of time; in advance

例 我们提前完成了任务。We finished the task ahead of time.

题 请选出正确答案：同学们正在教室里学习，准备下星期的考试。班长忽然跑进来，大声说："告诉大家一个好消息和一个坏消息。好消息是下星期不考试了！"同学们高兴得跳了起来，班长又说："坏消息是下星期的考试，改到今天了。"坏消息是什么？ (H41002-39)

A 要考数学　　　B 作业很多　　　C 考试提前了　　　D 考试成绩不好

根据"坏消息是……，改到今天了"，可以知道"考试提前了"，得出答案为C。

反义 推迟（879）

856. 提醒④ tíxǐng 动. to remind

例 明天提醒我给儿子买生日礼物。Please remind me to buy my son a birthday gift.

题 选词填空：A：周末的演出改到晚上7点了，你通知小王了没？ (H41004-53)
　　　　　　　B：还没呢，一上午都在忙。你不（ ）的话，我可能真忘了。

　A 严格　　B 后悔　　C 温度　　D 直接　　E 重点　　F 提醒

根据B"……的话"和"我可能真忘了"，可以知道前一句的意思是"如果你不说的话"，"不"是副词，应该加动词"提醒"，得出答案为F。

题 选词填空：明天可能下雨，你记得（ ）儿子带雨伞。 (样卷-48)

　A 随着　　B 尝　　C 春节　　D 坚持　　E 收拾　　F 提醒

"儿子"是名词，前面应该加动词，因为"明天可能下雨"，所以要"提醒"儿子带雨伞，得出答案为F。

857. 题② tí 名. exam question; exercise

例 我不知道这道题的答案是什么。I don't know the answer to this question.

858. 体育③ tǐyù 名. sports; physical education

例 我最喜欢看CCTV-5的体育节目，尤其是足球比赛。The sports programs of CCTV-5

are my favorite, especially the football matches.

859. 天气① tiānqì 名. weather

例 最近天气不好，总下雨。The weather has been bad recently. It always rains.

补充 其他表示天气变化的词语，见"晴（701）"。

860. 甜③ tián 形. sweet

例 这些葡萄真甜啊，一点儿也不酸。These grapes are very sweet, not sour at all.

补充 糖（843）、巧克力（695）；其他表示味道的词语，见"苦（513）"。

861. 填空④ tiánkòng 动（离合）. to fill in a blank

例 HSK 四级考试中有十道题是选词填空。There are ten "choose the words and fill in the blanks" questions in the HSK-4 exam.

例 请把这些空填好。Please fill in these blanks.

862. 条③ tiáo 量. classifier for long and thin things (river, road, trousers, etc.)

例 我去超市买了一条白色的毛巾，很漂亮。I bought a white towel in the supermarket, which is very beautiful.

例 山的前边有一条路。There is a road in front of the mountain.

搭配 用"条"做量词的名词有：毛巾（593）、裙子（715）、裤子（514）、鱼（1075）、路（573）、腿（880）

863. 条件④ tiáojiàn 名. condition; requirement

例 他的身体条件很适合当飞行员。His health condition is suitable for being a pilot.

例 对不起，你不符合我们要求的条件。I'm sorry, you don't meet our requirements.

864. 跳舞② tiàowǔ 动（离合）. to dance

例 我给她打电话的时候，她正在跳舞。She was dancing when I called her.

例 她给我们跳了一支舞。She did a dance for us.

补充 一些常用离合词语，如：帮忙（24）、唱歌（93）、吃惊（104）、出差（109）、道歉（161）、发烧（219）、结婚（440）、理发（546）、聊天儿（561）、跑步（654）、请假（703）、睡觉（811）、洗澡（925）等。离合词（AB）常用结构"AAB，ABA+得+怎么样，A+其他+B"。

865. 听① tīng 动. to listen; to hear

例 我的同屋正在听音乐呢。My roommate is listening to music.

补充 说（speak）、读（read）、写（961）

866. 停④ tíng 动. to stop; to stay; (of cars) parked

例 她停了一会儿，又接着讲下去。She paused for a moment before continuing the story.

例 我的车停在外面。I parked my car outside.

题 请选出正
确答案：

女：先生，这里禁止停车。

男：这里不是停车场吗？

女：不是，停车场在那边，离这儿不远。

男：好，我马上开走。谢谢你。

女：不客气。

问：男的要去哪儿？ (H41005-34)

A 长城　　　B 洗手间　　　C 停车场　　　D 足球场

💡 由"这里不是停车场吗？"和"不是，停车场在那边，离这儿不远"，得出答案为 C。

867. 挺④ tǐng 副. quite; rather; very

例 你穿这条裙子真的挺漂亮的。You look quite beautiful in this skirt.

例 这种糖挺甜的，十分受孩子们的欢迎。This kind of candies are very sweet. They are popular with children.

补充 常用结构"挺＋形＋的"

辨析 挺 vs. 很（347）vs. 非常（241）
程度：很＜挺＜非常，其他见"非常（241）"。

868. 通过④ tōngguò 动. to pass 介. by means of; through; via

例 这座桥太窄了，一次只能通过一辆汽车。The bridge is too narrow. Only one bus can pass through at a time.

例 通过大家的共同努力，我们终于取得了成功。We have finally achieved success via

hard working of us all.

🐦 **辨析** 通过 vs. 经过 (456)

动词"通过"是从这边到那边，不能表示时间；"通过"还有"同意、符合要求"的意思，如：通过考试。"经过"是在去目的地的途中（on the way）走过一个地方。介词"通过"强调做事情的方式、方法。名词"经过"强调过程，表示一件事情从发生到结束的全部内容。

869. 通知④ tōngzhī 动. to notify; to inform 名. notice; notification

例 老师通知大家下星期四考试。The teacher informed us that we will have a test next Thursday.

例 他在门上贴了一张通知。He put up a notice on the door.

870. 同情④ tóngqíng 动. to sympathize

例 我很同情那些没钱上学的孩子。I sympathize with those children who can't afford to go to school.

题 **请选出正确答案**：同情是最美好的情感之一，然而同情并不是高高在上的关心，它应该是对别人经历的情感的理解、尊重和支持。

这段话认为，同情： (H41002-74)

A 很无聊　　B 让人难受　　C 不是可怜　　D 是暂时的

💡 由"同情是最美好的情感之一"和"理解、尊重和支持"，可以知道 A 和 B 不对，而 D 文中没有提到，再由"高高在上的关心"是"可怜"，而不是"同情"，得出答案为 C。

871. 同时④ tóngshí 副. at the same time 连. more over; besides; futhermore

例 你可以做任何你想做的事，但不能同时做所有事。 You can do anything you want, but not everything at the same time.

例 他很吃惊，同时也觉得害怕。 He was surprised, and also scared.

872. 同事③ tóngshì 名. colleague

例 我和同事们之间的关系很好。The relationship between my colleagues and me is

very good.

> **题** 请选出正确答案：
>
> 女：你一个人对着手机笑什么？
>
> 男：我妹刚发来一个笑话，你看看，笑死我了。
>
> 女：这么好笑？那你也给我发一个。
>
> 男：好的，我给咱办公室的同事都发一遍。
>
> 问：他们是什么关系？　　　　(H41003-26)
>
> A 同事　　　B 邻居　　　C 夫妻　　　D 亲戚

💡 由"你也给我发一个"和"我给咱办公室的同事都发一遍"，得出答案为 A。

873. 同学① tóngxué　名. classmate

例 我们是大学同班同学。We were classmates in college.

补充 同 x：同事、同学、同屋、同班、同胞（compatriot）

874. 同意③ tóngyì　动. to agree; to consent; to approve

例 我不同意你的说法。I don't agree with you.

> **题** 请选出正确答案：
>
> 男：这些塑料盒子还有用吗？
>
> 女：没用了。
>
> 男：没用的东西就放垃圾桶里，别到处乱扔。
>
> 女：好吧，那我现在把房间整理一下。
>
> 问：女的是什么态度？　　　　(H41003-35)
>
> A 同意　　　B 原谅　　　C 太麻烦　　　D 十分满意

💡 根据男的说"没用的东西就放垃圾桶里"和"别乱扔"，女的说"好，我现在把房间整理一下"，可以知道女的愿意按照他说的去做，得出答案为 A。

反义 反对（226）

875. 头发③ tóufa 名. hair (on the head)

例 你的头发太长了，应该理发了。Your hair is too long. It's time to get a haircut.

876. 突然③ tūrán 副. suddenly 形. sudden

例 刚才还是晴天，现在却突然下起雨来了。It was sunny just now, but it suddenly starts to rain now.

例 这件事发生得太突然了，我完全没有准备。It happened so suddenly that I totally have no preparation.

877. 图书馆③ túshūguǎn 名. library

例 我看见他走进图书馆去了。I saw that he went into the library.

例 我从图书馆借了一本中文书。I borrowed a Chinese book from the library.

补充 x馆：宾馆（61）、大使馆（145）、照相馆

878. 推④ tuī 动. to push; to push forward

例 妹妹轻轻地推开窗户。My younger sister pushed the window open gently.

补充 拉（523）

879. 推迟④ tuīchí 动. to postpone; to put off

例 因为天气不好，运动会推迟到下个星期。The sports meeting is postponed to next week because of the bad weather.

题 选词填空：刚才听广播说明天可能会下大雨，足球比赛恐怕要（   ）了。

　　A禁止　B海洋　C推迟　D坚持　E顺便　F估计　　　　（H41001-47）

💡 因为"明天可能下大雨"，所以足球比赛要"推迟"，得出答案为C。

反义 提前（855）

880. 腿③ tuǐ 名. leg

例 他的腿被自行车撞伤了。His legs were hurt by a bike.

补充 其他表示身体部位的词语，见"脸（556）"。

881. 脱④ tuō 动. to take off; to get away from

例 一进门他就脱掉鞋子躺在床上。He took off the shoes and lied on the bed as soon as he went in.

例 快把裤子脱下来洗洗，真是太脏了。Take off your trousers and wash them. They are so dirty.

反义 穿（116）

882. 袜子④ wàzi 名. socks

例 她今天穿了一双白袜子。She wears a pair of white socks today.

补充 其他表示衣服的词语，见"衬衫（96）"。

883. 外② wài 名. outside; external

例 室内十分暖和，室外却特别冷。It's very warm inside, but rather cold outside.

补充 外国（foreign country）、国外（abroad）、室外（outdoor）

反义 里（545）

884. 完② wán 动. to finish; to be over

例 洗完这些衣服我就陪你看电影。I will accompany you to see a movie as soon as I finish washing these clothes.

补充 "动＋完"表示动作的结果，如：吃完、用完、做完、说完、卖完。

885. 完成③ wánchéng 动. to complete; to accomplish

例 我们必须按时完成任务。We must accomplish the task on time.

886. 完全④ wánquán 副. totally; entirely

例 他的病已经完全好了。He has recovered entirely.

例 他说的话我完全听不懂。I can't understand his words at all.

题 选词填空：市场调查结果和他们想的几乎（　　）相反，他们不得不改变原来的计划。　　　　　　　　　　　　　　　　　　　　（H41003-50）

　　A 食品　　B 粗心　　C 礼貌　　D 坚持　　E 挂　　F 完全

💡 "相反"是形容词，前面应该加副词，"完全"是副词，根据"不得不改变原来的计划"，可知原因是"调查结果和想的几乎完全相反"，得出答案为F。

W

---

887. 玩② wán　　动. to play; to enjoy oneself

例 弟弟喜欢玩儿电脑。My younger brother likes to play on the computer.

例 他在上海玩儿了一个星期。He enjoyed himself for one week in Shanghai.

---

888. 晚上② wǎnshang　　名. evening

例 昨天晚上我一直工作到十二点。I worked until twelve o'clock last night.

补充 其他表示时间（772）的词语，见"上午（746）"。

---

889. 碗③ wǎn　　名. bowl　量. bowl

例 不好意思，那只碗已经卖掉了。I'm sorry but that bowl has been sold already.

例 我要一碗鸡蛋汤。I want a bowl of egg soup.

补充 盘子（650）、筷子（518）、瓶子（670）

---

890. 万③ wàn　　数. ten thousand

例 根据调查，一万个人里只有二十个人更习惯用左手。According to the survey, only twenty in ten thousand people are used to using their left hands.

补充 其他表示数字的词语，见"百（17）"。

---

891. 网球④ wǎngqiú　　名. tennis

例 我不喜欢打篮球，也不喜欢打乒乓球，我只喜欢打网球。I don't like playing basketball or table tennis. I only like playing tennis.

补充 其他表示球类的词语，见"乒乓球（667）"。

---

892. 网站④ wǎngzhàn　　名. website

例 我常去那个网站查资料。I often log on that website to search for materials.

例 非常感谢您对我们网站的支持。Thanks a lot for your support to our website.

题 **请选出正确答案**：现在，做一个网站变得越来越容易了。不仅许多公司有网站，而且很多人都有自己的网站。访问各种各样的网站已经成为人们生活的一部分，网站，极大地丰富了现代人的精神生活。

说话人对网站是什么态度？   (H41004-45)

A 支持   B 批评   C 怀疑   D 讨厌

💡 根据"……网站已经成为人们生活的一部分"和"极大地丰富了现代人的精神生活"，可以知道说话人在说网站的好处，当然对网站很满意，得出答案为 A。本题中出现的生词有"支持（1133）"。

---

893. 往② wǎng 介. to; towards

例 如果你想去超市，出门往右拐，大概走五分钟就到了。If you want to go to the supermarket, go out and turn right, then walk for about five minutes.

🐦 辨析 往 vs. 向（945），见"向（945）"。

---

894. 往往④ wǎngwǎng 副. often; frequently

例 事情往往不像人们想的那么简单。As often happens, things are not so simple as people expect.

🐦 辨析 往往 vs. 经常（455）

"往往"是对到现在出现的情况的总结（1180），有一定（1024）的规律性（regularity），不表示主观；"经常"指动作的重复，没有规律，可以用于主观的事情，也可用于将来的事情，有时也用"常常"。

---

895. 忘记③ wàngjì 动. to forget

例 学外语要是不坚持下去的话，学过的也会忘记的。What you have learned before will be forgotten if you don't persist in it when you learn a foreign language.

例 我忘记告诉他明天要考试了。I forgot to tell him there is an exam tomorrow.

补充 口语里常说"忘"，常用结构"忘了/记得＋做什么事"

896. 危险④ wēixiǎn 形. dangerous

例 别在窗户边互相推来推去，很危险。Don't push each other beside the window. It's very dangerous.

反义 安全（9）

897. 卫生间④ wèishēngjiān 名. toilet; bathroom/restroom

例 请问，卫生间在哪儿？ Excuse me, where is the bathroom?

补充 洗手间（924）

898. 为③ wèi 介. for; to

例 爸爸妈妈都为她感到骄傲。Her parents are both proud of her.

例 演员们的表演非常精彩，大家都一起为他们鼓掌。The actors' performance is wonderful, and everyone applauds for them.

辨析 为 vs. 为了（899），见"为了（899）"。

899. 为了③ wèile 介. in order to; for the purpose of

例 为了给朋友帮忙，他饭都没吃就走了。He went without eating anything in order to help his friend.

例 为了不让爸爸妈妈失望，他一直都很努力。He works hard all the time because he doesn't want to make his parents disappointed.

辨析 为了 vs. 为（898）

"为了"强调动作的目的，如：为了陪父母，他放弃了去国外留学的机会。"为"后可加动作的对象（object），如：为孩子担心、为学生服务；还可以表示动作的原因（1081），如：为方便市民，政府打算每一百米就开一家超市。

900. 为什么② wèi shénme why; for what reason

例 你为什么每天都迟到？ Why are you late every day?

例 他放弃了去美国留学的机会，许多人都不理解他为什么这样做。He gave up the opportunity of going to study in the US. Many people couldn't understand it.

🖌 自测

一 选词填空。

A 特点	B 条件	C 停	D 同情	E 突然

1. 听说你的小猫丢了？请你说说它有什么（　　），我们帮你找。

2. 这是谁的车？已经在这儿（　　）了三天了。

3. 他两岁的时候妈妈就死了，真让人（　　）。

4. 玛丽上课的时候（　　）唱起歌来，真让人不明白。

5. 妈妈答应给我买一台电脑，但是有一个（　　），就是我必须努力学习。

A 推迟	B 完成	C 往	D 往往	E 危险

6. 过马路的时候不看红绿灯，是一件很（　　）的事。

7. 请问怎么去超市？出门（　　）北走，大概走五分钟就到了。

8. 聪明的人会主动学习，所以他们的成绩（　　）都比较好。

9. 老师把周末去旅游的计划（　　）了，因为周末我们有一场重要的考试。

10. 马克在晚上 12 点多才（　　）作业，所以他睡得很晚。

A 讨论	B 提醒	C 提供	D 提前	E 为了

11. 明天是妈妈的生日，但是她要出差，所以爸爸（　　）为她庆祝生日。

12. 大家正在加班（　　）一个很难解决的问题。

13. （　　）能早点儿实现理想，他每天都很努力地工作。

14. 我很喜欢去那家饭馆，因为他们给顾客（　　）了很多优质的服务。

15. 妈妈总是（　　）我们，在国外读书一定要注意安全。

A 忘记	B 糖	C 讨厌	D 网球	E 图书馆

16. A：小王，你怎么今天一点儿精神也没有啊？

B：唉，昨晚我的邻居弹钢琴的声音很吵，所以没睡好，真让人（　　）。

17. A：小李，你怎么还没有回家啊？

B：我出门的时候（　　）带钥匙了，只好等老公回来了。

18. A：这碗汤怎么这么甜啊？

B：不好意思（　　）放得太多了。

19. A：马克，你平时喜欢做什么运动呢？

　　B：我喜欢周末跟朋友们一起去打（　　）。

20. A：你怎么还不来呀？

　　B：你再等我一会儿，我现在在（　　）呢。

（二）完成句子。

21. 关键　通过　生词和语法　HSK考试的　就是　记住　＿＿＿＿＿＿＿＿＿＿

22. 放暑假　学校　突然　提前　昨天下午　通知师生们　＿＿＿＿＿＿＿＿＿＿

23. 完全　我对这个问题的　老板　看法　同意　＿＿＿＿＿＿＿＿＿＿

24. 建房子　两个　怎么　建筑师　正在讨论　＿＿＿＿＿＿＿＿＿＿

25. 好得多　天气　比　今年夏天的　去年　＿＿＿＿＿＿＿＿＿＿

（三）看图，用词造句。

26.　　　疼

_____

27.　　　跳舞

_____

28.　　　躺

_____

29.　　　甜

_____

30.　　　弹钢琴

_____

第**16**天

学习重点

本部分共有一级词汇14个，二级词汇7个，三级词汇14个，四级词汇25个。

需要注意的语言点主要有：①"无论"的用法；② 结构"希望＋人＋做什么事"；③ 结构"习惯／喜欢＋做什么事"；④ 结构"跟／和／与……相同／相反"；⑤"吸引、羡慕、笑话"的意思；⑥"下、想、像"的意思和用法；⑦"小时／点"的区别。

901. 位③ wèi 量. classifier for people (honorific)

例 听一位同事说，下个月会在我们学校举办一个国际会议。One of my colleagues said that an international meeting would be held in our university next month.

例 两位校长　two headmasters　　　三位亲戚　three relatives

四位师傅　four masters　　　六位医生　six doctors

W

902. 味道④ wèidào 名. taste; flavor; smell

例 你喜欢什么味道的食品？甜的，辣的，还是酸的？ What flavor of food do you like? Sweet, spicy, or sour ?

题 选词填空：有人说，友谊就像酒一样，时间越长，（　　）越好。(H41005-49)

A 举办　　B 可是　　C 味道　　D 坚持　　E 食品　　F 流行

💡 根据"像酒一样"，我们知道"酒"存放的时间越长，味道就越香，得出答案为 C。

补充 表示味道的词语，见"苦（513）"。

903. 喂① wèi 叹. hello (esp. on telephone)

例 喂，您好！您找哪位？ Hello! Whom would you like to speak to?

904. 温度④ wēndù 名. temperature

例 天气越来越冷，室外的温度也越来越低。It's getting colder and colder, the temperature outside is lower and lower.

题 选词填空：A：今天真冷啊，好像白天最高（　　）才 2℃。

B：刚才电视里说明天更冷。　　　　（H41001- 选词填空例题）

A 工具　　B 收　　C 温度　　D 到底　　E 辛苦　　F 抱歉

💡 根据"冷"和"2℃"，我们知道说的是气温，得出答案为 C。

补充 体温、气温

905. 文化③ wénhuà　名. culture; civilization

例 她对中国的历史和文化非常感兴趣。She is very interested in Chinese history and culture.

题 **判断对错**：节日是文化的一部分，所以，如果想了解一个国家的文化，我们可以从了解这个国家的节日开始。

节日是文化的一部分。(　　)　　　　　　　　　　　　　　(H41002-4)

💡 第一句"节日是文化的一部分"，句子与原文完全相同，得出答案为（√）。

补充 其他表示专业的词语，见"法律（223）"。

906. 文章④ wénzhāng　名. article; essay

例 这篇文章写得十分精彩。This article is very wonderful.

907. 问② wèn　动. to ask

例 教授，我能问您个问题吗？Professor, can I ask you a question?

例 我们常常问自己爱情是什么。We often ask ourselves what love is.

908. 问题② wèntí　名. question; problem; matter

例 我希望你来回答这个问题。I want you to answer this question.

例 我们成功地解决了那个问题。We have succeeded in working out that problem.

909. 我① wǒ　代. I; me; myself

例 我希望你们能按时完成任务。I hope that you can finish the task on time.

910. 我们① wǒmen　代. we; us

例 那个记者问了我们三个问题。That journalist asked us three questions.

🐦 辨析 我们 vs. 咱们（1101），见"咱们（1101）"。

911. 污染④ wūrǎn　动. to pollute

例 乱扔塑料袋会污染环境。Littering plastic bags will pollute the environment.

例 他们在讨论环境污染的问题。They were talking about the pollution of the environment.

912. 无④ wú 动. have not（=没有）

例 这个问题无法（没有办法）解决。This problem can't be solved.

例 教室里空无一人。Nobody is in the classroom.

补充 "无"后常加单音节（single syllable）词，如：无声、无趣、无人、无力、无用。

913. 无聊④ wúliáo 形. boring

例 那是一部非常无聊的电影。That is a very boring movie.

例 我最近常常感到无聊。I often feel bored recently.

914. 无论④ wúlùn 连. no matter; regardless of

例 无论你有多少钱，都买不到爱情。No matter how rich you are, you can't buy love.

例 无论刮风还是下雨，他都准时来上课。Whether it is windy or rainy, he will go to class on time.

题 请选出正确答案：他这个人最大的优点是遇事冷静，无论遇到多大的问题都不会着急，而是会努力地去找解决的方法，他常挂在嘴边的一句话是：没有解决不了的问题，只有不会解决问题的人。

关于他，下列哪个正确？ （样卷 -44）

A 很冷静　　　B 脾气好　　　C 易紧张　　　D 对人热情

💡 根据"他这个人最大的优点是遇事冷静，无论遇到多大的问题都不会着急"，可知他遇到问题时很冷静、不着急，得出答案为 A。B、C、D 都没有提到。

题 排列顺序：A 因为无论成功还是失败，努力过的人都应获得掌声
　　　　　　　B 当然，也不要忘了鼓励那些失败的人
　　　　　　　C 我们要为那些通过自己努力获得成功的人鼓掌　（H41003-59）

💡 由 B "也不要"和 C "要……"可以知道先 C 后 B，再根据 A 中"因为无论成功还是失败"，包括了 B 和 C 两种情况，这里先说结果后说原因，所以 A 在最后，得出答案为 CBA。

🐦 **辨析** 无论 vs. 不管（69）

"无论"和"不管"用法相似，"无论"常用于书面语，"不管"常用于口语，见"不管（71）"。

915. 五① wǔ 数. five

例 我们每个星期上五天课。We have classes for five days each week.

题 **排列顺序**：A 音乐是他们 5 个人的共同爱好

B 中国很多年轻人都喜欢"五月天"

C 它是由 5 个热情的大男生组成的 （H41005-64）

💡 由 A 中"他们 5 个人"和 C 中"它"，可以知道 A 和 C 都不是第一句，所以 B 是第一句；根据"它"代指"五月天"，知道先 B 后 C；"他们 5 个人"代指"5 个热情的大男生"，知道先 C 后 A，得出答案为 BCA。

916. 误会④ wùhuì 动. to misunderstand 名. misunderstanding

例 我误会了他的意思。I misunderstood what he meant.

例 误会破坏了他们的友谊。Misunderstanding undermined their friendship.

题 **请选出正确答案**：世界上第一部无声电影出现的时候，吸引了成千上万的观众。有的观众看到电影里下雨的画面，把自己的雨伞也打了起来。现在我们都觉得挺好笑的，但是看电影在当时确实是个新鲜事儿。

那个观众为什么要打伞？

A 误会了 B 下雨了 C 风太大 D 害怕马车 （H41001-81）

💡 由"电影里下雨"知道，现实生活中并没有真的下雨，所以 B 不对，C 与 D 文中没提到，得出答案为 A。

917. 西③ xī 名. west

例 他父亲工作的公司在城市的西边。The company where his father works is in the west of the city.

题 **请选出正确答案**：黄河是中国第二大河，从中国西部流向东部，全长 5464 公里，被人们叫做"母亲河"。从地图上看，它就像一个大大的"几"字。

关于黄河，可以知道： (H41003-79)

A 很窄　　　B 有很多座桥　　　C 从西流向东　　　D 大约 10000 多公里

💡 由"5464 公里"，得知 D 不对。A 与 B 文中没提到，得出答案为 C。

补充 其他表示方向的词语，见"东（190）"。

918. 西瓜② xīguā 名. watermelon

例 西瓜是夏季最受欢迎的水果之一。Watermelon is one of the most popular fruits in summer.

补充 其他表示水果的词语，见"苹果（669）"。

919. 西红柿④ xīhóngshì 名. tomato

例 我需要鸡蛋、西红柿和盐。I need eggs, tomatoes and salt.

题 **排列顺序**：A 对皮肤很有好处

　　　　　　B 例如，每天早晨吃一到两个新鲜西红柿

　　　　　　C 常吃西红柿对解决一些健康问题有很大的帮助 (H41004-61)

💡 由 B"例如"是举例子，B 的前面一定有主题句，根据 A"S 对……有好处"，知道 A 的前面一定有 S，所以只有 C 是第一句；因为 B 中"吃一到两个新鲜西红柿"的句子没说完，所以先 B 后 A，得出答案为 CBA。

920. 吸引④ xīyǐn　动. to attract

例 你怎样吸引观众的注意力？ How can you attract the attention of the audience?

例 她的美丽吸引了所有人的目光。Her beauty attracted everyone's attention.

题 **请选出正确答案**：世界上第一部无声电影出现的时候，吸引了成千上万的观众。有的观众看到电影里下雨的画面，把自己的雨伞也打了起来。现在我们都觉得挺好笑的，但是看电影在当时确实是个新鲜事儿。

世界上第一部无声电影：　　　　　　　　　　　　　　　　（H41001-80）

A 很幽默　　　B 不成功　　　C 观众很多　　　D 内容复杂

💡 根据"吸引了成千上万的观众"，可以知道这部电影的观众很多，得出答案为C。

921. 希望② xīwàng　动. to hope　名. hope

例 妈妈希望我能在中国上大学。My mother hopes that I can go to university in China.

例 任何时候，我们都不能放弃希望。We should not give up hopes at any time.

922. 习惯③ xíguàn　动. to be used to　名. habit

例 我还不太习惯上海的生活。I'm not very used to the life in Shanghai.

例 好习惯是成功的关键。Good habits are the key to success.

题 **请选出正确答案**：有一个人去公司面试时，顺手把地上的香蕉皮扔进了垃圾桶，正好被路过的经理看见了，因此他得到了工作。

经理觉得那个人怎么样？　　　　　　　　　　　　　　　　（H41003-76）

A 很奇怪　　　B 很冷静　　　C 极其可怜　　　D 有好的习惯

💡 由"顺手把地上的香蕉皮扔进了垃圾桶"，可以知道这个人的习惯很好，根据"被经理看见了"，得出答案为D。A、B、C文中都没有提到。

🐦 **辨析** 习惯 vs. 适应（784）

"习惯"做名词时，是人或生物长时间养成（1007）的、不容易改变的行为特点；

做动词时，是"逐渐（gradually）适应"的意思。"适应"是动词，为了符合客观条件或需要而做一些改变，如：适应环境、适应社会。

923. 洗② xǐ 动. to wash

例 吃饭以前先洗手。Before dinner, you should wash your hands first.

例 你先打扫屋子，再把这些衣服洗了吧。You can clean the rooms first and then wash these clothes.

924. 洗手间③ xǐshǒujiān 名. restroom

例 她要求在洗手间的墙上挂一面大镜子。She asked to hang a big mirror on the wall of the restroom.

925. 洗澡③ xǐzǎo 动（离合）. to take a shower; to bathe

例 他来电话的时候，我正在洗澡。I was taking a shower when he called.

例 我需要先洗个澡，然后睡一觉。I need to take a shower first, then have a sleep.

补充 其他离合词，见"跳舞（864）"。

926. 喜欢① xǐhuan 动. to like

例 你最喜欢的足球运动员是谁啊？ Which football player do you like best?

题 请选出正确答案：如果你问我最大的爱好是什么，我的回答一定是读书。我特别喜欢看书，常常会拿着一本书，一看就是一下午。

他最喜欢： （样卷 -70）

　　　　A 看书　　　　B 聊天儿　　　　C 画画儿

根据第一句可知"我最大的爱好是读书"，第二句再次强调"我特别喜欢看书"，得出答案为 A。B、C 都没有提到。

927. 下① xià 动. to go down 名. under; below; next

例 等一下，我马上下楼。Wait a moment, I will go downstairs right away.

例 书包在桌子下面。The schoolbag is under the table.

例 下个月，我们一起去北京玩儿吧。Let's go to Beijing to have fun next month.

补充 除了上面的意思以外，"下"还常跟在动词后：①表示从高处到低处，如：走下楼、跑下山；②表示脱离，如：放下书包、脱下鞋子；③表示动作的完成或结果，如：停下、写下、留下；④表示容纳（hold），如：这间教室坐不下一百人。⑤"在……下"表示在某种条件下，如：在老师的帮助下，我通过了考试。

---

928. 下午① xiàwǔ 　名. afternoon; p.m.

例 今天下午我有事，你明天再来吧。I have something to do this afternoon. You can come tomorrow.

补充 其他表示时间的词语，见"上午（746）"。

---

929. 下雨① xiàyǔ 　动（离合）. to rain

例 天气预报说，明天会下雨。The weather forecast says it will rain tomorrow.

例 即使明天下大雨，我们也要去野餐。Even if it rains heavily tomorrow, we will still go on a picnic.

补充 其他表示天气的词语，见"晴（201）"。

---

930. 夏③ xià 　名. summer

例 夏天是我最爱的季节，因为每天都可以穿裙子。Summer is my favorite season, because I can wear skirt every day.

补充 其他表示季节的词语，见"冬（192）"。

---

931. 先③ xiān 　副. first; earlier; in advance

例 你先洗手，再吃饭。Wash your hands before you have the meal.

搭配 常用结构"先……，然后……"、"先……，再……"

---

932. 先生① xiānsheng 　名. Mr.; sir; husband

例 格林先生是一位教授。Mr. Green is a professor.

例 我先生是一家公司的经理，他工作很忙。My husband is a manager of a company, and he is very busy with his work.

补充 小姐（952）

933. 咸④ xián　形. salty

例 海水里有盐，所以是咸的。Sea water contains salt, so it is salty.

例 吃咸的食品会让人口渴。Salty food makes one thirsty.

补充 其他表示味道的词语，见"苦（964）"。

934. 现金④ xiànjīn　名. cash

例 我用现金从商店里买了一辆汽车。I bought a car from the store with cash.

例 我没带现金。I have no cash with me.

题 请选出正　女：你手机是不是坏了，怎么总是打不通？
确答案：　男：抱歉，我换了个新号，还没来得及告诉你。
　　　　　问：男的怎么了？　　　　　　　　　　　　　　（H41330-14）

A 输了比赛　　　B 换号码了　　　C 没带现金　　　D 没发工资

💡 由"我换了个新号"，得出答案为 B。

935. 现在① xiànzài　名. now; at present

例 现在开始学还来得及。It is not late if you start to learn from now on.

例 现在我能用汉语和中国人交流。Now I can communicate with Chinese people in Chinese.

补充 以前（1037）、以后（afterwards; later）、将来（413）

936. 羡慕④ xiànmù　动. to admire

例 我很羡慕那些能说一口流利汉语的人。I admire those who can speak fluent Chinese.

题 完成句子：会弹钢琴的人　　羡慕　　很　　她　　　　　（H41001-86）

💡 "羡慕"是 V，根据"S+V+O"组成"她羡慕会弹钢琴的人"；"很"是副词，再根据"副词＋动词"组成"很羡慕"，得出答案：她很羡慕会弹钢琴的人。

937. 相反④ xiāngfǎn 形. contrary 连. on the contrary

例 北和南是相反的方向。North and south are opposite directions.

例 他不但不喜欢她，相反，他很讨厌她。He doesn't like her. On the contrary, he is very sick of her.

题 排列顺序：A 有的父母对孩子的要求很严格
B 认为应该给孩子更多自己选择的机会
C 有的父母正好相反 (H41001-65)

💡 由"有的父母……，有的父母……正好相反"可以知道先 A 后 C，A 中说"有的父母很严格"，B 与 A 正好相反，应该是不严格，也就是说"给孩子更多自己选择的机会"，所以先 C 后 B，得出答案为 ACB。

938. 相同④ xiāngtóng 形. same; identical

例 世界上没有完全相同的两片树叶。There are no two identical leaves in the world.

补充 "相"是"互相"的意思，常用结构"跟 / 和 / 与（1077）……相同 / 相反"。

939. 相信③ xiāngxìn 动. to believe; to have faith in

例 我不相信他的话，他总是骗人。He always deceives people, so I don't believe him.

例 很多美国孩子都相信有圣诞老人。Many American children believe in the existence of Santa Claus.

反义 怀疑（360）

940. 香④ xiāng 形. fragrant; perfumed; scented; sweet-smelling

例 这道菜闻起来很香，应该很好吃。This dish smells good. It must be delicious.

题 请选出正确答案：森林里有一种植物，它开的花比普通的花大很多，并且特别香。这种植物会用它的香味吸引来一些小动物，然后把它们吃掉。
这种植物： (H41005-72)
A 花很香　　　B 花很漂亮　　　C 夏天才开　　　D 没有叶子

💡 从"……并且特别香"，得出答案为 A。

题 看图，用词造句。

（H41002-99）

香

💡 "香"是形容词，根据"S+副词+形容词"组成"花很香"，图中的动作是"闻（smell）"，根据"动+起来"组成"闻起来"，再根据"S+闻起来+怎么样"，得出参考答案：这些花闻起来很香。

补充 其他表示味道的词语，见"苦（513）"。

---

941. 香蕉③ xiāngjiāo 名. banana

例 他拿了一根香蕉给那猴子吃。He gave that monkey a banana to eat.

补充 其他表示水果的词语，见"苹果（669）"。

---

942. 详细④ xiángxì 形. detailed; in detail

例 他的笔记总是整理得非常详细。He always makes a very detailed notes.

例 我认为应该详细讨论一下这个计划。I think we ought to discuss the plan in detail.

题 完成句子：很详细　这个传真机的　写　得　说明书　（H41003-88）

💡 由"动词+得+怎么样"，组成"写得很详细"；再由"的+名词"组成"这个传真机的说明书"，做主语（S），得出答案：这个传真机的说明书写得很详细。

---

943. 响④ xiǎng 动. to make a sound; to ring

例 我正要离开，电话铃响了。I was just leaving when the telephone rang.

---

944. 想① xiǎng 动. to think; to want to; to miss

例 我想我应该尝试一些冬季运动。I think I should try some winter sports.

例 你想要米饭还是面包？Do you want rice or bread?

例 爸爸，我很想您。I miss you a lot, Dad.

补充 口语里,有"想起来"和"想出来"。"想起来"表示一件事以前（1037）知道,忘了,现在"想起来";"想出来"表示原来（1084）没有,经过"想"以后有了,如:想出一个办法 / 主意（1161）。

辨析 想 vs. 要（1012）,见"要（1012）"。

945. 向③ xiàng 介. towards

例 火车向南开走了。The train goes to south.

例 不来上课,要向老师请假。You should ask the teacher for leave if you can't come to class.

辨析 向 vs. 往（893）

"向"的常用结构:①"向＋方向＋动",如:向＋东 / 西 / 南 / 北＋走 / 跑 / 开;②"向＋人＋动",如:向他学习 / 保证 / 请假;③"动＋向＋人 / 抽象地方",如:面向大家,走向幸福。"往"的常用结构:①"往＋方向＋动",如:往＋东 / 西 / 南 / 北＋走 / 跑 / 开;②"动＋往＋具体地方",如:飞机飞往北京;火车开往上海。

946. 像③ xiàng 动. to look like; as if

例 这个孩子长得很像他的妈妈。This child looks like his mother.

例 老师像妈妈一样照顾我们。Our teacher takes care of us just like our mother.

题 完成句子:一头牛　　看起来　　那座山　　像　　（H41004-88）

"像"是 V,根据"S+V+O"组成"那座山像一头牛","看起来"常放在 V 前,表示我们看时的感觉,得出答案:那座山看起来像一头牛。同样的说法还有"听起来、闻起来、吃起来"等。

947. 橡皮④ xiàngpí 名. eraser; rubber

例 参加考试时别忘了带铅笔和橡皮。Don't forget to bring a pencil and a rubber when you take an examination.

补充 铅笔（689）

948. 消息④ xiāoxi   名. news; message

例 我要告诉你一些好消息。I have some good news for you.

例 我经常用手机给朋友们发短消息。I often send messages to my friends by mobile phone.

题 选词填空：他从网站上看到了这个激动人心的（   ）。   (H41002-46)

　A 冷静　　B 地址　　C 引起　　D 坚持　　E 禁止　　F 消息

💡 他从网站上看到了什么？应该是消息；而且"的"后面常常加名词，"消息"是名词，得出答案为 F。

题 看图，用词造句。

　(H41005-96)

消息

💡 "消息"是名词，可以说"他看到了一个好消息"。从图上看出，他非常高兴，根据"事情 / 情况 ＋ 让 ＋ 人 ＋ 怎么样"，得出参考答案：这个消息让他非常高兴。

949. 小① xiǎo   形. small; little; young

例 我要一杯小可乐，不加冰。I want a small cup of Coca-Cola, no ice.

例 这个小女孩儿很可爱，大家都很喜欢她。This little girl is so cute that everyone likes her very much.

例 小时候，我们家住在国外。When I was young, my family lived overseas.

950. 小吃④ xiǎochī   名. snack

例 这儿有各种各样的小吃。There are all kinds of snacks.

951. 小伙子④ xiǎohuǒzi   名. young fellow; young man

例 这个小伙子是我最好的朋友。This young guy is my best friend.

952. 小姐① xiǎojiě   名. Miss

例 小姐，晚上好！请这边坐。Good evening, Miss! Sit here, please.

例 白先生，这是我的朋友，王小姐。Mr. Bai, this is my friend, Miss Wang.

953. 小时② xiǎoshí 名. hour

例 这班飞机将晚点两个小时。The airplane will be two hours late.

例 每天我们要花三个小时写作业。We spend three hours writing homework every day.

辨析 小时 vs. 点（181）

"小时"表示时间段，常跟"分钟"连用，如：一小时四十分钟，口语里"小时"也说"钟头"；"点"表示时间点，常跟"分"连用，如：一点四十分，口语里"点"也说"点钟"。

954. 小说④ xiǎoshuō 名. novel; fiction

例 我觉得小说比电影有意思多了。I think a novel is more interesting than a movie.

955. 小心③ xiǎoxīn 形. careful; cautious

例 听说那儿的山路很危险，你开车要小心。I heard there is a very dangerous mountain road. You'd better drive carefully.

辨析 小心 vs. 认真 (725)vs. 仔细（1174），见"认真（725）"。

956. 校长③ xiàozhǎng 名. principal; headmaster; school president

例 你认识同济大学的校长吗？ Do you know the headmaster of Tongji University?

题 请选出正确答案：今天，你们终于完成了大学四年的学习任务，马上就要开始新的生活了。我代表学校向同学们表示祝贺！祝你们在今后取得更大的成绩，也希望你们以后有时间多回学校来看看。

说话人最可能是谁？ (H41005-44)

A 导游　　　B 校长　　　C 记者　　　D 服务员

根据"我代表学校向同学们表示祝贺"和"希望你们以后有时间多回学校来看看"，可以知道"说话人"是在学校里工作的，得出答案为 B。

补充 x 长：班长、院长、市长、省长

957. 笑② xiào 动. to smile; to laugh

例 听到这个消息，我们都笑了起来。On hearing the news, we all laughed.

例 很多人笑他，因为他跑得最慢。Many people laughed at him because he ran most slowly.

反义 哭（512）

---

958. 笑话④ xiàohua 名. joke 动. to laugh at

例 这位老师很幽默，经常给我们讲笑话。The teacher is very humorous and often tells jokes to us.

例 别担心，没有人会笑话你的。Don't worry. Nobody will laugh at you.

题 排列顺序：A 带来一天的好心情

　　　　　　B 一个笑话

　　　　　　C 也许就能带走我们的烦恼　　　　　　　（H41003-56）

💡 B "一个笑话"是名词，做主语（S），应是第一句；根据时间顺序，常常是先 C "带走烦恼"，才会 A "带来好心情"，所以 A 在 C 后，得出答案为 BCA。

题 看图，用词造句。

（H41004-99）

笑话

💡 图片中女孩儿很开心，得出此处"笑话"是名词，而不是动词，得出参考答案：她觉得这个笑话很有意思。

---

959. 效果④ xiàoguǒ 名. effect

例 这种药的效果还不太明显。The effect of the medicine is not yet noticeable.

辨析 效果 vs. 影响（1053）vs. 作用（1195），见"作用（1195）"。

---

960. 些① xiē 量. some

例 这些是我的，那些是我朋友的。These are mine, and those are my friends'.

自测

一 选词填空。

| A 无聊 | B 吸引 | C 习惯 | D 咸 | E 羡慕 |

1. 今天的菜很不好吃，因为太（　　）了。
2. 他的表演很精彩，（　　）了很多人过来观看。
3. 今天我感觉一个人很（　　），所以打算去超市逛逛。
4. 玛丽的学习成绩一直很好，同学们都很（　　）她。
5. 很多中国人认为早睡早起是一个好（　　）。

| A 小吃 | B 相反 | C 温度 | D 文化 | E 无论 |

6. 她对中国的（　　）很感兴趣。
7. 我喜欢安静，而姐姐跟我正好（　　），她喜欢唱歌、跳舞、交朋友。
8. 我喜欢春天，因为春天的（　　）让人比较舒服。
9. 那家饭馆里有很多当地有名的（　　）。
10. 爸爸对我的要求很高，（　　）什么事都要让我做到最好。

| A 污染 | B 希望 | C 相信 | D 喜欢 | E 小心 |

11. 你要对自己有信心，要（　　）自己不会比别人差。
12. 我们应该保护我们的地球，因为环境（　　）越来越严重了。
13. 每到周末我都（　　）去超市买些好吃的。
14. 今天天气不好，路上开车要（　　）。
15. 我（　　）能通过 HSK 考试，这样就能在中国继续上大学了。

| A 洗手间 | B 小说 | C 误会 | D 效果 | E 相同 |

16. A：小王，你的女朋友真漂亮！
    B：你别（　　），我们只是普通朋友，不是男女朋友。
17. A：马克为什么会成为你的好朋友呢？
    B：因为我和马克有很多（　　）的兴趣爱好。
18. A：你吃这种药（　　）怎么样？

B：不太好，都吃一个星期了，感冒还没好。

19. A：请问（　　）怎么走？

B：出门一直往左走就到了。

20. A：你觉得这本（　　）怎么样？

B：它的内容非常感人，看的时候我哭了很多次。

（二）完成句子。

21. 为我们　国际旅行社　旅游计划　一个详细的　做了　＿＿＿＿＿＿＿＿＿＿＿＿

22. 鼻子　看起来　一头大象的　像　那座山　　　　＿＿＿＿＿＿＿＿＿＿＿＿

23. 对减肥　每天坚持喝　有效果　这种茶　特别　　＿＿＿＿＿＿＿＿＿＿＿＿

24. 想　问题　一个　他正在　非常头疼的　让人　　＿＿＿＿＿＿＿＿＿＿＿＿

25. 很容易的事　把洗衣服　一件　洗衣机　变成了　＿＿＿＿＿＿＿＿＿＿＿＿

（三）看图，用词造句。

26. 味道

27. 香

＿＿＿＿＿＿＿＿＿＿＿＿＿＿＿　　　＿＿＿＿＿＿＿＿＿＿＿＿＿＿＿

28. 洗澡

29. 笑话

＿＿＿＿＿＿＿＿＿＿＿＿＿＿＿　　　＿＿＿＿＿＿＿＿＿＿＿＿＿＿＿

30. 消息　＿＿＿＿＿＿＿＿＿＿＿＿＿＿＿

第17天

 学习重点

本部分共有一级词汇7个，二级词汇10个，三级词汇9个，四级词汇34个。

需要注意的语言点主要有：① 既可做动词，也可做名词的词，如：需要、要求；②"要"的意思和用法；③"也、也许、一定"的意思；④ 结构"要是……，就……"；"一……，就……"。

961. 写① xiě　动. to write

（例）他拿了一张纸，开始写起信来。He got a piece of paper and began to write a letter.

（补充）听（865）、说（815）、读（197）

962. 谢谢① xièxie　动. to thank

（例）约翰，谢谢你的帮忙。Thanks for your help, John.

（辨析）谢谢 vs. 感谢（266），见"感谢（266）"。

963. 心情④ xīnqíng　名. mood

（例）女人的心情就像天气，变得很快。A woman's mood is like the weather, which changes very fast.

（题）请选出正确答案：科学研究证明，颜色会影响人的心情，不同的颜色会给人带来不同的感情变化。红色会让人变得热情，使人兴奋；黄色和白色让人觉得心情愉快，给人带来快乐；黑色却容易让人感到伤心难过。

这段话主要谈颜色：　　　　　　　　　　　　　　　　　（H41003-85）

A 的区别　　　B 的故事　　　C 对眼睛的好处　　　D 与心情的关系

问题"主要谈……"，指的是这段话的主题句，而主题句常常是第一句；一段话中"证明"后常是结论，"证明"后的内容要注意，得出答案为 D。

964. 辛苦④ xīnkǔ　形. hard; laborious

（例）父母辛苦工作，是为了孩子能过上更好的生活。Parents work hard so that their children will have a better life.

（题）选词填空：A：那个房间又脏又乱，星期六我去打扫、整理了一下。

　　　　　　　B：原来是你啊，（　　）了，谢谢你。　　　　（H41001-52）

A 工具　　B 收　　C 温度　　D 到底　　E 辛苦　　F 抱歉

"了"的前面常常是动词或者形容词，"辛苦"是形容词，根据 A 说"又脏又乱"、"打扫、整理了一下"，B 说"谢谢你"，得出答案为 E。

965. 新② xīn 形. new

例 爸爸妈妈，这是我的新朋友，亨利。Dad, Mom, this is Henry, my new friend.

例 先生送给我一件新衣服作为生日礼物。My husband sent me a new coat as birthday gift.

反义 旧（470）、老（533）

966. 新闻③ xīnwén 名. news

例 我的专业是新闻，我希望将来能成为一名记者。My major is journalism. I hope to be a journalist in the future.

例 不管有多忙，他每晚都看体育新闻。No matter how busy he is, he watches the sports news every evening.

967. 新鲜③ xīnxiān 形. fresh

例 新鲜空气对健康有好处。Fresh air is good for your health.

例 刚来中国时，我觉得一切都是那么新鲜。When I just arrived in China, I felt that everything is so fresh.

题 请选出正确答案："熟悉的地方没有风景"是说对自己越熟悉的东西，往往越没有新鲜感，也就很难发现它的美丽之处。所以生活中不缺少美，缺少发现美的眼睛。

对熟悉的东西，我们往往：　　　　　　　　　　　　　　（H41005-79）

A 很有感情　　　B 无法判断　　　C 会有些怀疑　　　D 缺少新鲜感

根据"对自己越熟悉的东西，往往越没有新鲜感"，得出答案为 D。

968. 信封④ xìnfēng 名. envelope

例 他打开信封，看见里面有一封信。He opened the envelope, and saw a letter inside.

补充 信（letter），一封信（one letter）

969. 信息④ xìnxī 名. message; information

例 我得到更多的信息以后给你打电话。I'll call you when I get more information.

例 如果你需要帮助，可以给我发信息。You can send me messages if you need help.

970. 信心④ xìnxīn 　名. confidence; faith

例 不管遇到任何困难，你都要对自己有信心。No matter what difficulties you meet, you must have faith in yourself.

题 **请选出正确答案**：小组讨论教学，不仅让学生学到了知识，更重要的是提供了一种愉快的学习环境。学生只有在这样的环境下，才敢想、敢说、敢做、敢怀疑。

小组讨论教学使学生：　　　　　　　　　　　　(H41004-70)

A 更诚实　　　　 B 更有信心　　　 C 不重视知识　　　 D 学会主动放弃

💡 根据"学到了知识"和"愉快的学习环境"，可以知道 C 和 D 不对；A 文中没有提到；再根据"敢想、敢说、敢做、敢怀疑"，得出答案为 B。

971. 信用卡③ xìnyòngkǎ 　名. credit card

例 您用信用卡还是现金？Would you use credit card or cash？

题 **看图，用词造句。**

(H41005-98)

信用卡

💡 "信用卡"是名词，可以做主语（S）或者宾语（O），"能"是助动词，"用"是动词，根据"助动词＋动词"组成"能用"，再根据"S+V+O"，得出参考答案：那家商场能用信用卡吗？她用信用卡买了很多衣服。

补充 × 卡：学生卡、公交卡、洗衣卡、电话卡、银行卡、饭卡、房卡

972. 兴奋④ xīngfèn 　形. excited; exciting

例 孩子出生是一件让人兴奋的事情。The birth of a new baby is an exciting event.

题 完成句子：哥哥　　睡不着觉　　得　　兴奋　　　　(H41005-93)

💡 "兴奋"是形容词，根据"形容词＋得＋怎么样"，组成"兴奋得睡不着觉"；在句子最前面加上主语"哥哥"，得出答案：哥哥兴奋得睡不着觉。

🐦 辨析　兴奋 vs. 激动 (385)

"兴奋"是因为什么原因使人高兴、激动、不能平静，"兴奋"重点指高兴；"激动"是心里、感情因为 (1044) 什么原因 (1086) 不能平静 (calm down)，"激动"可以是高兴，也可以是太伤心或者是有多种心情。

973. 星期① xīngqī　名. week

例 我来中国两个星期了，已经很适应了。I've been in China for 2 weeks and I'm used to the life here.

题 请选出正确答案：各位观众，大家晚上好。欢迎大家在星期六晚上，准时收看我们的《人与自然》节目。

今天星期几？　　　　　　　　　　　　　(H41003-38)

A 星期三　　　　B 星期四　　　　C 星期五　　　　D 星期六

💡 从"欢迎大家在星期六晚上……"，得出答案为 D。

974. 行④ xíng　形. be all right; OK

例 我们明天上午 9 点见行吗？Would it be all right that we meet at 9 a.m. tomorrow?

行，没问题。　　　　　　OK, no problem.

975. 行李箱③ xínglǐxiāng　suitcase

例 那个蓝色的行李箱有些旧了。That blue suitcase is a bit old.

补充 箱子、盒子 (344)、桶

976. 醒④ xǐng　动. to be awake; to wake

例 妹妹弹钢琴的声音把爷爷吵醒了。My younger sister's playing the piano woke up grandpa.

题 看图，用词造句。

（样卷-99）

醒

💡 "醒"是动词，根据"S+V（+O）"得出"她没醒"，"醒"还可以表示动词"睡"的结果，组成"她没睡醒"，得出参考答案：她还没睡醒吗？七点她还没睡醒呢。

X

补充 × 醒：吵醒、叫醒、推醒；醒过来、睡过去

977. 幸福④ xìngfú　　名. happiness　形. happy

例 钱能买到很多东西，却买不到真正的幸福。Money can buy many things but can't buy real happiness.

例 王子和公主结婚了，从此过着幸福的生活。The prince and princess got married, and led a happy life ever after.

978. 性别④ xìngbié　　名. gender

例 请在这张表格里填上你的姓名、年龄和性别。Please fill in the form with your name, age and gender.

补充 填表格时常需要填写：姓名、性别、年龄（636）、职业（1139）、专业（1167）、地址（178）、电子邮箱、兴趣（interest）、爱好（5）等。

979. 性格④ xìnggé　　名. character; personality

例 她的性格很好，从不发脾气。She is very gentle and never loses her temper.

题 请选出正确答案：研究证明，女孩子们对衣服颜色的选择往往与她们的性格有关。喜欢穿白色衣服的女孩子们性格比较阳光，生活态度积极向上是她们的共同特点；而喜欢红色衣服的女孩子们性格比较浪漫，在爱情上也比较主动。

这段话主要讲了颜色和什么的关系？　　　　　　　　　　　　　（H41001-83）

A 理想　　　　B 能力　　　　C 性格　　　　D 性别

💡 主题句常常是第一句，"证明"后内容都比较重要（1157），常是考点（key point），得出答案为 C。

补充 表示性格的词语，见"活泼（373）"。

980. 姓② xìng 名. surname; family name 动.（one's surname）to be...

例 中国人先说姓再说名。In China, we put our surname before our given name.

例 我姓王。My surname is Wang.

981. 熊猫③ xióngmāo 名. panda

例 我们政府正在努力地保护熊猫。Our government is working hard to protect pandas.

补充 其他表示动物的词语，见"动物（194）"。

982. 休息② xiūxi 动. to have a rest; to rest

例 我们先休息五分钟，再继续上课。Let's rest for five minutes, and then continue with the class.

983. 修理④ xiūlǐ 动. to repair; to mend

例 我的电脑坏了，你能帮我修理一下吗？ There is something wrong with my computer. Could you help me repair it?

984. 需要③ xūyào 动. to need; to want; to require 名. need

例 我们需要五天时间来完成这个任务。We need five days to finish this task.

例 多送些牛奶，要满足大家的需要。Please send more milk to meet everyone's need.

题 完成句子：合格的警察　　最需要的　　一个　　是责任感　　（H41001-93）

💡 由"数量词＋名词"，组成"一个合格的警察"，加上"的"字短语"最需要的"，组成一个更大的"的"字短语，做句子的主语（S）。动词"是"的一般用法为"S＋是＋O"，得出答案：一个合格的警察最需要的是责任感。

985. 许多④ xǔduō 形. many; much; a lot of; numerous

例 许多人都不理解他为什么这样做。Many people don't understand why he did so.

补充 常用于书面语，可以说"许许多多"、"许多许多"。

986. 选择③ xuǎnzé　动. to choose; to select

例 既然选择了，就要坚持下去。Since we chose it, we must stick to it.

题 请选出正确答案：昨天的放弃决定了今天的选择，今天的选择决定了明天的生活。只有懂得放弃和学会选择的人，才能赢得精彩的生活。

这段话告诉我们，学会放弃：　　　　　　　　　　　　（H41005-70）

A 值得原谅　　　B 是个缺点　　　C 能减少竞争　　　D 会有更多选择

根据"只有……，才……"结构，得出答案为 D。

987. 学期④ xuéqī　名. semester; term

例 这学期结束时你就要毕业了吗？ Will you graduate by the end of this semester?

988. 学生① xuéshēng　名. student; pupil

例 一个学生的主要任务是学习。A student's main task is studying.

补充 小学生、中学生、大学生；学习（989）、学校（990）、老师、教授（429）、校长（956）

989. 学习① xuéxí　动. to study; to learn

例 我们在同济大学学习。We study in Tongji University.

题 请选出正确答案：当地少数民族朋友不仅主动邀请我们去他们家做客，还教我们骑马、唱民歌，那儿的人可爱极了。

我们在当地：　　　　　　　　　　　　　　　　　　（H41003-75）

A 学习骑马　　　B 偶尔去散步　　　C 邀请朋友做客　　　D 参加跳舞比赛

"不仅……，还……"结构中，"还"句后的内容常是考点，根据"还教我们骑马、唱民歌"，得出答案为 A。

990. 学校① xuéxiào　名. school

例 学校的游泳池将对校外开放。The school's swimming pools will be open to the public.

补充 教室、教学楼、图书馆、食堂、宿舍、操场（playground）、办公室

991. 雪② xuě 名. snow

例 尽管已经到了春天，但还是下了一场很大的雪。Though it was spring, there was a very heavy snowfall.

补充 其他表示天气的词语，见"晴（701）"。

992. 压力④ yālì 名. pressure

例 上一份工作让我学会了怎样在压力下把工作做好。My last job taught me how to work well under pressure.

题 判断对错：他说，因为压力太大，他想过放弃这次比赛，是母亲一直鼓励他，让他重获信心，并最终赢得了比赛。

那场比赛他输了。（　　）　　　　　　　　　　　　　（样卷-1）

💡 题目中虽然提到了"压力太大"，但是"母亲一直鼓励他"，所以他"最终赢得了比赛"，可知那场比赛他没输，得出答案为（×）。

993. 牙膏④ yágāo 名. toothpaste

例 这是你的牙刷和牙膏，刷牙的时候要注意水温。Here are your toothbrush and toothpaste. When brushing your teeth, you should pay attention to the water temperature.

994. 亚洲④ Yàzhōu 名. Asia

例 你去过亚洲的其他国家吗？ Have you ever been to other countries in Asia?

补充 世界上除了海洋以外，还有七大洲：亚洲、欧洲（Europe）、非洲（Africa）、北美洲（North America）、南美洲（South America）、大洋洲（Oceania）、南极洲（Antarctica）。

995. 呀④ ya 助. ah; oh

例 呀，多么可爱的小猫！ Ah, what a lovely little cat!

996. 严格④ yángé　形. strict; rigorous; rigid

例 在学习上老师对我们要求很严格。Our teacher is very strict with us in our studies.

题 选词填空：A：真让人受不了！一个简单的动作让我们练二三十遍。
B：老师对你们（　　）些好，可以让你们打好基础。（H41004-54）
A 严格　　B 后悔　　C 温度　　D 直接　　E 重点　　F 提醒

根据 A "一个简单的动作让我们练二三十遍" 和 B "老师"，可以知道老师让我们练习很多遍，当然很 "严格"，得出答案为 A。

辨析 严格 vs. 严重（997），见 "严重（997）"。

997. 严重④ yánzhòng　形. serious; acute

例 中国西部一些地区严重缺水。There is a severe shortage of water in some areas in western China.

题 选词填空：A：我的感冒更（　　）了，我想明天请一天假。（H41005-55）
B：没问题。你最好去医院看一下，吃点儿药也许就好了。
A 主动　　B 重新　　C 温度　　D 来不及　　E 严重　　F 大概

"更" 是副词，后边常常加形容词，"严重" 是形容词；再由 "我想明天请一天假"，知道感冒应该还没好，而且更严重了，得出答案为 E。

辨析 严重 vs. 严格（996）
"严重" 是指不好的事情程度深、影响（1053）大或情况急；"严格" 是自己或别人在遵守（comply with）制度（system）或标准时认真、不马虎。

998. 研究④ yánjiū　动. to study; to research 名. study; research

例 他打算研究中国历史。He intends to study Chinese history.
例 我做英国文化方面的研究。I do research on English culture.

999. 盐④ yán　名. salt

例 吃太多盐对你身体不好。Eating too much salt is bad for your health.

题 请选出正 女：我今天做的酸菜鱼怎么样？你尝了吗？
确答案： 男：还可以，鱼肉很鲜，如果汤里再加一点儿盐就更好了。
问：男的觉得鱼怎么样？ (H41004-20)
A 比较咸　　　　B 太辣了　　　　C 不太新鲜　　　　D 盐放少了

💡 根据男的说"再加一点儿盐就更好了"，可以知道"盐少了点儿"，得出答案为D。

补充 糖（843）—甜（860）、盐—咸（933）

1000. 颜色② yánsè　　名. color

例 今年夏天最流行的颜色是粉红色。The most popular color in this summer is pink.
补充 表示颜色的词语，见"黑（345）"。

1001. 眼睛② yǎnjing　　名. eye

例 她有一双蓝色的大眼睛和一头金色长发。She has big blue eyes and long blond hair.
补充 其他表示人体头部名称的词语，见"鼻子（44）"。

1002. 眼镜④ yǎnjìng　　名. glasses

例 那个戴眼镜的是王老师。The person who wears glasses is Mr. Wang.

1003. 演出④ yǎnchū　　动. to perform; to show

例 演出真是太精彩了！The performance is really wonderful!

题 判断对错：老王，我今晚要加班，这张票浪费了就可惜了。你去看吧，听说这次演出邀请了许多著名的演员，很精彩的。
他想给老王一张演出票。　　（　　　）　　　　　　　(H41001-8)

💡 根据"我今晚要加班，这张票浪费了就可惜了。你去看吧……"得出答案为（√）。

1004. 演员④ yǎnyuán　　名. actor; actress; performer

例 观众鼓掌感谢演员们的表演。The audience applauded for the actors' performance.

补充 x 员：见"服务员（247）"；观众（308）

1005. 羊肉② yángròu 名. mutton

例 羊肉在许多国家都是很受欢迎的。Mutton is very popular in many countries.

补充 x 肉：牛肉、猪肉、鸡肉、鱼肉

Y

1006. 阳光④ yángguāng 名. sunshine

例 没有阳光，一些植物不能生长。Some plants can't grow without sunshine.

题 请选出正确答案：阳光能给我们带来好的心情。当你心情不好的时候，如果天也在下雨，你的脾气很容易变得更坏。相反，如果天气很好，有阳光，你就容易看到事情好的方面，心情也就会变得好起来。

这段话主要谈什么？　　　　　　　　　　　　　　　　　　　（H41003-41）

A 环境污染　　　　B 天气情况　　　　C 身体健康　　　　D 阳光影响心情

💡 主题句常常是第一句。根据"阳光能给我们带来好的心情"，得出答案为 D。

补充 x 光：月光、灯光

1007. 养成④ yǎngchéng 动. to develop; to fall into (the habit of)

例 她养成了读书时做笔记的好习惯。She has developed a good habit of making notes while reading books.

例 他养成了周日喝茶的习惯。He has fallen into the habit of drinking tea on Sundays.

题 排列顺序：A 因此养成一个好习惯需要坚持

　　　　　　　B 习惯不是一天之内养成的

　　　　　　　C 而改掉一个坏习惯也需要坚持　　　　　　　　（H41005-56）

💡 由连词"因此"和"而"知道 A、C 都不是第一句，B 是第一句；再根据 A 中"需要"和 C 中"也需要"知道先 A 后 C，得出答案为 BAC。

1008. 样子④ yàngzi　名. appearance

例 她戴上新眼镜，样子都变了。She looks different with her new glasses.

例 王教授打网球的样子很帅。Professor Wang looks very handsome when playing tennis.

题 **请选出正确答案**：您看这个沙发怎么样？我们年底有活动，正在打折，比平时便宜了 1000 块。不过您放心，质量肯定不"打折"，这种沙发是今年最流行的，有很多种颜色可以选择，您可以考虑一下。

这种沙发：　　　　　　　　　　　　　　　　　　　(H41002-69)

A 不打折　　　　B 特别软　　　　C 样子很流行　　　　D 质量不合格

由"正在打折"得知 A 不对；由"质量肯定不'打折'"得知 D 也不对；再根据"这种沙发是今年最流行的"，得出答案为 C。

补充 口语里常说"看样子"，有"看起来、看上去"的意思。

1009. 要求③ yāoqiú　动. to ask; to request　名. requirement

例 他向老板要求增加工资，老板拒绝了他的要求。He requested his boss for a pay rise. The boss refused his request.

题 **请选出正确答案**：　男：这件事让小刘负责怎么样？

女：我觉得挺合适的，他就是学这个专业的，做事情也很仔细。

问：女的觉得小刘怎么样？　　　　　　(H41004-13)

A 长得很帅　　　B 需要鼓励　　　C 不太成熟　　　D 符合要求

由女的说"我觉得挺合适的"、"做事情也很仔细"，得出答案为 D。

1010. 邀请④ yāoqǐng　动. to invite

例 他邀请我去参加他的生日晚会。He invited me to attend his birthday party.

例 非常感谢你的邀请。Thank you very much for your invitation.

题 判断对错：舞会上最好不要直接拒绝别人的邀请，如果不得不拒绝，可以告诉他："我有些累了，想休息一下。"之后也不要很快又接受其他人的邀请。

不要直接拒绝邀请。　　（　　）　　　　　　　　　　　　　　（H41004-8）

💡 由文中"最好不要直接拒绝别人的邀请"，得出答案为（√）。

1011. 药② yào　名. medicine; drug

例 吃了这药，感冒很快就会好的。You will recover from your cold soon after taking this medicine.

补充 x 药：中药、西药、中成药、汤药

1012. 要② yào　动. to need; should; will

例 如果想要这份工作，你就去申请吧。If you want the job, you should go to apply for it.

例 明天肯定要下雨，是吗？It must be going to rain tomorrow, won't it?

🐦 辨析　要 vs. 想（944）

"要"做动词时，①表示非常想做某事，如：我要学游泳。②表示应该或必须，如：水果要洗干净再吃；不要浪费水电（"不要"有"禁止"的意思）。③表示可能，如：看样子要下雨了。④表示将要，如：他快要毕业了。"想"做动词时，①表示考虑，如：他想了一会儿才回答。②表示估计，如：我想他一定会来的。③表示希望或者打算，如：他很想去旅游。④表示想念（miss），如：我很想家。"要"还可以用"要/就要/快要……了"结构，用法见"快（516）"。

1013. 要是④ yàoshi　连. if; in case

例 你要是真喜欢她，就应该告诉她。If you really like her, you should tell her.

例 要是他去，（那么）我就不去了。I won't go if he goes.

补充 常用结构"要是/如果（733）……，就……"，表示"if……"、"……, so……"的意思。

题 排列顺序：A 要是去了西安而没有去那儿尝尝小吃

　　　　　　B 那条小吃街在西安很有名，很多人都说

　　　　　　C 就不能说自己到过西安　　　　　　　　　　　（H41328-63）

💡 根据"要是……，就……"得出先 A 后 C；A 句"去那儿"说的是 B 句中的"那条小吃街"，所以 B 在 A 前，而且 B 是主题句，应是第一句，得出答案为 BAC。

1014. 钥匙④ yàoshi 名. key

例 我今天又忘带钥匙了。Today I forgot to take the key again.

题 **请选出正确答案**：晚上，我刚刚躺下，就响起了敲门声。一猜就知道是和我一起租房的那个人又没带钥匙。他好像特别马虎，虽然每次都红着脸向我说抱歉、打扰了，可过不了几天，就又能听到他的敲门声了。

敲门的那个人怎么了？ (H41002-73)

A 生病了　　　B 走错门了　　　C 工作太忙　　　D 忘拿钥匙了

💡 根据"和我一起租房的那个人又没带钥匙"，得出答案为 D。

1015. 爷爷③ yéye 名. grandpa; grandfather

例 爷爷虽然已经去世很久了，但我还是很想他。Though grandpa has passed away for a long time, I still miss him very much.

补充 其他表示家庭成员的词语，见"爸爸（14）"。

1016. 也② yě 副. also; too; either; as well

例 他喜欢踢足球，我也喜欢。He likes playing football, and so do I.

🐦 **辨析** 也 vs. 还（324）

"也"表示相同，如：你去，我也去。可以用"即使……，也……"结构。"还"表示补充（supplement），如：我去过北京，还去过杭州。可以用"不仅/不但……，还……"结构。

1017. 也许④ yěxǔ 副. maybe

例 您要去哪里？也许我可以帮您。Where are you going? Maybe I can help you.

题 完成句子：举行　这次电影艺术节　在北京　也许　会　（H41002-91）

💡"举行"是 V，"在"是介词，根据"[在 +O]+V"组成"在北京举行"，句子最前面加上 S，组成"这次电影艺术节在北京举行"，"也许"是语气副词，可在 S 前或 S 后，得出答案：这次电影艺术节也许会在北京举行。/ 也许这次电影艺术节会在北京举行。

🐦**辨析** 也许 vs. 大概（143）vs. 可能（497）vs. 肯定（506），见"大概（143）"。

1018. 叶子④ yèzi　名. leaf

例 冬天来了，最后一片叶子也掉下来了。When winter is coming, the last leaf has fallen down.

补充 树叶、茶叶、花、草、树

1019. 页④ yè　量. page

例 请把书翻到第 168 页。Please open your book and turn to page 168.

1020. 一① yī　数. one; whole; once

例 为您丈夫买一件吧，夫人。Buy one for your husband, Madam.

例 妈妈做了一桌子菜。Mom cooked many dishes that were placed all over the table.

例 一上课我就想睡觉。I feel sleepy as soon as the class starts.

补充 常用结构"一……，就……"，表示"as soon as"的意思。

🖌 自 测

一 选词填空。

A 辛苦	B 要是	C 性别	D 幸福	E 压力

1. 为了给我提供一个好的学习环境，妈妈每天都很（　　）地工作。

2. 你最近怎么不太高兴呢，是不是工作（　　）太大了？

3. 在有些地方，很多人认为小孩儿的（　　）很重要，他们更喜欢男孩儿。

4. 他们结婚后生活很（　　），很多人都羡慕他们。

5. （　　）明天下雨，我们就不去爬山了。

A 牙膏	B 严格	C 颜色	D 邀请	E 要求

6. 这家店的服务实在是太好了，所以我也不好意思再提别的（　　）了。

7. 明天是我的生日，所以我打算（　　）朋友到我家来庆祝一下。

8. 我今天早上刷牙的时候，才发现（　　）没有了。

9. 老师对我们要求很（　　），每天都留很多作业。

10. 这件衣服的（　　）挺好看的，请问你在哪儿买的？

A 新闻	B 研究	C 休息	D 也	E 也许

11. 他们两个，男的长得很帅，女的（　　）很漂亮，在一起很合适。

12. 她的知识很丰富，因为有空的时候她经常上网看（　　）。

13. 有大学做过一个（　　），选择太多不一定好？

14. 这周的工作实在太忙了，我真的需要好好（　　）一下了。

15. 谁都不知道他什么时候回来，（　　）明天就回来了，也可能再也不回来了。

A 需要	B 学校	C 性格	D 衣服	E 严重

16. A：你喜欢什么样的女孩儿呢？

B：我喜欢（　　）活泼的女孩儿，不喜欢不爱说话的。

17. A：玛丽得了什么病，为什么要住院治疗呢？

B：她得了很（　　）的感冒。

18. A：你通过这次考试了吗？

B：没有，我还（　　）继续努力。

19. A：你在哪个（　　）读书呢？

B：我在同济大学读书。

20. A：中国北方的冬天很冷，你一定要多穿些（　　）。

B：好的，妈妈，我会的。

二 完成句子。

21. 感兴趣 比较 罗兰 最近 亚洲文化 对 ＿＿＿＿＿＿＿

22. 有信心 自己 一定要 对 我们 ＿＿＿＿＿＿＿

23. 学习汉语 选择 在同济大学 不错的 是一个 ＿＿＿＿＿＿＿

24. 希望 养成 老师 上课从不迟到的 好习惯 同学们 ＿＿＿＿＿＿＿

25. 购物 越来越多的人 喜欢 信用卡 使用 ＿＿＿＿＿＿＿

三 看图，用词造句。

26. 心情

_____

27. 兴奋

_____

28. 醒

_____

29. 演出

_____

30. 页

_____

第18天

 **学习重点**

本部分共有一级词汇6个，二级词汇9个，三级词汇17个，四级词汇28个。

需要注意的语言点主要有：① "一会儿"等时量补语的用法；② 结构"一边……，一边……"；③ 介词"以、由"的意思和用法；④ 连词"因此、因为……所以……、由于、于是、与"的意思；⑤ "以为、意思、应该"的意思；⑥ "一切、用、印象、友好"的用法。

1021. 一般③ yìbān 形. usual; general; ordinary

例 她并不是歌星，只是一般歌手。 She is not a pop star but an ordinary singer.

例 你一般几点起床呢？ What time do you usually get up?

1022. 一边③ yìbiān 副. at the same time; while

例 我经常一边听音乐，一边跑步。 I often listen to music while running.

Y

1023. 一点儿① yìdiǎnr 数量. a little; a bit; some

例 我想喝（一）点儿水。 I want to drink some water.

例 葡萄有（一）点儿贵。 The grape is a little expensive.

例 抽烟对身体一点儿好处也没有。 Smoking has nothing good to your health.

辨析 一点儿 vs. 有（一）点儿

动词＋（一）点儿＋名词，"一点儿"做定语（attribute）；形容词＋（一）点儿，表示比较，希望主语有形容词表达的性质（nature）和状态（status）；有（一）点儿＋形容词，常常表达不满意、不喜欢的事情。

1024. 一定③ yídìng 副. surely; definitely 形. certain

例 今天的课很重要，所以你一定要来上课。 Today's lesson is very important, so you must come to the class.

例 她对中国文化有一定的了解。 She has had certain knowledge on Chinese culture.

辨析 一定 vs. 肯定（506），见"肯定（506）"。

1025. 一共③ yígòng 副. altogether; in all

例 我们班一共三十人。 There are altogether thirty students in our class.

1026. 一会儿③ yíhuìr a little while

例 我们先休息一会儿吧。 Let's have a rest for a little while first.

辨析 一会儿 vs. 一下儿

"一会儿"是时间的量，表示时间的量短，如：等一会儿、看一会儿；"一下儿"是动作的量，表示动作的量小，如：用一下儿、打一下儿。

补充 汉语里常用补语有：

①结果补语：动＋好／成／完／到

②趋向补语：动＋来／去／上来／上去／下来／下去／进来／进去／出来／出去／回来／回去／过来／过去／起来

③时量补语：动＋时量词／动量词，如：休息了三天、读了两遍

④状态补语：动＋得＋形，如：跳得很好、跑得非常快、睡得特别香

⑤程度补语：动／形＋副，如：累极了、饿死了、高兴坏了

⑥可能补语：动＋得／不＋结果／趋向／状态补语，如：看得／不清楚、站得／不起来，写得／不好

1027. 一起② yìqǐ　副. together; in company with　名. same place

例 我是和丈夫一起去伦敦的。I went to London in company with my husband.

例 我不跟父母住在一起。I don't live with my parents.

1028. 一切④ yíqiè　代. everything; all; every

例 谢谢你为我们所做的一切。Thanks for everything you did for us.

例 我们利用一切机会学习新东西。We make use of every opportunity to learn new things.

辨析 一切 vs. 全部（710）vs. 所有（831），见"所有（831）"。

1029. 一下② yíxià　数量.（used after a verb as its complement, indicating an act or an attempt）one time; once; in a short while

例 请等一下，我马上就回来。 Please wait a moment, I'll be right back.

例 我可以看一下吗？ May I have a look please？

补充 常用结构"动词＋一下"

1030. 一样③ yíyàng　形. same; as... as...

例 很多人的想法都跟你一样。Many people have the same opinions as yours.

题 判断对错：虽然她俩是姐妹，性格却很不一样。姐姐非常安静，极少说话，妹妹正好相反，最喜欢和人聊天。

姐妹俩性格差不多。　　　（　　）　　　　　　　　　　　　(H41001-7)

💡 根据"虽然她俩是姐妹，性格却很不一样"，得出答案为（×）。

Y

1031. 一直③ yìzhí 　副. straight; all the time

例 一直往前走，在第二个十字路口往左拐。Go straight ahead and turn left at the second crossing.

例 玛丽今天呆在家里，因为她感冒了，还一直咳嗽。Mary stays at home today because she has got a cold and coughs all the time.

🐦 辨析 一直 vs. 总是（1181）

"一直"是指顺着一个方向不变，也可以指动作不停止或情况不改变；"总是"表示情况不改变或不断（constantly）出现，有必然性和稳定性（stability）。

1032. 衣服① yīfu 　名. clothes

例 女人把大部分钱都花在买衣服上。Women spend most of their money on buying clothes.

补充 表示衣服的词语，见"衬衫（96）"。

1033. 医生① yīshēng 　名. doctor

例 一个医生能给他病人的最好礼物是什么？What is the best gift a doctor can give to his patient?

例 我感冒了，需要去看医生。I've got a cold and need to see a doctor.

补充 其他表示职业的词语，见"大夫（147）"。

🐦 辨析 医生 vs. 大夫（147），见"大夫（147）"。

1034. 医院① yīyuàn 　名. hospital

例 在医院工作是很辛苦的。Working in the hospital is hard.

补充 公司（289）、学校（990）、邮局（post office）、银行（1047）、商店（741）、超市（95）；x院：电影院、学院（college）

1035. 已经② yǐjīng 　副. already

例 我们已经适应了上海的生活。We have already adapted to the life in Shanghai.

1036. 以④ yǐ 介. with; by

例 他以高分通过了 HSK 六级考试。He passed HSK-6 exam with high scores.

题 **完成句子**：北京语音　标准音　普通话　以　为　　（H41004-92）

💡 "以"是"用"的意思，"为"是"当作"的意思，"以 A 为 B"的意思是"把 A 当作 B"或者"认为 A 是 B"，"普通话"是主语，我们知道，普通话是用北京语音作为标准音的，可以得出答案：普通话以北京语音为标准音。

补充 除了上面的用法，"以"还有以下用法：①表示方式，有"按照、根据"的意思，如：以高标准来要求自己。②表示原因，有"因为、由于"的意思，如：那个地方以产红茶而闻名（famous）。③表示目的，用在两个动词短语中间，如：不乱扔垃圾以保护环境。④"以＋上／下／前／后／内／外"，表示时间、数量等的范围，如：一亿元以上、五十人以下、春节以前、考试以后……

1037. 以前③ yǐqián 名. before; previously

例 两个月以前，女朋友和我分手了。Two months ago, my girlfriend and I broke up.

🐦 辨析 以前 vs. 前

"以前"可以单用，如：以前我们并不认识。更常见的用法是"……以前"，表示比现在或某一时间早的时间。"以前"只表示时间，"前"既可以表时间也可以表地方，如：十天前；教室前。

1038. 以为④ yǐwéi 动. to think

例 你没有回国呀，我以为你回国了呢。I thought you returned to your country, but you didn't go back.

🐦 辨析 以为 vs. 觉得（480）vs. 认为（724），见"认为（724）"。

1039. 椅子① yǐzi 名. chair

例 老师给了我们三把椅子。The teacher gave us three chairs.

补充 桌子（1173）、座位（1199）、沙发（739）

1040. 艺术④ yìshù 名. art

例 京剧是中国的传统艺术。Peking opera is a traditional art of China.

1041. 意见④ yìjiàn 名. opinion; view; dissatisfaction

例 我请求你考虑一下我的意见。I request you to consider my suggestion.

例 我们最好安排一个机会交换交换意见。We'd better arrange an opportunity to exchange our views.

例 学生们对新老师意见很大。Students are very dissatisfied with the new teacher.

辨析 意见 vs. 看法（487），见"看法（487）"。

1042. 意思② yìsi 名. meaning

例 这个单词是什么意思？What's the meaning of this word？

补充 有意思（interesting），如：上海是一个很有意思的城市。

1043. 因此④ yīncǐ 连. therefore; hence; so; as a result

例 电脑便宜些了，因此更多的人买得起了。Computers are cheaper and hence more people can afford them.

题 排列顺序：A 放弃并不代表认输，而是代表新的开始

B 因此，为了获得更多

C 需要主动丢掉一些不重要的东西 　　　　　　(H41003-62)

💡 A 是主题句，是第一句；"因此"常是后句，汉语中常用"为了……，……"，也就是说"为了"后应还有后句，所以 B 应在中间。"为了获得更多"，应该或需要怎么做呢？可知 C 应在 B 后，得出答案为 ABC。

辨析 因此 vs. 所以（1044）vs. 于是 (1074)

"因此"表示根据前面说的原因（1086），得出后面的结果或结论（conclusion），前边可以是表示原因的句子或是一个情况的出现，后边是表示结果的句子，前句常出现"由于（1063）"，组成"由于……，因此……"。"所以"常用在后面表示结果，前面常出现"因为"，组成"因为……，所以……"，有时候也可以是"之所以……，是因为……"。"于是"表示后一事情是由（1062）前一事情引起（1048）的。

1044. 因为……所以……② yīnwèi…suǒyǐ… 连. because...(so/therefore...)

例 因为我可以从书上学到很多东西，所以我喜欢看书。I can learn a lot from books, so I like reading.

题 请选出正确答案：三叶草的叶子一般为三个，但偶尔也会出现 4 个叶子的，这种 4 个叶子的叫"四叶草"，因为很少见，所以有人说，找到这种"四叶草"的人会得到幸福。

"四叶草"： (H41330-69)

A 很香　　　　B 非常矮　　　　C 不常见　　　　D 表示友谊

💡 从"三叶草的叶子一般为三个，但偶尔也会出现 4 个叶子的"，以及"因为很少见，所以……"，得出答案为 C。

🐦 辨析　因为……所以……vs. 由于（1063），见"由于（1063）"。

1045. 阴② yīn　形. cloudy

例 阴天时，人容易心情不好。People tend to feel bad in cloudy days.

补充 其他表示天气的词语，见"晴（701）"。

1046. 音乐③ yīnyuè　名. music

例 有时候听听音乐可以放松我们的心情。Sometimes listening to music can make us relaxed.

题 请选出正确答案：同学们，我们先跟着音乐来练习一下上节课学的几个动作。大家记得跳舞的同时要看着镜子，检查自己的动作是否标准。

说话人希望学生： (样卷-77)

A 加快速度　　　　B 把腿抬高　　　　C 边跳边看镜子　　　　D 严格要求自己

💡 根据"大家记得跳舞的同时要看着镜子"，可知说话人希望学生边跳边看镜子，得出答案为 C。A、B、D 都没有提到。

Y

1047. 银行③ yínháng　名. bank

例 我记得你有两张银行卡啊。I do remember you have two bank cards.

例 哥哥毕业后去了一家银行工作。My elder brother went to work at a bank after he graduated from university.

补充 公司（289）、学校（990）、邮局（post office）

1048. 引起④ yǐnqǐ　动. to cause; to lead to

例 这个问题已经开始引起大家的注意。This problem has begun to arouse the public's attention.

例 饮食习惯不好可能引起健康问题。Bad dietary habits may cause health problems.

题 选词填空：与人之间如果缺少交流，可能就会（　）误会。（H41002-49）
　　A 冷静　　B 地址　　C 引起　　D 坚持　　E 禁止　　F 消息

"引起"是动词，根据"原因＋引起＋结果"，原因是"缺少交流"，结果是引起了"误会"，得出答案为 C。

搭配 引起＋麻烦（580）/ 问题（908）/ 注意（1163）/ 误会（916）

1049. 饮料③ yǐnliào　名. beverage; drink

例 咖啡是全世界最受欢迎的饮料之一。Coffee is one of the most popular drinks all over the world.

补充 咖啡（481）、水（808）、果汁（319）、啤酒（660）、牛奶（640）、可口可乐、奶茶

1050. 印象④ yìnxiàng　名. impression

例 他给我留下了深刻的印象。He left a deep impression on me.

题 判断对错：第一印象是指在第一次见面时给别人留下的印象，第一印象往往是最深的，而且很难改变。
第一印象不容易忘记。　　（　）　　　　　　　　　　　　（H41005-6）
根据"第一印象往往是最深的，而且很难改变"，得出答案为（√）。

1051. 应该③ yīnggāi 动. should; ought to

例 你应该停止抽烟。You should stop smoking.

题 **判断对错**：理想的广告词应该简短，一般六到十二个字比较合适，不应该太长，否则观众不易记住，也就流行不起来。

广告词应该简短。　　　（　　）　　　　　　　　　　(H41002-10)

💡 根据"理想的广告词应该简短"，得出答案为（√）。

补充 "应该"还有"对情况必然性的估计"的意思，如：他是昨天出发的，今天应该到了。口语中有时候用"该"表示推测，如：如果再不回家，妈妈该不高兴了；要是他在这儿，该多好啊。常用结构"该……了（It's time to...）"，如：十二点了，该睡觉了；时间到了，该出发了。

1052. 赢④ yíng 动. to win

例 别担心，下一场比赛我们肯定会赢。Don't worry. We are sure to win the next game.

例 你猜怎么样？我今天赢了一辆新车。Guess what? I won a new car today.

题 **排列顺序**：A 所以这种游戏十分简单

　　　　　　　　B 谁就赢了比赛

　　　　　　　　C 谁在规定的时间内接到的球最多　　　(H41001-60)

💡 根据"谁……，谁就……"，得出 C 在 B 前，根据"……，所以……"，得出答案为 CBA。

补充 输（793）、比赛、比分

1053. 影响③ yǐngxiǎng 名. effect; influence 动. to affect

例 父母的离婚对她的生活产生了很大的影响。Her parents' divorce has a profound effect on her life.

例 现在还不是恋爱的年龄，恋爱会影响学习的。It is not the right time for love and it may affect your studies.

🐦 **辨析** 影响 vs. 效果 (959) vs. 作用 (1195), 见 "作用 (1195)"。

1054. 应聘④ yìngpìn 动. to apply for an advertised post; to accept an offer of employment

例 我们公司打算招聘一名经理, 现在有两个人来应聘。 Our company plans to hire a manager. Now there are two people who apply for this position.

题 **请选出正确答案**: 应聘时, 人们往往会紧张, 这时一定要试着让自己冷静下来。回答问题时, 语速不要太快, 声音也不要太小, 别让紧张的心情影响了自己。

面试时要注意什么?   (H41328-66)

A 要有礼貌   B 别太紧张   C 介绍要详细   D 别打扰别人

💡 从第一句里的 "紧张"、"冷静", 以及最后一句 "别让紧张的心情影响了自己", 得出答案为 B。

补充 招聘 (1114)

1055. 永远④ yǒngyuǎn 副. forever

例 愿所有的妈妈永远健康快乐! I wish all the mothers be healthy and happy forever!

反义 暂时 (1102)

1056. 勇敢④ yǒnggǎn 形. brave

例 父亲从小就教育我要做一个勇敢的男子汉。 My father told me to be a brave man since I was very young.

例 一个男人最需要的是勇敢。 What a man needs most is bravery.

1057. 用③ yòng 动. to use

例 你能告诉我怎么用这台机器吗? Can you show me how to use this machine?

例 教师用电脑来帮助教学。 Teachers use computers to help teaching.

补充 "用" 有 "使用" 的意思; "用" 还可以用于 "用 + 名 + 动" 结构, 如: 用杯子装 (hold) 水; 用衣服包书。"不用 + 动词" 表示不需要做什么事, 如: 你今天晚上不用加班了。

1058. 优点④ yōudiǎn 名. advantage; merit; virtue

例 每个人都有优点和缺点。Every person has his/her advantages and disadvantages.

反义 缺点（711）

1059. 优秀④ yōuxiù 形. outstanding; excellent

例 在某些方面，女人比男人更优秀。Women are superior to men on some aspects.

例 她是一个优秀的游泳运动员。She is an excellent swimmer.

1060. 幽默④ yōumò 形. humorous

例 他们的英语老师在课堂上很幽默。Their English teacher is very humorous in class.

题 请选出正确答案：

男：你为什么不喜欢小王？他不是挺成熟的吗？

女：可是他一点儿也不幽默，约会的时候真无聊。

问：女的喜欢什么样的人？

A 帅的　　　　B 耐心的　　　　C 诚实的　　　　D 幽默的　　　　（H41003-17）

💡 根据女的说"他一点儿也不幽默，约会的时候真无聊"，知道女的喜欢幽默一点儿的男人，得出答案为 D。

补充 其他表示性格的词语，见"活泼（373）"。

1061. 尤其④ yóuqí 副. especially; in particular

例 我喜欢吃水果，尤其是苹果。I like to eat fruits, especially apples.

例 我喜欢这座美丽的城市，尤其喜欢这里的天气。I like this beautiful city, especially the weather here.

辨析 尤其 vs. 特别（848）

"尤其"只能做副词，一般用在句子的后一部分，如"他非常喜欢唱歌，特别是老歌"中的"特别"可以换成"尤其"。"特别"可以做形容词，如：他的名字很特别。也可以做副词，如：今天天气特别热；他非常喜欢唱歌，特别是老歌。

1062. 由④ yóu 介. from; due to

例 交通灯由红色变成了绿色。The traffic lights have been changed from red to green.

例 参观团由上海出发访问了很多地方。The visiting group departed from Shanghai to visit a lot of places.

例 这一切都是由一只猫引起的。It all happened due to a cat.

补充 "由"：①引出动作的施事（agent），如：由……负责 / 管理 / 决定。②表示方式、原因或来源（source），如：发烧由感冒引起。③有 "从" 的意思，如：由北京出发、由南到北、由蓝色变成绿色。

1063. 由于④ yóuyú 介. because of; owing to 连. because

例 由于天气原因，飞机晚点了。The plane delayed because of the weather.

例 由于他非常有幽默感，所以他交了不少朋友。Owing to his sense of humor, he has made many friends.

辨析 由于 vs. 因为（1044）

"由于" 可以是介词，可以是连词，多用于书面语；"因为" 只是连词，可以用于书面语，也可以用于口语。"由于" 可以同 "因此" 连用，"因为" 不能；"因为" 可以用于后一小句，如：我一到家就睡觉了，因为我太累了。"由于" 不能。

1064. 邮局④ yóujú 名. post office

例 今天下午我要去邮局给妈妈寄一个包裹。This afternoon I will go to the post office to send a package to my mother.

补充 见医院（1034）

1065. 游戏③ yóuxì 名. game

例 今天我一点儿也不想玩儿电脑游戏。I don't want to play computer games at all today.

1066. 游泳② yóuyǒng 动（离合）. to swim

例 游泳是一个很好的锻炼方法。Swimming is a good way to keep fit.

补充 其他离合词，见 "跳舞（864）"。

1067. 友好④ yǒuhǎo 形. friendly

例 中国是我们到过的最友好的国家之一。China is one of the friendliest countries that we have ever been.

例 山羊是一种友好的动物，甚至连孩子们都可以照顾它们。The goat is a kind of friendly animal. Even children can take care of them.

1068. 友谊④ yǒuyì 名. friendship

例 友谊是金钱买不到的东西。Friendship is the thing that can't be bought with money.

题 **请选出正确答案**：很多时候，朋友间出现问题时，两个人都会想，如果他先道歉，我就原谅他。但谁都不愿意做那个先说"对不起"的人，于是他们的距离就会越来越远。其实一句简单的"道歉"，也许就能换回一段友谊，减少一些后悔。

和朋友出现问题时，许多人都希望： (样卷-80)

A 得到同情　　　B 朋友先道歉　　　C 先改变自己　　　D 问题不严重

根据第一句"……两个人都会想，如果他先道歉，我就原谅他"，可知和朋友出现问题时，许多人都希望朋友先道歉，得出答案为 B。A、C、D 都没有提到。

1069. 有① yǒu 动. to have; there be

例 桌子上有几本杂志。There are several magazines on the table.

例 如果没有太阳，地球上就不会有生命。Life would not exist on the earth without the sun.

1070. 有名③ yǒumíng 形. famous; well-known

例 你知道日本有一只很有名的猫吗？ There is a famous cat in Japan. Do you know it?

例 中国的玉在世界上是很有名的。China's jade is very famous in the world.

题 **完成句子**：作者　　　很有名　　　小说的　　　那本 (H41001-92)

由"量词+名词"和"的+名词"组成"那本小说的作者"，"很有名"是"副词+形容词"，根据"S+副词+形容词"，得出答案：那本小说的作者很有名。

辨析 有名 vs. 著名（1165）
"有名"常用于口语，"有名"和名词中间必须有"的"，如：有名演员（×），有名的地方（√）。"著名"常用于书面语，"著名"和名词中间可以有"的"，也可以没有"的"，如：著名演员（√），著名的演员（√）。

329

1071. 有趣④ yǒuqù 形. interesting; fascinating

例 我觉得这本书非常有趣。I find this book very interesting.

题 排列顺序：A 从他嘴里说出来也会变得十分有趣

B 他是一个幽默的人

C 即使是很普通的经历 （H41004-64）

B 中有主语"他"，知道 B 是第一句，根据"即使……也……"，可以知道先 C 后 A，得出答案为 BCA。

补充 "有趣"口语里常说"有意思"。

反义 无聊（913）

1072. 又③ yòu 副. again; also

例 我妹妹又漂亮又聪明。My younger sister is beautiful and smart.

例 他又迟到了。He is late again.

题 完成句子：个　　　又脏又破　　　那　　　白色的盒子 （H41002-88）

"那"是代词，"个"是量词，组成"那个"，根据"量词＋名词"组成"那个白色的盒子"，"又"是副词，"脏、破"是形容词，再根据"S＋副词＋形容词"，得出答案：那个白色的盒子又脏又破。

辨析 又 vs. 还（324）

"又"和"还"都可以表示动作再（1098）一次出现，但"还"主要表示没有实现的动作，有再发生的可能，"又"主要（1160）表示已经实现的动作，更强调动作的重复性。

辨析 又 vs. 再（1098），见"再（1098）"。

1073. 右边② yòubian 名. the right side

例 在美国，司机在马路右边开车。In the US, drivers drive on the right side of the road.

补充 其他表示方向的词语，见"旁边（652）"。

1074. 于是④ yúshì 连. hence; as a result

例 我饿了，于是去买了个三明治。I felt hungry, and hence I bought a sandwich.

例 我不知道去旅馆的路怎么走，于是去问交警。I didn't know the way to the hotel, hence asking the traffic policeman.

辨析 于是 vs. 所以（1044）vs. 因此（1043），见"因此（1043）"。

1075. 鱼② yú 名. fish

例 你能像鱼一样游泳吗？ Can you swim like a fish?

补充 其他表示动物的词语，见"动物（194）"。

1076. 愉快④ yúkuài 形. joyful; pleasant

例 我发现学习是一件令人愉快的事。I find that studying is a pleasant thing.

辨析 愉快 vs. 高兴（273）vs. 快乐（517），见"高兴（273）"。

1077. 与④ yǔ 连. and 介. with

例 我学的专业是美术与设计。My major is art and design.

例 今年的情况与去年不同。The situation this year is different from last year.

补充 "与"常用于书面语，口语中常用"跟"或者"和"。

1078. 羽毛球④ yǔmáoqiú 名. badminton

例 我最喜欢的运动是打羽毛球。My favorite sport is playing badminton.

补充 其他表示球类的词语，见"乒乓球（667）"。

1079. 语法④ yǔfǎ 名. grammar

例 学习汉语，最难的是语法。Grammar is the most difficult part of learning Chinese.

题 排列顺序：A 语法是语言学习中很重要的一部分

　　　　　　B 却不是语言学习的全部

　　　　　　C 文化在语言学习中也很重要　　　　　　　　（H41002-58）

B 中"却"是"但是"的意思，C 中有"也"，所以 B、C 不应该是第一句，A 是第一句。根据"语法是……一部分，却不是……全部"，知道 B 在 A 后，再根据 C"文化也很重要"，可知 C 在最后，得出答案为 ABC。

1080. 语言④ yǔyán　名. language

例 学习语言，环境很重要。Environment is very important for learning a language.

例 这本书已经被翻译成了多种语言。The book has been translated into many languages.

题 **请选出正确答案**：怎样才能说一口流利的外语呢？如果你有一定的语言基础和经济条件，那么出国是最好的选择。因为语言环境对学习语言有重要的作用。

去国外学习外语是因为：　　　　　　　　　　　　　　　　　　（样卷-76）

A 语言环境好　　　　B 经济条件好　　　　C 有语言基础　　　　D 学习更认真

💡 根据"因为语言环境对学习语言有重要的作用"，知道 A"语言环境好"是去"国外学习"的原因。而 B 和 C 是去国外学习的更有利的条件，D 在文中没有提到，得出答案为 A。

🖌 自 测

⚫ 一　选词填空。

A 一切	B 一般	C 一直	D 意思	E 意见

1. 请问你能再说一次吗？我不太明白你的（　　）。

2. 今天开会的目的就是想听一听大家的（　　）。

3. （　　）来说，工作越努力，得到的也越多。

4. 你（　　）往前走，然后往左拐就到了。

5. 她今天得到的（　　），都是她努力工作的结果。

A 应该	B 赢	C 影响	D 勇敢	E 幽默

6. 你太胖了，（　　）减肥了，每天去跑跑步吧。

7. 这个小男孩儿非常（　　），我们都很喜欢他。

8. 马克（　　）得了这次比赛，还获得了 1000 元奖金。

9. 他说话很有意思，是一个很（　　）的人。

10. 邻居家拉小提琴的声音太难听了，已经（　　）我休息了。

| A 友谊 | B 有趣 | C 一定 | D 已经 | E 愉快 |

11. 只要你生活在这个世界上，就（　　）会有烦恼。

12. 真正的（　　）非常难得，我们都应该珍惜。

13. 玛丽在大山里走丢了，（　　）很多天没吃东西了。

14. 他这个人说话很（　　），大家都愿意和他做朋友。

15. 这次旅行是一次（　　）的经历，我永远都不会忘记。

| A 以为 | B 优秀 | C 饮料 | D 一共 | E 印象 |

16. A：你怎么现在才来啊，我（　　）你不来了呢。

　　B：对不起，我早上起床太晚了，所以迟到了。

17. A：你觉得上海怎么样？

　　B：我觉得这座城市非常漂亮，给我留下了很深的（　　）。

18. A：一斤苹果，两斤梨子，请问（　　）多少钱？

　　B：三十二块五毛，给你三十二块吧。

19. A：小王很矮，你为什么会喜欢他呢？

　　B：个子矮一点没关系，其他方面都很（　　）。

20. A：小李，你想喝什么酒？

　　B：我不喝酒，要不给我一瓶（　　）吧。

二 完成句子。

21. 爸爸的　跟　他的性格　不一样　完全　＿＿＿＿＿＿＿＿＿＿＿

22. 以　中国　为　标准时间　北京时间　＿＿＿＿＿＿＿＿＿＿＿

23. 严重的　容易　酒后开车　交通事故　引起　＿＿＿＿＿＿＿＿＿＿＿

24. 是　小伙子　那个　穿白衬衫的　来应聘的　＿＿＿＿＿＿＿＿＿＿＿

25. 小李　非常友好　自己的　对　朋友　＿＿＿＿＿＿＿＿＿＿＿

三 看图，用词造句。

26. 游泳

_____

27. 羽毛球

_____

28. 有名

_____

29. 饮料

_____

30. 邮局

_____

第**19**天

 **学习重点**

本部分共有一级词汇6个，二级词汇11个，三级词汇12个，四级词汇31个。

需要注意的语言点主要有：①"越来越……"和"越 A，越 B"；②"在、再"的意思和用法；③"怎么、怎么样"的意思和用法；④结构"动＋着"和"动₁＋着＋动₂"；⑤"这、正式"的意思；⑥"责任、真、值得"的用法。

1081. 预习④ yùxí　动. to preview

（例）预习和复习同样重要。Preview and review are equally important.

1082. 遇到③ yùdào　动. to encounter; to come across

（例）一个人成功之前，可能会遇到很多的失败。One may encounter many failures before he succeeds.

（例）当遇到危险时，你会打 110 吗？ Will you call 110 for help when you come across dangers？

1083. 元③ yuán　名. *yuan*（the monetary unit in China）

（例）我买了二斤苹果，花了二十元钱。I bought 1 kilo of apples with 20 *yuan*.

（题）请选出正确答案：

男：西红柿新鲜吗？怎么卖？

女：三块五一斤。百分之百新鲜。

男：那我买二斤吧。

女：好，一共七块钱。

问：西红柿多少钱一斤？ （样卷 -31）

A 两元　　　B 3 元 5 角　　　C 7 元　　　D 9 元

根据女的说"三块五一斤"，得出答案为 B。

（补充）表示钱币单位的词语，见"角（424）"。

1084. 原来④ yuánlái　形. former; original　副. as a matter of fact

（例）鸡蛋的价格已经提高到原来的两倍。The price of eggs has been raised to double.

（例）我说夜里怎么这么冷，原来是下雪了。No wonder it's so cold tonight. It's snowing.

辨析 原来 vs. 本来（42），见"本来（42）"。

1085. 原谅④ yuánliàng　动. to forgive; to pardon

（例）有时候，你需要学着原谅自己。Sometimes you have to learn to forgive yourself.

题 请选出正确答案：原谅是一种美，我们常说要学会原谅别人，但也要试着原谅自己。我们都有缺点，不可能把每件事都做得很好。

这段话主要说，我们应该：　　　　　　　　　　　　　　　　（H41001-75）

A 感谢别人　　　　B 尊重别人　　　　C 原谅自己　　　　D 成为优秀的人

💡 主题句常常是第一句，根据"原谅是一种美，要学会原谅别人，但也要试着原谅自己"，知道主要谈"原谅"，得出答案为 C。而 A、B、D 文中并没有提到。

1086. 原因④ yuányīn　名. reason; cause

例 汽车越来越多是引起堵车的主要原因。The traffic jams are mainly caused by an increasing number of cars.

题 请选出正确答案：网球爱好者都知道，选择厚一点儿的网球袜确实更好。第一，它能很好地吸汗，尤其适合那些容易出汗的人。第二，在紧张的运动过程中，厚的网球袜能更好地保护你的脚。

这段话主要讲了选择厚网球袜的：

A 条件　　　　B 原因　　　　C 办法　　　　D 重点　　　　（H41003-73）

💡 根据"第一，很好地吸汗"和"第二，更好地保护你的脚"，可以知道主要谈厚点儿的网球袜的好处，也就是选择的原因，得出答案为 B。

1087. 远② yuǎn　形. far; distant; remote

例 机场距离城市大约十英里远。The airport is about ten miles from the city.

补充 A（地方）离 B（地方）＋有点儿／很／非常／不（太）……＋远

反义 近（452）

1088. 愿意③ yuànyì　动. be willing to; would like to

例 我愿意跟你结婚。I am willing to marry you.

题 判断对错：虽然很多大学生毕业后希望留在大城市工作，但也有不少大学生选择去农村，因为在那里也有许多好的发展机会。

大学生不愿意去农村工作。（　　　）　　　　　　　　　　　　　（H41003-3）

💡 根据"也有不少大学生选择去农村，因为有许多好的发展机会"，得出答案为（×）。

Z

1089. 约会④ yuēhuì　名. date　动. to date

例 下星期我和／跟她有个约会。I will have a date with her next week.

例 我约会时从来不迟到。I am never late for dates.

1090. 月① yuè　名. month; the moon

例 二月是一年里最短的一个月。February is the shortest month of a year.

补充 年、月、日／号、星期

1091. 月亮③ yuèliang　名. the moon

例 明天又是中秋节了，月亮又圆了。Tomorrow is the Mid-Autumn Day. The moon will become round again.

题 排列顺序：A "明"由两个字组成

　　　　　　　B 左边的"日"代表太阳，而右边的"月"代表月亮

　　　　　　　C 所以"明"在汉语中表示有光亮的意思　　　　（H41002-63）

💡 根据文中意思，A "'明'由两个字组成"，接着B "左边'日'，右边'月'"，再根据"所以"知道C在B后，得出答案为ABC。

补充 太阳（838）、地球（175）

1092. 阅读④ yuèdú　动. to read

例 阅读对人很有帮助。Reading is very helpful for people.

题 请选出正确答案：阅读能力好的人不但容易找到工作，而且工资也比较高。另外，阅读考试的分数往往还能反映一个国家的教育水平。

阅读能力好的人一般： (H41001-68)

A 收入高　　　　B 烦恼少　　　　C 经历丰富　　　　D 年龄比较大

💡 根据"工资也比较高"，得出答案为 A，B、C、D 文中都没有提到。

补充 口语里常用"读（197）"。

1093. 越③ yuè　副. more

例 越来越多的人认为中国是一个发展很快的国家。More and more people think that China is a fast-developing country.

例 工作越努力，进步就越大。The harder you work，the greater progress you will make.

补充 "越来越……"，表示情况随时间变化而变化，如例1；"越A，越B"，表示随着A的变化，B在数量、范围、程度等方面也发生变化，如例2。

1094. 云④ yún　名. cloud

例 空气中的水变成了云。The water in the air becomes clouds.

补充 天空（sky）、雨、雪、风

1095. 允许④ yǔnxǔ　动. to allow; to permit

例 现在请允许我自我介绍一下。Now please allow me to introduce myself.

例 出租车公司不允许在车上抽烟。The taxi company doesn't permit smoking in a taxi.

题 选词填空：很多城市都不允许在地铁（　　）吃东西。 (样卷-47)

A 躺　　　B 内　　　C 通过　　　D 坚持　　　E 因此　　　F 基础

💡 根据"S+V+O"，可知句子结构完整，可知"在地铁（　　）"为状语，而地点状语结构为"在+地点名词+方位词"，所以"（　　）"为方位词。同时，句子的意思是不允许在地铁里吃东西，得出答案为B。

反义 禁止（453）

1096. 运动② yùndòng　名. sport; movement; motion 动. to do exercise

例 运动对你的健康有好处。Sports are good for your health.

例 他经常运动，所以身体很健康。He often does physical exercise, so he is very healthy.

补充 锻炼、跑步、散步、打篮球 / 羽毛球 / 乒乓球 / 网球、踢足球、游泳、跳舞

Z

1097. 杂志④ zázhì　名. magazine

例 爸爸喜欢看体育方面的杂志。Dad likes reading sports magazines.

题 看图，用词造句。

(H41002-100)

杂志

💡"杂志"是名词，可以用"S+V+O"组成"他看杂志"。从图上看，他坐在沙发上，喝着水，得出参考答案：他坐在沙发上看杂志；他一边喝水，一边看杂志。

1098. 再② zài　副. again; once more

例 我还想再看一遍。I want to see it again.

例 我再也不想见他了。I never want to see him again.

🐦 辨析 再 vs. 重新（106）

两个词都有"从头再开始"的意思，"重新"后的动作没有时间限制，可以表示已经完成的，可以表示正在做的，也可以表示打算做的；"再"只表示还没有发生的重复。

🐦 辨析 再 vs. 又（1072）

"再"和"又"都可以表示动作或情况的重复，不同的是："再"用于表示还没有发生的重复；"又"用于表示已经重复的动作或情况。

1099. 再见① zàijiàn 动. goodbye; see you later

例 朋友们分开的时候，都要互相说一声"再见"。Friends say "goodbye" to each other before parting.

1100. 在① zài 介. in/at 动. to be in/at 副. in process of

例 你不应该在教室里抽烟。You should not smoke in the classroom.

例 同学们都在教室里。All the students are in the classroom.

例 玛丽在教学生们跳舞。Mary is teaching students to dance.

补充 "在……上"表示方面，如：在学习上，大家要互相帮助。"在……中"表示过程，如：在工作中，一定要认真、仔细。"在……下"表示条件，如：在老师的帮助下，我终于通过了考试。

辨析 在 vs. 正在（1130）vs. 正，见"正在（1130）"。

1101. 咱们④ zánmen 代. we; us

例 今天晚上咱们看电视吧？Shall we watch TV tonight？

例 咱们把沙发和椅子放在客厅吧。Let's put the sofa and armchairs in the sitting room.

辨析 咱们 vs. 我们（910）

"咱们"，口语，包括说话人和听话人。"我们"，口语和书面语都用，可以包括听话人，也可以不包括，如：我们去图书馆，你去吗？（不包括听话人）我们一起去看电影吧。（包括听话人）

1102. 暂时④ zànshí 名. temporary; transient

例 困难只是暂时的，你最后会成功的。Difficulties exist only temporarily. You will eventually succeed.

题 排列顺序：A 所以要想完全解决这个难题

B 还需要找更好的办法

C 这样做，只能暂时解决问题 （H41001-59）

A 中有"所以"，B 中有"还"，可知 A、B 不是第一句，C 是第一句；A 中"要"有"如果"的意思，如果想解决难题，"还需要"做什么？B 回答了这个问题，可知 B 在 A 后，得出答案为 CAB。

1103. 脏④ zāng　形. dirty

例 所有的脏衣服都已经洗过了。All the dirty clothes have been washed.

题 看图，用词造句。

（样卷 -100）

脏

💡 "脏"是形容词，根据"S+副词+形容词"，可以得出"她很脏"、"她的衣服很脏"或者"她的脸很脏"等。也可以根据"S+把+O+V+其他"，得出参考答案：她把脸弄脏了。

补充 见"打扫（136）"。

1104. 早上② zǎoshang　名. morning

例 邮递员每天早上都来收信。The mailman comes to collect letters every morning.

补充 其他表示时间的词语，见"上午（746）"。

1105. 责任④ zérèn　名. responsibility; duty

例 我们必须完成它，因为这是我们的责任。We must finish it because it is our responsibility.

例 在我们心中，爱和责任很难分离。It is hard to separate love from duty in our mind.

辨析 责任 vs. 负责（251）

"责任"是名词；"负责"是动词，常说"对……负责"。

1106. 怎么① zěnme　代. how; what; why

例 您认为我应该怎么办，医生？ What do you think I should do, doctor?

例 麦克，你怎么这么晚才回来？ Mike, why do you come back so late?

补充 "怎么"除了表示询问（ask）方式以外，还有另外三种用法，见"谁（751）"。"怎么"还可以询问原因，这种用法中说话人有"不满（dissatisfied）"的意思，如：你怎么才来啊？（意思是"你应该早点儿来。"）

1107. 怎么样① zěnmeyàng　代. how; what about

例 约翰，你最近的学习怎么样？ John, how is your study recently?

例 约翰，你觉得上海的气候怎么样？ John, how do you like the climate in Shanghai?

题 请选出正 女：这个白色的沙发怎么样？好看吧？

确答案： 男：确实好看，不过太容易脏了，还是看看别的吧。

问：男的觉得这个沙发怎么样？ （样卷-18）

A 值得买 　　B 容易脏 　　C 颜色深 　　D 客厅放不下

💡 根据男的说"不过太容易脏了"，可知男的觉得这个沙发容易脏，得出答案为 B。A、C、D 都没有提到。

Z

1108. 增加④ zēngjiā 　动. to increase; to add

例 人们的年收入都增加了 10%。 People's annual income has increased by 10%.

例 汽车的数量正在逐年增加。 The number of cars has been increasing year by year.

题 完成句子：这个城市 　出租车的数量 　决定 　增加 　（H41005-90）

💡 动词"决定"后常跟动词性宾语，表达"S 决定做什么事"，得出答案：这个城市决定增加出租车的数量。

1109. 占线④ zhànxiàn 　动（离合）. the line (of a telephone) is busy (or engaged)

例 今天下午我给你打了三次电话，你的手机一直占线。 I called you three times this afternoon and it's been busy all the time.

题 排列顺序：A 可是一直都占线

B 我给马经理打了好几次电话了

C 也不知道他到底是怎么回事 （H41329-56）

💡 由"可是"得知 A 不是第一句；B 是主题句，是第一句；由"打了好几次电话了"、"占线"得出先 B 后 A；C 是结果（评价），在最后，得出答案为 BAC。

🟢 搭配 手机 / 电话 + 占线

1110. 站③ zhàn 动. to stand 名. station

例 无论发生什么事，我都站在你这边。No matter what happens, I will stand by you.

例 各位乘客，下一站人民广场，请做好下车准备。Dear passengers, the next station is the People's Square. Please be ready to get off.

补充 x 站，见"火车站（375）"。

1111. 张③ zhāng 量. classifier for paper, table, bed, etc.

例 桌子上有一张红色的纸。There is a piece of red paper on the table.

例 因为太硬，这张床睡得不舒服。The bed is uncomfortable because it is too hard.

1112. 长③ zhǎng 动. to grow

例 她长着一张圆圆的脸，一双大大的眼睛，还有一头长发。She has a round face, big eyes and long hair.

1113. 丈夫② zhàngfu 名. husband

例 她给她丈夫买了一件新衣服。She bought a new coat for her husband.

题 请选出正确答案：昨天，妻子让我陪她去买一双袜子。进了商店，她先去看帽子，觉得有个帽子很可爱，就买了一个。然后她又买了一条裤子、一件衬衫，把她身上带的钱全花完后我们就回家了。回家以后，我吃惊地发现，竟然没有买袜子。

说话人是谁？ (H41001-43)

A 丈夫　　　　B 导游　　　　C 司机　　　　D 售货员

💡 由"昨天，妻子让我陪她去买一双袜子"，知道说话人是丈夫，得出答案为 A。

1114. 招聘④ zhāopìn 动. to recruit

例 这家公司正在招聘高级技术人员。This company is now recruiting senior technical staff.

题 **完成句子**：招聘　　银行　　高级主管　　决定　　一名　（H41004-90）

💡 动词"决定"后常跟动词性宾语，表达"S决定做什么事"，这里要做的事是"招聘一名高级主管"，得出答案：银行决定招聘一名高级主管。

1115. 着急③ zháojí　　形. worried; anxious

例 他看上去很着急，像是在找东西。He looked very anxious and seemed to be looking for something.

题 **请选出正**　　女：怎么样？那个技术上的问题解决了吧？

确答案：　　男：我以为今天能顺利解决，但是情况比我想的复杂得多，怎么办呢？

问：男的现在心情怎么样？　　　　　　　　　　　（H41003-20）

A 兴奋　　　B 吃惊　　　C 轻松　　　D 着急

💡 根据"但是情况比我想的复杂的多,怎么办",可知男的现在很着急,得出答案为D。

题 **请选出正**　　女：海洋公园到底是不是在东边啊？怎么还没到？

确答案：　　男：方向肯定没错，估计再有几分钟就到了吧。

女：再晚了我们就来不及看表演了。

男：别担心，下午还有一场呢。

问：女的现在心情怎么样？　　　　　　　　　　　（H41004-32）

A 得意　　　B 紧张　　　C 吃惊　　　D 着急

💡 根据女的说"再晚了我们就来不及看表演了"和男的说"别担心",得出答案为D。

🐦 **辨析**　着急 vs. 担心（150）

"着急"是听到或遇到比较严重的情况，但找不到解决的办法，心里很急，不安；"担心"是对人、事的安全或其他情况不放心，怕出问题，可以带"着、过"等词，反义词是"放心"。

1116. 找② zhǎo 动. to look for; to seek

例 我觉得我必须得找一份新工作。I think I have to look for a new job.

题 请选出正确答案：3月7日上午，我在体育馆打羽毛球时，丢了一个咖啡色书包，里面有笔记本电脑、钥匙和几本杂志，请拿到包的人与我联系。非常感谢。

这个人写这段话的目的是：   (H41003-74)

A 还书   B 找他的包   C 表示道歉   D 重新申请奖学金

💡 根据"丢了一个咖啡色书包"和"请拿到包的人与我联系"，得出答案为 B。

1117. 照④ zhào 动. to shine; to mirror; to take a picture/photograph

例 阳光照在身上，让我感觉很舒服。The sun shines down on me, making me feel comfortable.

例 他每天出门之前都要照镜子。He looks at himself in the mirror before going out every day.

例 我妈妈照相总是照不好。My mother is not good at taking pictures.

题 请选出正确答案：很多自行车后面都有一个灯，虽然小，但用处却很大。每当后面汽车的灯光照到它时，它就会发光，这样就能提醒司机前方有人。

自行车后灯可以：   (H41329-74)

A 提高车速   B 减少堵车   C 节约用电   D 引起司机注意

💡 由"这样就能提醒司机前方有人"，得出答案为 D。

补充 照＋镜子（466）；照相＝拍照（片）＝照照片，照片（1119）、照相机（1120）；×照：护照（356）、驾照（driving licence）

1118. 照顾③ zhàogù 动. to look after; to take care of; to give consideration

例 我弟弟这么小，我必须照顾他。My younger brother is so young that I must look after him.

题 排列顺序：A 做事情往往需要照顾大的方面

B 而放弃掉"森林"

C 换句话说，就是不要仅仅为了一棵"大树" （H41002-56）

灯 A 是主题句，是第一句；根据"换句话说，就是……"，知道 C 在 A 后，由"为了……而……"，知道先 C 后 B，得出答案为 ACB。

1119. 照片③ zhàopiàn 名. photograph; picture

例 看，这是一张我们全家的照片。Look, here is a picture of my family.

1120. 照相机③ zhàoxiàngjī 名. camera

例 我把照相机忘在出租车上了。I left my camera in the taxi.

例 这个照相机拍出来的照片非常清楚。With this camera, you can take very clear pictures.

补充 照相 = 拍照，如：照张相 = 拍张照。x 机：洗衣机（washing machine）、手机（789）、电视机、面包机、电话机、洗碗机、录音机

1121. 这① zhè 代. this

例 这是我爸爸给我买的照相机。This is the camera that my father bought for me.

题 请选出正确答案：我们对失败应该有正确的认识。偶尔的失败其实可以让我们清楚自己还有什么地方需要提高，这可以帮助我们走向最后的成功。

"这"指的是： （H41002-79）

A 仔细 B 认真 C 失败 D 准确的判断

灯 根据"偶尔的失败……，这可以帮助我们走向最后的成功"，可以知道代词"这"代指"失败"，得出答案为 C。代词"这"指代（refer to）的内容，在阅读题中是常出现的考点。

反义 那（619）

1122. 着② zhe 助. particle attached after a verb to indicate action in progress, like standing, sitting, listening

例 她穿着一件红色上衣和一条黑色裙子。She was wearing a red jacket and a black skirt.

例 妹妹抱着一瓶牛奶走在前边。My younger sister walked in front, holding a bottle of milk.

补充 "动＋着"表示动作或状态的持续（continuation），如：站着、坐着、听着；"动₁＋着＋动₂"，前一动作表示后一动作进行的状态或方式（manner），如：站着上课、坐着喝茶、听着音乐跑步。"动＋过"表示经历，"动＋了"表示完成。

1123. 真② zhēn 形. true; real; genuine 副. really

例 找到自己的真爱，才是真正的幸福。To find the true love is the real happiness.

例 我真不知道他去哪儿了。I really don't know where he has gone.

辨析 真 vs. 真正（1124），见"真正（1124）"。

1124. 真正④ zhēnzhèng 形. real; true

例 我们需要的就是这种真正的友谊。What we need is this type of real friendship.

例 真正的朋友应该说真话。True friends should tell the truth.

辨析 真正 vs. 真（1123）

"真正"，强调"符合标准"或"比标准高"；"真"，强调"不是假的"。

1125. 整理④zhěnglǐ 动. to clear up; to tidy

例 离开教室前，请把书桌整理一下。Clear up your desk before you leave the classroom.

例 不管你有多忙，还是要抽点时间整理自己的心情。No matter how busy you are, you still should spend some time clearing up your mood.

例 你经常整理自己的房间吗？ Do you often tidy your room?

题 完成句子：整理　　儿子的复习笔记　　得　　很详细　　　　（H41002-92）

由"动词＋得＋怎么样"组成"整理得很详细"，句子最前面加上主语"儿子的复习笔记"，得出答案：儿子的复习笔记整理得很详细。

辨析 整理 vs. 打扫（136），见"打扫（136）"。

1126. 正常④ zhèngcháng　形. normal

例 他最近的表现不太正常。His recent performance is a bit abnormal.

例 人体的正常温度大概是 36℃—37℃之间。The normal temperature of the human body is about 36—37 degrees centigrade.

1127. 正好④ zhènghǎo　形. just right

例 这个篮子正好可以用来装水果。This basket will be just right for containing fruits.

例 温度正好，不太热又不太冷。The temperature is just right, neither too hot nor too cold.

1128. 正确④ zhèngquè　形. right; correct; proper

例 听句子，选出正确答案。Listen to the sentences and choose the right answers.

例 如果你想取得好成绩，就一定要有正确的学习方法。You must have a correct learning method if you want to get good scores.

辨析 正确 vs. 准确（1171），见"准确（1171）"。

1129. 正式④ zhèngshì　形. formal; official

例 明天我将去参加一个正式的西式聚餐，以前从未参加过。I'm going to attend a formal western dinner party tomorrow. I've never been to one before.

题 选词填空：A：最近怎么穿得这么（　　）？很精神啊。
　　　　　　　B：我现在开始上班了，这是公司的规定。　　　（H41002-54）

A 填　　B 正式　　C 温度　　D 酸　　E 广播　　F 肚子

💡 "正式"是形容词，"这么"是代词，根据文中"穿"、"很精神"，得出答案为 B。

反义 随便（827）

1130. 正在② zhèngzài　副. in the process of; in the course of

例 现在全球市场的咖啡价格正在上升。Now the price of coffee is rising on the global market.

题 **完成句子**：亚洲经济的　　正在　　逐渐　　提高　　增长速度　（H41001-87）

💡 "增长速度"是名词短语，根据"的＋名词"组成"亚洲经济的增长速度"，"逐渐"是副词，"提高"是动词，根据"副词＋动词"组成"逐渐提高"，句子最前面加上主语，组成"亚洲经济的增长速度逐渐提高"，"正在"常常放在主语后、动词前，得出答案：亚洲经济的增长速度正在逐渐提高。

Z

🐦 **辨析** 正在 vs. 正 vs. 在（1100）

"正在"既指时间，又指状态；"正"强调时间，常用结构"正……呢"；"在"强调状态。

1131. 证明④ zhèngmíng　　动. to prove; to testify　名. certification

例 你怎样才能证明地球是圆的？ How can you prove that the earth is round?

例 请病假需要医院的证明。If you ask for sick leave, you should get a certification of the hospital.

1132. 之④ zhī　　助. of

例 中国人口是世界人口的五分之一。The population of China accounts for 1/5 of the world population.

例 我喜欢读报纸的原因之一是广告少。One of the reasons that I like reading newspapers is there are less advertisements in newspapers.

补充 ①分数表示，如：1/2＝二分之一、4/5＝五分之四；② "名＋之一"，如：问题之一、内容之一、原因之一；③ "……之间"，如：春夏之间、北京和上海之间、我们之间；④ "之＋名（方位）"，如：之内、之外、之前、之后、之上、之下、之中，这里的"之"都可以换成"以"。

1133. 支持④ zhīchí　　动. to support; to sustain

例 我想我会一直支持你。I think I will support you all the time.

例 谢谢您在工作上给我的支持和帮助。Thanks for your support and help in my work.

题 请选出正确答案：提到结婚，人们会很自然地想起爱情。爱情确实是结婚的重要原因，但仅有爱情是不够的。两个人还应该互相支持，互相信任。只有这样才能很好地生活在一起。

两个人怎样才能很好地一起生活？　　　　　　　　　　　　　　　(H41005-37)

A 不要害羞　　　　　B 不要解释　　　　　C 减少误会　　　　D 互相支持、信任

💡 根据"只有这样才能很好地生活在一起"，而"这样"代指前面一句"应该互相支持、互相信任"，得出答案为 D。

1134. 只② zhī　量. classifier for little animals

例 每只鸟都喜欢听自己唱歌。Each bird loves to listen to its own singing.

1135. 知道② zhīdào　动. to know

例 你知道我的爱好是什么吗？Do you know what my hobby is?

例 我们都应该知道自己的缺点。We should all know our own shortcomings.

🐦 辨析 知道 vs. 了解（562）vs. 认识（723）vs. 熟悉（800），见"了解（562）"。

1136. 知识④ zhīshi　名. knowledge

例 知识会随着年龄的增长而增长吗？Does knowledge grow along with age?

例 知识和能力是有区别的。There is a difference between knowledge and ability.

1137. 直接④ zhíjiē　形. direct

例 有什么问题直接跟我们联系。If you have any problem, please contact us directly.

例 我们直接从北京飞到纽约。We flew directly from Beijing to New York.

题 选词填空：A：张律师，这份申请材料要复印几份？　　　　(H41004-55)

　　　　　　B：先印 8 份，一会儿你印好以后（　　）送到会议室吧。

A 严格　　B 后悔　　C 温度　　D 直接　　E 重点　　F 提醒

💡 "送"是动词，"直接"是形容词，可以做副词用，根据"副词＋动词"以及句意，得出答案为 D。

1138. 值得④ zhídé　动. to deserve; be worthy of

例 这是一部好电影，值得每个中国人去看一下。It is a good movie and it deserves every Chinese to see.

题 请选出正确答案：做任何事情都有一个过程，如果把过程做好了，结果一般都会很好。可是，现在很多人做事情的时候只是想着结果，从来都不关心过程。

根据这段话，做事情的过程：　　　　　　　　　　　　　　（H41004-75）

A 比较无聊　　　　B 困难很多　　　　C 值得关注　　　　D 一般都很精彩

根据"如果把过程做好了，结果一般都会很好"，知道我们要重视过程，得出答案为 C。

1139. 职业④ zhíyè　名. occupation

例 许多人认为教师是非常适合女性的职业。Many people consider teacher as an ideal occupation for women.

例 很多大学生选择的职业跟他们所学的专业没有关系。Many college graduates choose the occupations which are not related with their majors.

补充 表示职业的词语，见"大夫（147）"。

1140. 植物④ zhíwù　名. plant

例 所有的植物都需要水和阳光。All plants need water and sunshine.

补充 动物（194）、动植物、生物、人类（human being）、地球（175）、太阳（838）、阳光（1006）

自 测

一 选词填空。

A 约会	B 允许	C 暂时	D 增加	E 遇到

1. 请（　　）我介绍一下，这是我的妻子，她叫玛丽。

2. 困难只是（　　）的，只要你努力，办法总是比困难多。

3. 我在中国（　　）了一位很好的老师，她很认真地教我们学汉语。

4. 随着汉语知识的（　　），我已经能流利地和中国人聊天了。

5. 第一次（　　）的时候，马克迟到了，玛丽很不高兴。

| A 原谅 | B 着急 | C 正式 | D 支持 | E 知道 |

6. 妈妈（　　）这件事以后非常生气，她让我去给人家道歉。

7. 你不用再向我道歉了，我已经（　　）你了。

8. 找工作的时候，人们一般都穿得很（　　）。

9. 玛丽刚出生的孩子丢了，她非常（　　）。

10. 爸爸非常（　　）我去中国留学。

| A 值得 | B 预习 | C 占线 | D 正好 | E 愿意 |

11. 老师要求我们上课前（　　）课文。

12. 真正的友谊（　　）我们永远珍惜。

13. 我喜欢安静，而玛丽与我（　　）相反，她喜欢唱歌跳舞。

14. 马克认为自己做错了，所以他（　　）接受批评。

15. 你的手机怎么了？不是关机就是（　　）。

| A 怎么样 | B 怎么 | C 照顾 | D 原因 | E 直接 |

16. A：玛丽，你今天为什么迟到呢？请告诉我（　　）。
   B：老师，对不起，我今天生病了。

17. A：我要出差两个星期，你能帮我（　　）我家的小狗吗？
   B：可以的，你就放心去吧。

18. A：如果你有不懂的地方，请（　　）来问我。
   B：好的，老师，我会的。

19. A：小王，你觉得今天的电影（　　）？
   B：我觉得不好看，一点意思也没有。

20. A：出了这么大的事，你（　　）不告诉我呢？
   B：因为我们要送他去医院，所以来不及告诉你。

二 完成句子。

21. 好好保护　真正的　友谊　我们　值得　＿＿＿＿＿＿＿＿＿＿

353

22. 自己的孩子　父母　都有　照顾　责任　　　_____

23. 整理　每个周末　她的房间　田芳　都会　　　_____

24. 非常　这是　好看的　杂志　一本　　　_____

25. 都喜欢的　打乒乓球　是　一种运动　很多中国人　_____

三）看图，用词造句。

26. 脏
_____

27. 照片
_____

28. 照相机
_____

29. 植物
_____

30. 招聘 _____

第**20**天

 学习重点

本部分共有一级词汇8个，二级词汇4个，三级词汇17个，四级词汇31个。

需要注意的语言点主要有：① "终于/最后、周围/附近、准确/正确、准时/按时/及时、仔细/认真、总是/一直"的区别；② 结构"动+住"和"动+走"，结构"只要……就……"；③ "专门、最好"的用法；④ "只好、指"的意思。

1141. 只③ zhǐ 副. only; just; merely

例 我们只去了公园，其他什么地方都没去。We went only to the park and nowhere else.

例 我只问了他的姓名，忘记要电话号码了。I merely asked for his name, but forgot to ask for his telephone number.

1142. 只好④ zhǐhǎo 副. have to

例 红灯亮了，我们只好停下。The red traffic light is on, so we have to stop.

例 因为没有钱坐公共汽车，他只好走路去那儿。He has to walk there because he has no money for taking a bus.

🐦 辨析 只好 vs. 必须（50）

"只好"表示没有别的选择，不得不；"必须"，一定要，表示事实上、情理（reason）上有必要。

1143. 只要④ zhǐyào 连. as long as

例 只要努力，你就能学好汉语。As long as you study hard, you can learn Chinese well.

例 只要我有空，就过来陪你。As long as I have time, I will come and accompany you.

题 排列顺序：A 就可以变得越来越优秀

　　　　　　B 但只要能发现自己的缺点并及时去改

　　　　　　C 每个人都有缺点　　　　　　　　　　　　（H41003-57）

💡 根据 B 中连词"但"和 A 中副词"就"，可以知道 A、B 不是第一句，C 是主题句，应是第一句；根据"只要……，就……"，可以知道先 B 后 A，得出答案为 CBA。

1144. 只有……才……③ zhǐyǒu…cái… 连. only; alone

例 学外语，只有多听、多说、多练才能学好。Listen more, speak more and practice more —— only in this way can you learn a foreign language well.

题 排列顺序：A 学习时，不光要知道答案是什么

　　　　　　B 只有这样，才能把问题真正弄懂

C 还要弄清楚答案究竟是怎么得来的　　　　　　　(H41328-61)

💡 由"不光要……""还要……"，得出先 A 后 C，"只有……才……"说了这样做的结果，是最后一句，得出答案为 ACB。

🐦 辨析 只要……就……vs. 只有……才……，见"只要（1143）"。

1145. 指④ zhǐ　动. to point at; to refer to

例 用手指指人是很不礼貌的。It's rude to point your fingers at other people.

例 生日蛋糕上的蜡烛数量，指的是年龄。The number of candles on the birthday cake indicates our age.

1146. 至少④ zhìshǎo　副. at least

例 这篇文章至少两万字。This article has at least twenty thousand words.

例 人们不应该吸烟，至少不应该在公共场所吸烟。People should not smoke, at least not in the public places.

1147. 质量④ zhìliàng　名. quality

例 足够的睡眠时间是学习质量的保证。Enough time for sleep is the guarantee for the quality of learning.

题 请选出正确答案：这个公司专门制造各种各样的筷子。他们的筷子用不同的材料做成，颜色也都不一样，质量很好。买来不仅可以自己用，还可以当礼物送给别人，顾客们都很喜欢。

这个公司制造的筷子：　　　　　　　　　　　　　　(H41003-68)

A 很便宜　　　　B 很普通　　　　C 质量不错　　　　D 数量很少

💡 根据"筷子颜色也都不一样，质量很好"，得出答案为 C；而 A、B、D 文中没有提到。

题 请选出正确答案：压力是一个非常有趣的东西，人们在没有压力的情况下，往往不想工作。在压力很大的情况下，工作的效果又很不好。

压力很大时，人们：　　　　　　　　　　　　　　　(H41004-77)

A 经常加班　　　B 积极工作　　　C 工作质量差　　　D 会觉得很有趣

💡 由"工作效果很不好",得出答案为C；A和B文中没有提到；D与文中意思不同,文中说"压力是一个非常有趣的东西",而D说"压力很大时,人们会觉得很有趣"。

补充 数量（802）,其他词语见"速度（823）"。

1148. 中国① Zhōngguó　名. China

例 中国是世界上人口最多的国家。China has the biggest population in the world.

1149. 中间③ zhōngjiān　名. among; middle

例 他们在年轻人中间很受欢迎。They are very popular among young people.

例 教室中间有一棵圣诞树。There is a Christmas tree in the middle of the classroom.

题 请选出正确答案：生活是一个圆面包,最中间那部分是最好吃的,然而不是每个人都能吃到。

圆面包有什么特点？　　　　　　　　　　　　　　　　　　　（H41004-43）

A 中间最好吃　　　B 不太受欢迎　　　C 样子很特别　　　D 价格很便宜

💡 根据"圆面包,最中间那部分是最好吃的",得出答案为A。

补充 其他表示方位的词语,见"旁边（652）"。

1150. 中文③ Zhōngwén　名. Chinese language

例 为了能在中国工作和生活,他正在努力学习中文。In order to work and live in China, he is trying to learn Chinese now.

1151. 中午① zhōngwǔ　名. noon; midday

例 中午我和一个朋友一起吃午饭。At noon I had lunch with one of my friends.

补充 其他表示时间的词语,见"上午（746）"。

1152. 终于③ zhōngyú 副. finally; at last; in the end

例 在经历了这么多困难之后，他们终于结婚了。After experiencing so many difficulties and hardships, they got married at last.

例 在警察的帮助下，老人终于安全到家了。With the help of the policemen, the old man got home safely in the end.

辨析 终于 vs. 到底（159）vs. 最后（1187）

"终于"表示在经过种种变化或等待之后，很不容易才得到的结果；"到底"强调做事情的过程，"到底"还常用在问句中，表示说话人非常想知道结果或得到答案；"最后"只指时间的先后。

1153. 种③ zhǒng 量. kind; sort

例 这种葡萄有点儿酸。This kind of grapes are a bit sour.

例 你需要哪一种字典？What kind of dictionary do you need?

题 完成句子：这种看法　理解和接受　现在还很难　被　（样卷-87）

根据"被"字句结构"S+被+V"，"这种看法"是主语，"理解和接受"是谓语，"现在还很难"是状语，得出答案：这种看法现在还很难被理解和接受。

补充 各种各样（all kinds of）

1154. 重④ zhòng 形. heavy; weighty; important

例 这个箱子太重了！This box is too heavy.

例 小学生们的学习负担很重。The pupils shoulder a heavy burden of learning.

1155. 重点④ zhòngdiǎn 名. key point

例 这部分是文章的重点和难点。This part is the key point and difficult point of the paper.

题 选词填空：A：经理，新的计划发您信箱了，您看了吗？　（H41004-51）
　　　　　　　B：内容太简单，不够详细，缺少（　），明天我们得继续讨论。

A 严格　　B 后悔　　C 温度　　D 直接　　E 重点　　F 提醒

💡 "缺少"是动词，后面应该有宾语，而"重点"是名词，可以做"缺少"的宾语；再根据"内容太简单，不够详细"，得出答案为 E。

1156. 重视④ zhòngshì　**动. to pay attention to**

例 你们国家重视教育吗？ Do you attach importance to education in your country?

反义 轻视（despise）、忽视（ignore）

1157. 重要③ zhòngyào　**形. important; significant**

例 安全与健康对于我们是最重要的。 Safety and health are the most important for us.

题 请选出正确答案：经济、社会、科学、教育等各方面的变化，都会对一个国家的发展产生极大的影响，但是其中起关键作用的应该还是教育。

这段话主要谈的是：　　　　　　　　　　　　　　　　（H41004-78）

A 社会的管理　　　　B 国家的历史　　　　C 教育很重要　　　　D 科技的发展

💡 根据"但是其中起关键作用的应该还是教育"，得出答案为 C。

1158. 周末③ zhōumò　**名. weekend**

例 我过了一个愉快的周末，你呢？ I had a nice weekend. What about you?

题 判断对错：小红去外地上学了，我们虽然不能经常见面，但每个周末都会发电子邮件或者上网聊天儿。

他和小红每周都见面。（　　　）　　　　　　　　　　　（样卷 -9）

💡 根据"每个周末都会发电子邮件或者上网聊天儿"，可知他和小红不是每周都见面，得出答案为（×）。

补充 x 末：月末、年末 / 岁末；周一＝星期一

1159. 周围④ zhōuwéi　**名. surroundings**

例 虽然我们周围有空气，但我们却看不见。 There is air all around us, but we can't see it.

辨析 周围 vs. 附近（252）

"周围"可以指地面，也可以指空中；"附近"主要指地面，指周围的一个点。

1160. 主要③ zhǔyào　形. main; major

例 他来的主要目的是学习。The main purpose of his coming is learning.

例 德语、法语和意大利语是瑞士的三种主要语言。German, French and Italian are the three major languages spoken in Switzerland.

补充 重要（1157）

1161. 主意④ zhǔyi　名. idea

例 这是个简单而聪明的主意。It is a simple but brilliant idea.

例 我要买礼物送一位女士，你有什么好主意？I want to buy a gift for a lady. Do you have any ideas?

辨析 主意 vs. 办法（21）vs. 方法（229），见"办法（21）"。

1162. 住① zhù　动. to live

例 我挺喜欢现在住的地方，很安静。I really like where I am living now. It is very quiet.

例 这间屋子可以住四个人。This room can accommodate four people.

补充 "动＋住"表示不动或不变（be fixed or stay in one place），如：站住、停住、接住。

1163. 注意③ zhùyì　动. to pay attention to; to notice

例 过马路时要注意交通安全。When you cross the street, you should pay attention to the traffic safety.

例 你注意到他的眼睛是什么颜色了吗？Did you notice the color of his eyes?

1164. 祝贺④ zhùhè　动. to congratulate

例 亲戚朋友们都来祝贺他考上大学。Relatives and friends all came to congratulate him on being admitted to the university.

例 祝贺你在比赛中获得了胜利。你真的太棒了！Congratulations on your victory in the competition. You are so great!

辨析 祝贺 vs. 祝

"祝贺"是向已经取得成功的人或事情表达美好的心意；"祝"表达一种愿望（wish），是希望别人快乐或成功。

1165. 著名④ zhùmíng 形. famous; well-known

例 西湖是杭州著名的景点。The West Lake is a famous scenic spot in Hangzhou.

例 他是著名的美国歌手麦克尔·杰克逊吗？ Is he Michael Jackson, the famous American singer?

题 完成句子：那位　深受　演员　观众的喜爱　著名的　　　（H41004-91）

💡 此句谓语是"深受"，动词"受"后的宾语常常与人的感觉有关，这里是"深受观众的喜爱"。"那位"和"著名的"都在主语"演员"前，根据它们的排列顺序（"的"字短语更靠近主语），得出答案：那位著名的演员深受观众的喜爱。

🐦 辨析 著名 vs. 有名（1070），见"有名（1070）"。

1166. 专门④ zhuānmén 副. specially

例 我专门为你做了块巧克力蛋糕。I specially made a chocolate cake for you.

例 这本书是专（门）为留学生写的。This book was specially written for foreign students.

1167. 专业④ zhuānyè 名. major; profession 形. professional

例 他是一位医学专业的学生，不是吗？ He is a student majoring in medicine, isn't he?

例 我相信我的医生，因为她很专业。I trust my doctor as she is very professional.

题 请选出正确答案：既然你不喜欢新闻专业，那就再考虑考虑其他专业吧，中文、国际关系什么的，妈和你爸都不反对。但是为了将来不后悔，不要这么快做决定，至少应该去了解一下这个专业，也许最后你会改变主意的。

根据这段话，可以知道他：　　　　　　　　　　　　（H41003-69）

A 后悔了　　　　B 很生气　　　　C 想换专业　　　　D 成绩不合格

💡 由"你不喜欢新闻专业，就考虑其他专业"和"妈和你爸都不反对"，得出答案为 C。

补充 表示专业的词语，见"法律（223）"。

1168. 转④ zhuǎn 动. to turn; to shift; to change

例 一直走，到第一个红绿灯向左转，邮局在右边。 Go straight to the first traffic

light, turn left, and the post office is on the right.

例 我们的话题转到了篮球上。 Our conversation turns to basketball.

1169. 赚④ zhuàn 动. to earn; to make a profit

例 我应当更努力地工作，赚更多的钱。I should work harder and earn more money.

例 她们的丈夫不能赚足够的钱来养家。Their husbands don't earn enough money to support their families.

1170. 准备② zhǔnbèi 动. to prepare; in progress

例 妈妈正在厨房准备晚饭。My mom is preparing for supper in the kitchen.

例 建新学校的计划正在准备中。Plans for building the new school are now in progress.

题 请选出正确答案：
男：中秋晚会你准备节目了吗？

女：我想唱个歌——《月亮船》。

男：我怎么没听过这个歌？

女：这是个老歌，过去很有名，现在唱的人已经很少了。

问：关于那个歌，可以知道什么？　　　　　　　（样卷 -35）

　A 是新歌　　　　B 以前很有名　　　　C 很多人都会唱

💡 根据女的说"这是个老歌，过去很有名，现在唱的人已经很少了"，可知那个歌以前很有名，得出答案为 B。A、C 都是错的。

1171. 准确④ zhǔnquè 形. accurate; exact

例 天气预报有时候不太准确。The weather forecast is not accurate sometimes.

例 那个年轻人说汉语虽然不是很准确，但很流利。The young man speaks Chinese not very accurately, but very fluently.

题 请选出正确答案：新闻报道中使用数字的目的是，通过它们来说明问题。所以这些数字必须是准确的，只有这样，才能证明报道的"真"，才是对读者负责。

新闻报道中的数字：　　　　　　　　　　　　（H41005-78）

A 不易理解　　　　B 使用随便　　　　C 让人失望　　　　D 不能出错

> 💡 文中说"数字必须是准确的"，选项 D "不能出错"就是"必须准确"，得出答案为 D。

🐦 **辨析** 准确 vs. 正确（1128）

"准确"，强调正好；"正确"强调事情符合标准、规则（rule），不是错的。

1172. 准时④ zhǔnshí　形. punctual

例 我们明天早上八点半准时出发。We will set off at 8:30 a.m. tomorrow punctually.

例 我们的老师每天都准时来上课，她从不迟到。Our teacher is punctual for class every day and she is never late.

🐦 **辨析** 准时 vs. 按时 (10)vs. 及时（386），见"及时（386）"。

1173. 桌子① zhuōzi　名. table

例 哦，能给我那张靠窗的桌子吗？　Well, can I have that table by the window?

例 在桌子上有两块手表。There are two watches on the table.

补充 座位（1199）、沙发（739）、椅子（1039）

1174. 仔细④ zǐxì　形. careful; attentive

例 经过仔细考虑，我做了这个决定。I made this decision after careful considerations.

例 上课仔细听讲很重要。To be attentive in class is very important.

🐦 **辨析** 仔细 vs. 认真（725）vs. 小心（955），见"认真（725）"。

1175. 自己③ zìjǐ　代. oneself

例 我告诉自己必须要有信心。I tell myself I must have confidence.

例 了解自己才是真的进步。Knowing oneself is the true progress.

1176. 自然④ zìrán　名. nature　形. natural

例 我们热爱自然，并且总想接近自然。We love nature and always try to be close to nature.

例 我从小就开始用电脑，所以用电脑对我来说是很自然的事。I began using computers since a very early age, so using computers is very natural for me.

补充 x 然：见"当然（153）"。

1177. 自信④ zìxìn　形. self-confident; confident

例 我男朋友是一位自信的律师。 My boyfriend is a confident lawyer.

题 请选出正确答案：人一定要旅行，旅行能丰富你的经历，不仅会让你对很多事情有新的认识和看法，还能让你变得更自信。

这段话主要谈的是： (H41328-76)

A 旅游的好处　　B 说话的艺术　　C 阅读的作用　　D 知识的重要性

根据第一句"人一定要旅行"，可知这段话主要谈"旅行"；根据"旅行能丰富你的经历，不仅……，还……"可知这是在说旅行有什么作用，即"旅行的好处"，得出答案为 A。

1178. 自行车③ zìxíngchē　名. bicycle; bike

例 她已经忘记怎样骑自行车了。 She forgot how to ride a bicycle.

例 自行车是他上下班的交通工具。 Bicycle is his commuting tool.

补充 x 车：公共汽车、出租车、火车、摩托车、动车；骑自行车、坐火车、坐飞机

1179. 字① zì　名. character

例 我希望这本书的字再大一点儿。 I wish the characters in this book could be bigger.

1180. 总结④ zǒngjié　动. to summarize; to sum up

例 我将总结一下我已经做过的事。 I will summarize what I have done.

例 我习惯在岁末年初对自己一年的工作进行总结。 I am used to summing up my work at the end of a year.

题 判断对错：回忆过去，有苦也有甜，有伤心、难过也有幸福、愉快，有很多故事让人难以忘记，有很多经验值得我们总结。

应该总结过去的经验。 （　　　） (H41002-9)

由"有很多经验值得我们总结"，得出答案为（√）。

Z

1181. 总是③ zǒngshì 副. always; invariably

例 我们两个中午总是在一起吃饭。We two always have lunch together.

例 早点儿起床，别总是迟到。Get up early. Don't be late all the time.

辨析 总是 vs. 有时候 vs. 经常（455）vs. 偶尔（646），见"经常（455）"。

辨析 总是 vs. 一直（1031），见"一直（1031）"。

1182. 走② zǒu 动. to walk; to go; to leave

例 我经常走路去学校。I often walk to school.

例 既然已经完成了工作，那你可以走了。Now that you have finished the work, you may go.

搭配 "动＋走"，如：取走、拿走、带走、借走、送走

1183. 租④ zū 动. to rent; to lease

例 如果你想租自行车，我知道一个好地方。I know a good place to rent bikes if you want.

例 那对年轻人结婚时不得不租房子。The young couple had to lease a house when they got married.

1184. 嘴③ zuǐ 名. mouth

例 将一个手指放在嘴前，表示"安静"。One finger in front of the mouth means "be quiet".

补充 其他表示人体头部名称的词语，见"鼻子（44）"。

1185. 最② zuì 副. most; -est

例 今年夏天最流行的颜色是粉红色。The most popular color in this summer is pink.

例 我们三个人中，汤姆最胖。Tom is fattest among the three of us.

1186. 最好④ zuìhǎo 副. had better

例 你最好多吃些水果和蔬菜。You'd better eat more fruits and vegetables.

例 你最好呆在床上，好好休息。You'd better stay in bed and have a good rest.

题 选词填空：A：咱们把沙发往窗户那儿抬一下，这样看电视更舒服些。

B：别开玩笑了，我们俩抬不动，（ ）等你爸爸回来再弄。

A 最好　B 继续　C 温度　D 热闹　E 作者　F 商量　　　（H41003-53）

💡 "等"是动词，动词前常常加副词，"最好"是副词；根据"别开玩笑了，我们俩抬不动"，知道如果要抬沙发的话，爸爸回来一起弄才是最好的办法，得出答案为 A。

1187. 最后③ zuìhòu　名. final; last

例 那是她在电视中最后的一次演出。That was her last show on TV.

例 笑到最后的人笑得最好。He who laughs last laughs best.

🐦 辨析　最后 vs. 到底（159）vs. 终于（1152），见"终于（1152）"。

1188. 最近③ zuìjìn　名. recently; in the near future

例 他最近刚和妻子离婚。He recently divorced his wife.

例 我知道他最近要出国。I know he will go abroad in the near future.

1189. 尊重④ zūnzhòng　动. to respect

例 你应该尊重父母的意见。You should respect the opinions of your parents.

题 **请选出正确答案**：要获得别人的尊重，必须先尊重别人。任何人心里都希望获得尊重，受到尊重的人往往会变得更友好、更容易交流。

怎样获得别人的尊重？　　　　　　　　　　　　　　（H41003-70）

A 尊重别人　　　　B 多与人交流　　　　C 多表扬别人　　　　D 严格要求自己

💡 主题句常常是第一句，根据第一句"要想获得别人的尊重，必须先尊重别人"，得出答案为 A。

题 **排列顺序**：A：就好像站在镜子前面，看镜子里面的人

　　　　　　　B：尊重别人的人，同样也会受到别人的尊重

　　　　　　　C：你热情他也热情，你友好他也友好　　　（H41004-59）

💡 B 是主题句，所以是第一句；A 中"就好像……"是用例子（example）说明 B，所以放在 B 后；C 中的"他"是指 B 中"镜子里面的人"，先"看镜子"才知道"你热情他也热情……"，所以 C 在 A 后，得出答案为 BAC。

1190. 昨天① zuótiān　名. yesterday

例 昨天，北京下了一场大雪。There was a heavy snow in Beijing yesterday.

补充 今天、明天、前天、后天、大前天、大后天

1191. 左边② zuǒbian　名. the left side

例 左边那个书包是我朋友的。The schoolbag on the left side is my friend's.

例 史密斯太太，您的座位在您丈夫的左边。This is your seat, Mrs. Smith, on the left side of your husband's.

补充 其他表示方位的词语，见"旁边（652）"。

1192. 左右④ zuǒyòu　助. about; or so

例 这件礼物价值 200 元左右。 The gift is worth about two hundred *yuan*.

例 他大概一个月左右回来。 He will return in a month or so.

搭配 数量 + 左右

1193. 作家④ zuòjiā　名. writer

例 他是一位著名的作家。 He is a famous writer.

补充 x 家：画家、书法家、书画家、美术家、音乐家、钢琴家、教育家。

辨析 作家 vs. 作者, 见"作者（1196）"。

1194. 作业③ zuòyè　名. homework; school assignment

例 学生们正在认真地写着作业。Students are doing their homework carefully.

1195. 作用④ zuòyòng　名. effect; function; impact 动. to impact

例 他在公司里发挥着很重要的作用。He plays an important role in the company.

例 两种力互相作用。The two forces impact on each other.

题 判断对错：我喜欢阳光，因为阳光给了万物生命。因为有了阳光，花园里的小草更绿了；因为有了阳光，天空下的海洋更蓝了。

阳光的作用很大。　（　　）　　　　　　　　　　　　　（H41005-5）

由"阳光给了万物生命"、"小草更绿了"、"海洋更蓝了"，得出答案为（√）。

🐦 **辨析** 作用 vs. 效果（959）vs. 影响（1053）

"作用"强调对事物（或人）产生影响；"效果"是因为事情、东西、人等的影响而产生的结果，常表示好的结果；"影响"做名词时是对人或事物起到的作用，做动词时是对想法或行动等产生好的或者坏的作用，可带"了、着、过"，可带名词或动词宾语，常用结构"影响＋人＋做事"。

1196. 作者④ zuòzhě 　名. author; writer

例 这本书是一位很有名的作者写的。This book is written by a very famous author.

题 **选词填空**：A：那篇文章的（　　）是谁？
　　　　　　　B：我忘了他叫什么名字了，只记得他姓李。 （H41003-51）

A 最好　　B 继续　　C 温度　　D 热闹　　E 作者　　F 商量

💡 "的"后边加名词，"作者"是名词，由"文章"和"谁"知道，填入的名词是写那文章的人，也就是"作者"，得出答案为 E。

补充 x 者：作者、读者、记者、译者、成功者、合格者、学者

1197. 坐① zuò 　动. to sit; to travel by

例 白先生，这是您的座位，请坐。Mr. Bai, this is your seat. Please sit here.

例 我想和朋友们一起坐飞机去旅行。I would like to travel by plane with my friends.

题 **判断对错**：姐，咱们弄错方向了，去西边的公共汽车应该在对面坐。正好前边有个天桥，我们从那儿过马路吧。

他们要坐地铁。（　　） （H41005-4）

💡 由"公共汽车应该在对面坐"知道，他们是坐公共汽车，而不是坐地铁，得出答案为（×）。

1198. 座④ zuò 　量. classifier for building, mountain

例 那座新建筑物高二十多米。The new building is more than twenty meters high.

题 **完成句子：**那座桥 800年的 历史 有 了 （样卷 - 完成句子例题）

💡 "历史"是名词，由"的＋名词"组成"800年的历史"；"有"是 V，再根据 "S＋V＋O"组成"那座桥有800年的历史"，句末加上"了"，得出答案：那座桥 有800年的历史了。

Z

1199. 座位④ zuòwèi　　名. seat

例 他把座位让给了那位老大妈。He gave his seat to that elderly lady.

例 每辆公共汽车上都有一些座位，是老人和病人的专座。Every bus has some seats which are reserved for the old and sick only.

补充 见"桌子（1173）"。

1200. 做① zuò　　动. to do; to make

例 为保护环境，我们能做些什么呢？ What can we do to protect the environment?

例 这些儿童玩具都是塑料做的。These toys for children are made of plastic.

例 你妈妈做什么工作？ What is your mother's job?

🐦 **辨析** 做 vs. 干（268）vs. 弄（641）

"做"常用搭配为"做菜、做衣服、做作业、做母亲"。"干"是口语，后常不加具体 宾语，多用于不太好的事情。如：你干什么？这不是我干的。"弄"是口语，可以 代表其他一些动词的意义，如：电脑坏了，帮我弄（修）一下；你休息一下，我 去弄（做）饭；他把屋子弄（收拾）得很干净；我一定要把这件事弄（查）清楚。 也可以表示"使"，多用于不好的方面，如：那个孩子把衣服弄脏了。还可以表示 "想办法取得"，如：我去弄点儿水；他弄了两张电影票。

🖌 **自 测**

⋯ 一 **选词填空。**

A 至少	B 只好	C 重点	D 重视	E 重要

1. 她没赶上火车（　　）坐汽车回家了。

2. 这个行李箱太重了，（　　）有 50 斤。

3. 这是一个特别（　　）的会议，所以大家不能迟到。

4. 这个学期汉语课的学习（　　）是语法。

5. 同学们都很（　　）这次考试，所以每天都花很多时间复习。

> A 周围　　B 只要　　C 主意　　D 注意　　E 准时

6. （　　）你努力，我相信你一定会成功的。

7. 这个（　　）真不错，我们就这么干。

8. 公园（　　）的环境不错，我想去那儿买一套房子。

9. 今天的会议非常重要，请您一定（　　）参加。

10. 请大家（　　），离考试结束还有 5 分钟。

> A 总是　　B 总结　　C 租　　D 最后　　E 最近

11. 他学习很努力，每次下课他都是（　　）一个离开教室。

12. 玛丽（　　）了自己 2015 年的工作，总的来说还是让人满意的。

13. 他（　　）精神不太好，主要是晚上睡得太晚。

14. 马克上课（　　）迟到，大家都不喜欢他。

15. 在上海（　　）房子太贵了，要 3000 块一个月。

> A 质量　　B 自信　　C 最　　D 作用　　E 准确

16. A：这套西服的（　　）真的不错，请问你在哪儿买的？

B：我在南京东路买的。

17. A：今天有多少人来参加会议？你能不能告诉我一个（　　）的数字？

B：今天有 120 个人来参加会议。

18. A：这里有蛋糕、水果和烤肉，你（　　）喜欢吃什么呢？

B：我最喜欢吃蛋糕。

19. A：你觉得这种药怎么样？

B：这种药一点（　　）也没有，吃了半个月我的感冒还没好。

20. A：那个学生怎么样？

B：他很聪明，不过不大（　　），总是不敢开口说汉语。

二 完成句子。

21. 尊重　应该　我们　老师　我们的 　　_____

22. 不断地努力　他　通过　考上了大学　终于 　_____

23. 慢慢地　让　我的汉语水平　提高了　多练习口语 _____

24. HSK 考试　明年五月　祝同学们　顺利通过　我 _____

25. 你特别　最好　专业　喜欢的　换一个 　_____

三 看图，用词造句。

26. 重

_____

27. 著名

_____

28. 座位

_____

29. 祝贺

_____

30. 仔细

_____

自测100题

一 排列顺序。

1. A 我们应该首先表示感谢
   B 而不是问礼物多少钱
   C 收到礼物时 _____

2. A 但他就是不敢去
   B 昨天老师给他打了一个多小时的电话
   C 鼓励他去参加汉语桥比赛 _____

3. A 所以还是有很多人选择这个职业，尤其是女孩子
   B 但是因为有寒暑假
   C 在中国，虽然做老师很忙很累 _____

4. A 虽然我们现在的生活条件变好了
   B 很多人的健康和心情也因此越来越差
   C 但是人们的压力却越来越大 _____

5. A 去朋友家做客以前

   B 否则就很可能遇到朋友不在的情况

   C 最好先给他们打个电话约好时间　　　　　　　　_____

6. A 对于同一个问题

   B 但这并不表示他们就没有办法交流

   C 老年人和年轻人的看法往往会不同　　　　　　　_____

7. A 但是水的好坏对身体有很大的影响

   B 水是我们生活中不可缺少的东西

   C 所以我们要尽量喝没有被污染的、干净的水　　　_____

8. A 我们的老师是北京人

   B 现在她已经在这儿生活了 10 年了

   C 因为工作的关系才来到上海　　　　　　　　　　_____

9. A 但中国人这样做的原因往往不是为了吃饭

   B 大家都知道中国人很喜欢请朋友吃饭

   C 而是借这个机会跟朋友见见面、聊聊天　　　　　_____

10. A 很多人喜欢去大商场购物

    B 而是因为商场的东西质量好，让人放心

    C 这并不是因为他们有花不完的钱　　　　　　　　_____

11. A 学习外语时一定要多说多练

    B 这样才能使自己进步得更快

    C 即使说错了，也不要害羞　　　　　　　　　　　_____

12. A 因此很容易和别人相处

    B 性格外向的人一般都比较活泼

    C 他们很自信，也常照顾别人　　　　　　　　　　_____

13. A 即使上了中学，他们对我的要求仍然很多

    B 那时候我真的很羡慕我的同学

    C 小时候父母对我要求非常严格　　　　_____

14. A 时间就像河里的水

    B 人的生命也是一样的

    C 流了过去就不可能再回来　　　　_____

15. A 有些人认为应该每天都洗头发

    B 但是有研究发现

    C 长时间这样，头发很容易变干变黄　　　　_____

16. A 前段时间她一直在忙着减肥

    B 每天只吃一些水果和牛奶

    C 结果只坚持了半个月就被送进了医院　　　　_____

17. A 首先是希望学会说汉语

    B 很多外国人学习汉语的目的

    C 然后是希望了解中国的文化　　　　_____

18. A 随着经济的发展

    B 因此，很多人选择离开大城市

    C 城市的环境变得越来越差　　　　_____

19. A 现在用 E-mail 联系的人越来越多

    B 很多人打开电脑的第一件事就是查看 E-mail

    C 我也是这样　　　　_____

20. A 当孩子们学习成绩不好时

    B 而应该给孩子们更多的鼓励

    C 父母们不应该随便批评　　　　_____

21. A 因为同学们经常会在一起唱歌、跳舞

    B 在中国留学的那段日子最值得我回忆

    C 更重要的是认识了我的妻子 _____

22. A 就是想借这个机会看看我的父母

    B 其实没有什么特别的原因

    C 我打算今年放寒假的时候回国一趟 _____

23. A 不过价格太贵了，比超市至少要贵一倍

    B 所以很多人坐火车旅行时都会提前买很多吃的东西上车

    C 虽然火车上有各种各样吃的可以买 _____

24. A 因为文化就在人们的日常生活中

    B 与中国人一起生活一段时间其实是个好办法

    C 怎样才能更好地理解中国文化呢 _____

25. A 所以还没来得及打开

    B 您送我的礼物我昨天就已经收到了

    C 只是我昨天实在太忙了 _____

二 请选出正确答案。

1. 我今年寒假想去上海看一看。我英语很好，只会说一点儿汉语，但我知道在上海人们都说汉语，不知道我是否能用英语与他们交流呢？

   ★他在担心什么？

   A 语言　　　　B 吃饭　　　　C 不同的文化　　　　D 交通

2. 适当地看看电视对人们的生活会有积极的影响，比如使人放松、实时地了解信息，但很多人花费了太多的时间在看电视上，这不仅不会对身体有帮助，反而对身体有害。

★看电视时间太长的话，会：

A 对健康有好处 B 能让人放松

C 对身体有害 D 实时地了解信息

3. 现在的年轻人更喜欢上网了解新闻，而不是通过看电视来了解信息。相反的，老年人则更喜欢看电视。

   ★老年人了解信息的方式主要是：

   A 上网 B 看电视 C 上网和看电视 D 其他

4. 随着科学技术的发展，人们的生活水平提高了，电脑、手机、电视、汽车等走进了千家万户，但环境的污染也越来越严重了。

   ★通过这段话，可以知道：

   A 电脑不太多 B 生活压力大

   C 环境污染很严重 D 生活水平不高

5. 明天导游会带大家去湖边走一走，那边还有一个大商店，你们可以顺便在那儿逛逛。

   ★这些人最有可能在干什么？

   A 看电影 B 买衣服 C 看医生 D 旅游

6. 玛丽建议我最好寒假的时候再回家，虽然那时候天气稍微冷点儿，但机票打完折后确实便宜多了。

   ★玛丽为什么建议我寒假的时候再回家？

   A 天气暖和 B 天气很冷 C 机票便宜 D 时间很多

7. 今天晚餐非常丰富，有很多水果和蛋糕，特别是还有她最喜欢吃的巧克力。但当她看到自己这么胖时，她回到了自己的房间。

   ★她最可能吃什么？

   A 巧克力 B 水果 C 蛋糕 D 什么都不吃

8. 毕业的时候，他的工作不太理想，但他没有放弃，这么多年的坚持和努力终于使他成为了一个非常成功的人。

   ★他为什么能成功？

   A 有理想　　　　B 坚持和努力　　　　C 愿意放弃　　　　D 自信

9. 现在越来越多的人喜欢骑自行车上班，因为虽然下雨的时候不太方便，但是骑自行车既便宜又方便，不会堵车，而且还能锻炼身体，保护环境。

   ★关于选择骑自行车的好处，以下不正确的是：

   A 方便又便宜　　　　B 能锻炼身体　　　　C 不怕下雨　　　　D 不容易堵车

10. 我的朋友最近总是觉得头很疼，他以为自己得了很严重的病，心里很担心，所以昨天他去医院做了一个全身检查。检查以后医生说他没有什么大问题，可能是因为最近工作压力太大了。

    ★我的朋友最近：

    A 得了重病　　　　B 肚子疼　　　　C 没有压力　　　　D 总是头疼

11. 来中国以前，我一直以为北京是中国最大的城市。可是等我在中国生活了一年以后，我才发现上海比北京还大，人口也比北京多很多。

    ★根据这段话，我们可以知道：

    A 北京最大　　　　　　　　　　B 上海比北京大

    C 我还没来过中国　　　　　　　D 北京人口最多

12. 每个人的一生都会经历很多事情，有些事情会让你很开心，有些事情会让你很伤心。遇到开心的事儿时，我们应该保持冷静。遇到伤心的事情时我们也不要抱怨。

    ★遇到伤心的事儿时我们应该：

    A 开心　　　　B 保持冷静　　　　C 抱怨　　　　D 不要抱怨

13. 小时候，我们的生活条件很差，有时候就连吃饱都是一件很难的事儿，更不用说吃好吃的了，可是我们的身体都很健康。现在的孩子生活条件比我们那时候好多了，每天想吃什么就可以吃到什么，可是却总是要经常往医院跑。

★根据这段话，我们可以知道现在的孩子：

A 生活条件很差　　　　B 身体很健康　　　　C 生活条件很好　　　　D 不常生病

14. 我爷爷很年轻的时候就到国外留学了，毕业以后又在国外工作了好几年。我爸爸五岁的时候，他才回到中国工作，现在爷爷常常给我讲他在国外的经历。我觉得他在国外的生活虽然很辛苦，但是也很有意思。

　　★关于爷爷，以下不对的是：

A 在国外留过学　　　　　　　　B 在国外工作过

C 五岁就出国了　　　　　　　　D 在国外的生活很辛苦

15. 小时候，对于大人的话，孩子们总是不当一回事儿，常常左耳朵进，右耳朵出。等他们长大以后才发现大人们往往是对的，可是等到那个时候再后悔，常常已经来不及了。

　　★对于大人的话，孩子们应该：

A 左耳朵进　　　　B 重视　　　　C 不当一回事儿　　　　D 右耳朵出

16. 谁都知道抽烟不但对自己的身体不好，对周围人的健康也会产生很大的影响。但是很多喜欢抽烟的人，在他们需要抽烟的时候，却不管身边的人是孩子还是女人，就开始抽烟，这真让人受不了。

　　★这段话是抱怨谁的？

A 女人　　　　B 抽烟的人　　　　C 孩子　　　　D 男人

17. 很多女人都觉得结婚以后虽然跟丈夫的感情仍然不错，但是却没有结婚以前那么浪漫了，有时候丈夫连结婚纪念日都不记得，更不用说给她们送礼物了，这让她们觉得很失望，甚至有时候会很伤心。

　　★很多女人觉得结婚以后：

A 跟丈夫感情不好　　　　B 生活不够浪漫　　　　C 总是很开心　　　　D 总是很后悔

18. 如果你给中国朋友送礼物，有些东西一定要注意。以前中国人喜欢送吃的、喝的或用的。现在，随着生活水平的提高，人们送的礼物也发生了变化，更多的是送一些鲜花或艺术品。礼物不一定要很贵，但质量一定要好，而且最好是对方喜欢的。

★现在给中国朋友送什么礼物最好？

A 日用品　　　B 贵的　　　　C 吃的　　　　D 朋友喜欢的

19-20.　本公司现招聘职员，要求如下：

博士，经济学专业，普通话标准，熟悉电脑，有五年以上工作经验。请符合招聘要求的人在本月 25 日以前带上本人的博士毕业证书和两张一寸照片到同济大学经济管理学院 303 室面试。

★这个公司在做什么？

A 介绍职员　　　B 招聘职员　　　C 进行面试　　　D 学习电脑

★这个公司招聘的人要求什么专业？

A 计算机　　　B 管理学　　　C 经济学　　　D 语言学

21-22.　现在在中国非常流行减肥，尤其是女孩子。我觉得中国的女孩子都不胖，但是她们却总觉得自己太胖了，总是希望能瘦一点儿，再瘦一点儿。所以很多女孩子都拒绝吃各种肉类、糖类食品，有些女孩子甚至连饭都不吃，只吃水果。时间长了，身体越来越差。我觉得，漂亮虽然很重要，但是健康更重要。

★为了减肥，有些女孩子选择：

A 只吃肉类　　　B 只吃水果　　　C 只吃糖类　　　D 什么都不吃

★作者觉得什么最重要？

A 减肥　　　B 漂亮　　　C 健康　　　D 瘦

23-24.　有的人喜欢在大城市生活，有的人喜欢在小城市生活。其实生活在大城市和小城市各有各的优点和缺点。大城市的工资比较高，工作机会也更多，但是东西也更贵，因此生活和工作的压力也很大。小城市呢，环境美丽，工资虽然不高，可是东西也比较便宜，因此生活压力不大，不过没有大城市那么热闹、精彩。

★生活在大城市的人：

A 工资不高　　　B 机会更多　　　C 压力不大　　　D 没有缺点

★关于小城市，下列哪个不正确？

A 工资不高　　　B 环境美丽　　　C 压力很大　　　D 东西不贵

25-26.　老马最喜欢聊天儿。有一天去看朋友时，他和朋友从下午 3 点一直聊到晚上

12点。后来朋友实在太累了，就对他说："老马，我明天早上还要上班呢。"老马这才想起来自己是在朋友家，马上对朋友说："真不好意思，我还以为这是在我家呢。"

★老马和朋友聊了多长时间？

A 3 个小时　　　B 12 个小时　　　C 9 个小时　　　D 一天

★他们在哪儿聊天？

A 在老马家　　　　　　　　　　B 在朋友家

C 在朋友的办公室　　　　　　　D 在老马的办公室

27-28.　我们对今年毕业的大学生的工作情况进行了一个调查，从每个专业选择了100个毕业生。其中医学专业的学生100%都找到了工作，经济专业的90%找到了工作，历史专业的只有65%，比法律专业的还少10%。

★这是关于大学生的什么调查？

A 工作　　　B 专业　　　C 大学　　　D 人数

★最不好找工作的专业是：

A 医学　　　B 经济　　　C 历史　　　D 法律

29-30.　这几年我家的邻居张阿姨的生活变化可大了，大儿子三年前就在公司当上了经理，小儿子也已经大学毕业了，现在在一家医院当大夫。可是一提到大儿子，张阿姨就着急，都30多岁了，连女朋友还没有呢。

★谁在医院工作？

A 张阿姨　　　　　　　　B 张阿姨的大儿子

C 张阿姨的小儿子　　　　D 张阿姨的邻居

★张阿姨为什么着急？

A 大儿子没当上经理　　　　B 小儿子还没毕业

C 大儿子身体不好　　　　　D 大儿子还没有女朋友

三 完成句子。

1. 公司　学生　招聘了　许多　刚毕业的　_____

2. 听懂　能　他　老师　说的话　_____

3. 书　的　怎么样　这本　内容　_____

4. 速度　这辆车　的　特别　快　_____

5. 中国城市的　正在　慢慢地　提高　生活水平　_____

6. 特别为小学生　做的　这种服装　是　_____

7. 太极拳　很漂亮　打得　体育老师的　_____

8. 已经　全市人口　300万　增加了　_____

9. 机场　推迟　起飞时间　通知　_____

10. 对　很热情　他　客人　_____

11. 好处　喝牛奶　对皮肤　很有　_____

12. 她　陪外国朋友　去外滩　看看　打算　_____

13. 个　又累又渴　那　穿蓝衣服的女孩儿　_____

14. 孩子们　打篮球的声音　弄醒了　把老人　_____

15. 口语水平　经常回答问题　提高　能　_____

16. 暂停营业　大风雪　让他的商店　不得不　_____

17. 水平　演员们的演出　他们现在的　超出了　_____

18. 派他　访问中国　你　最好　别　_____

19. 希望　我　通过　顺利　考试　_____

20. 不明白　难道你　连这么简单的问题　也　_____

21. 进行了　领导们　讨论　在会议室　_____

22. 那个学校　留学生的数量　打算　减少　_____

23. 非常　多　通过人数　这次考试　的　_____

24. 电话卡　是　一种　IP卡　_____

25. 妹妹　吃不下饭　得　难过　_____

26. 完全　考试的　那样写　符合　具体要求　_____

27. 有帮助　这本书　对　学习汉语　十分 _____

28. 引起　了　很多人的　这篇文章　注意 _____

29. 举办　学校　文化活动　决定　一次 _____

30. 那位　深受　老师　学生的欢迎　优秀的 _____

四　看图，用词造句。

1. 烦恼

2. 检查

_____

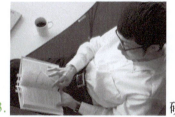

3. 研究

4. 通知

_____

5. 画

6. 应聘

_____

7. 丰富

8. 衬衫

_____

9. 蛋糕

10. 感动

11. 爱好

12. 表演

13. 厚

14. 整理

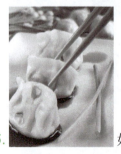

15. 好吃

参考答案

一 1-5. BECAD   6-10. BACED   11-15. DBECA   16-20. EACBD

二 21. 弟弟把药吃了吗?

22. 那道题没有标准答案。

23. 姐姐比妹妹跑得快。

24. 我代表学校向你们表示感谢。

25. 报纸上报道了那条消息。

三 26. 他们大学毕业了。

27. 弟弟比哥哥矮很多。

28. 他们正在搬箱子呢。

29. 这个孩子吃饱了。/ 她吃得很饱。

30. 他们受到了表扬,非常高兴。

一 1-5. CEDAB   6-10. CDAEB   11-15. CDEBA   16-20. ADCEB

二 21. 每学期学习的人数都超过了一千人。

22. 你参加四月份举办的汉语水平考试了吗?

23. 生活的压力让我不得不努力工作。

24. 抽烟对身体一点儿好处也没有。

25. 前面那个穿红衣服的女孩儿是我朋友。

三 26. 这家餐厅的环境很好。

27. 她正在擦鼻子呢。

28. 冰箱里有很多食品。/ 冰箱里有很多吃的和喝的东西。

29. 这家饭馆的菜很好吃。/ 多吃菜对身体好。

30. 她在想今天穿哪件衣服。

第3天

一 1-5. BDEAC   6-10. BAEDC   11-15. ECBAD   16-20. BEADC

二 21. 她打算买一本汉语词典。

22. 那个戴红帽子的女孩儿跑得很快。

23. 这道题以老师的答案为标准答案。

24. 他代表经理参加会议。

25. 请帮我把这份文件打印三份。

26. 他们正在等车呢。

27. 商场里的衣服打折了。

28. 他们正在打篮球呢。/ 他们很喜欢打篮球。

29. 大夫正在给孩子看病呢。

30. 我常常乘坐地铁。/ 地铁是一种很方便的交通工具。

第 **4** 天

一　1-5. CEDBA　　6-10. BACDE　　11-15. EADBC　　16-20. BCADE

二　21. 他能听懂汉语广播。

22. 你发现问题的原因了吗？

23. 这次考试的范围非常大。

24. 放暑假时我常常去别的城市旅行。

25. 现在人们常常用电脑收发电子邮件。

三　26. 她们正在锻炼身体呢。/ 她们喜欢锻炼身体。

27. 这个女孩儿把书放在了头上。

28. 他正在看电视呢。/ 他喜欢看电视。

29. 猴子是我最喜欢的动物。/ 这种动物很可爱。

30. 这个小孩儿的肚子很疼。

第 **5** 天

一　1-5. DAEBC　　6-10. DBAEC　　11-15. EADBC　　16-20. CEABD

二　21. 上海的高楼更多。

22. 哥哥个子比弟弟高。/ 哥哥比弟弟个子高。

23. 我非常喜欢会打篮球的人。

24. 他现在的工资超过了五千。

25. 你一定要向他表示感谢。

三　26. 听到这个消息，他非常高兴。

27. 她告诉了朋友一个好消息。/ 她把这件事告诉了朋友。

28. 这个房间很干净。/ 他家的客厅非常干净。

29. 为我们的友谊干杯。

30. 她非常喜欢购物。/ 休息的时候，她常常去购物。

第6天

一　　1-5. EADBC　　6-10. BEADC　　11-15. DABEC　　16-20. ECBDA

二　21. 弟弟对汉语特别感兴趣。

22. 经常锻炼身体对老人有很多好处。

23. 我是坐国际航班来北京的。

24. 这么做不符合学校的规定。

25. 墙上挂着一幅妹妹画的画儿。

三　26. 这个小女孩儿很害羞。

27. 她常常逛超市，买东西。

28. 她喜欢喝果汁。/ 她正在喝果汁呢。/ 喝果汁对身体有好处。

29. 盒子里是爸爸送给她的生日礼物。

30. 刮风了，快把窗户关上吧。/ 她正在关窗户。

第7天

一　　1-5. CAEBD　　6-10. CADBE　　11-15. BACED　　16-20. ACEDB

二　21. 他的努力常常获得老师的表扬。

22. 这位著名的歌星在青年人中非常受欢迎。

23. 他坚持认为别人的看法都不重要。

24. 这道题比那道题简单得多。

25. 别让减肥影响你的健康。

三　26. 他们正在加班呢。/ 他们每天都加班。

27. 他正在寄信。/ 他寄了很多信。

28. 这个记者正在问问题。

29. 大家觉得她的建议很不错。

30. 这个房间里的家具非常漂亮。

第8天

一　　1-5. ADCBE　　6-10. CABDE　　11-15. CDEAB　　16-20. DECBA

二　21. 他决定照一下镜子。

22. 那个警察拒绝解释这个问题。

23. 我的自行车叫朋友借走了。

24. 这次活动是由那家博物馆举办的。

25. 街道两旁摆着很多鲜花。

26. 今天我姐姐跟她的男朋友结婚了。/ 今天他们结婚了。

27. 比赛正在进行。/ 他们正在进行比赛。

28. 我觉得今天的表演很精彩。/ 这个节目真的非常精彩。

29. 他们正在考试，看上去一点也不紧张。

30. 地铁站里禁止吸烟。

第9天

1-5. DBACE　　　6-10. CEDAB　　　11-15. BACED　　　16-20. DBAEC

21. 我觉得中国菜又辣又咸。

22. 我觉得每天开心比什么都重要。

23. 他们夫妻俩对客人总是非常热情。

24. 他一直穿着那条蓝色的裤子。

25. 这是一部浪漫的爱情故事片。

26. 这个孩子笑得真可爱。

27. 听到那个消息，她伤心地哭了。

28. 请把垃圾扔到垃圾桶里去。

29. 我觉得这种药非常苦。

30. 我买了一瓶矿泉水。

第10天

1-5. BAECD　　　6-10. EBCAD　　　11-15. CBDAE　　　16-20. EDACB

21. 我对中国历史一点儿也不了解。

22. 请您慢点儿说可以吗？/ 请您说慢点儿可以吗？

23. 洗手间的墙上挂着一条绿色的旧毛巾。

24. 他的汉语说得比我流利多了。

25. 路上刚开过去一辆空出租车。

26. 妈妈把毛巾洗得很干净。/ 酒店为客人准备好了干净的毛巾。

27. 我喜欢到世界各地去旅行。

28. 看起来他对这些衣服很满意。

29. 我的理想是当一名医生。

30. 这是爸爸妈妈送给我的礼物。

第11天

一　1-5. ABDEC　　　6-10. CBEAD　　　11-15. BACDE　　　16-20. BCAED

二　21. 刚修好的手机又被儿子弄坏了。

22. 我相信儿子有能力自己解决这个问题。

23. 这本书的内容你看得懂吗？/你看得懂这本书的内容吗？

24. 一名优秀的教师最需要的就是耐心。

25. 我每天都要跑一个小时的步。

三　26. 她最喜欢吃这种面条儿。/这种面条儿非常好吃。

27. 他们正在爬山。/周末的时候，我常跟朋友们一起去爬山。

28. 登山时如果不带地图，很容易迷路。

29. 这些盘子真漂亮啊！/我非常喜欢这些盘子。

30. 她最近变得很胖。

第12天

一　1-5. ECBDA　　　6-10. ABEDC　　　11-15. DCABE　　　16-20. ABDEC

二　21. 你发现他们俩的区别在哪儿了吗？

22. 我们每个人都有自己的优点和缺点。

23. 他又被骗了 500 块钱。

24. 他比他妻子的脾气好得多。

25. 无论遇到什么困难他都不怕。

三　26. 报纸上的一篇文章让他很感兴趣。/他很认真的在读报纸上的一篇文章。

27. 这条裙子是妈妈送给我的礼物。

28. 你喜欢吃巧克力吗？

29. 她正在轻轻地敲朋友的房门。/进别人的房间之前，应该先轻轻地敲门。

30. 他们经常一起骑自行车去旅游。

第13天

一　1-5. CDABE　　　6-10. CBAED　　　11-15. BACED　　　16-20. CDBAE

二　21. 大家都认为可以把会议推迟到下个星期。

22. 中国人对客人总是非常热情的。

23. 我们今年的任务是把汉语学好。

24. 你听出来这是什么声音了没有？

25. 中医有时候会使用一种很细的针给病人看病。

26. 我习惯用勺子。

27. 他生病了，正在房间里休息。

28. 这个女孩儿正在打扫别人扔的垃圾。

29. 他上班经常迟到，每次都跑得很快。

30. 他们俩吵架了，现在都非常生气。

一 1-5. EABDC   6-10. ECDBA   11-15. EABCD   16-20. DBECA

二 21. 请重新排列一下这些数字的顺序。

22. 我对他们家附近的情况不太熟悉。

23. 叔叔让我陪爷爷去医院看病。

24. 爸爸送了女儿一辆自行车做生日礼物。

25. 上个月的三场比赛他都输了。

三 26. 她正在卫生间里刷牙。/ 她每天要刷两次牙。

27. 这种水果非常酸。/ 我不喜欢吃这种很酸的水果。

28. 他是一个很帅的男人。/ 这个男人打扮得很帅。

29. 她对他悄悄地说了这件事。/ 这件事你不能对别人说。

30. 这个房间看上去很舒服。

一 1-5. ACDEB   6-10. ECDAB   11-15. DAECB   16-20. CABDE

二 21. 通过 HSK 考试的关键就是记住生词和语法。

22. 昨天下午学校突然通知师生们提前放暑假。

23. 老板完全同意我对这个问题的看法。

24. 两个建筑师正在讨论怎么建房子。

25. 今年夏天的天气比去年好得多。

三 26. 玛丽的头很疼，你最好陪她去医院看看。

27. 在新年晚会上，他们跳舞跳得好极了。

28. 她躺在沙发上看书，看了一会儿就睡着了。

29. 马克昨天买的西瓜很甜。

30. 妈妈正在教她弹钢琴。/ 妈妈陪孩子一起弹钢琴。

第16天

一 1-5. DBAEC　　6-10. DBCAE　　11-15. CADEB　　16-20. CEDAB

二 21. 国际旅行社为我们做了一个详细的旅游计划。

22. 那座山看起来像一头大象的鼻子。

23. 每天坚持喝这种茶对减肥特别有效果。

24. 他正在想一个让人非常头疼的问题。

25. 洗衣机把洗衣服变成了一件很容易的事。

三 26. 这盘北京烤鸭的味道一定很好。

27. 这杯咖啡闻起来很香。

28. 宝宝很喜欢洗澡，因为他可以玩水。

29. 玛丽经常讲笑话，我们都很喜欢她。

30. 爷爷听到了一个好消息，所以高兴极了。

第17天

一 1-5. AECDB　　6-10. EDABC　　11-15. DABCE　　16-20. CEABD

二 21. 罗兰最近对亚洲文化比较感兴趣。

22. 我们一定要对自己有信心。

23. 在同济大学学习汉语是一个不错的选择。

24. 老师希望同学们养成上课从不迟到的好习惯。

25. 越来越多的人喜欢使用信用卡购物。

三 26. 他们分手了，所以心情很不好。

27. 当听到自己通过 HSK 考试的消息时，她非常兴奋。

28. 已经早上六点了，她还没有醒。

29. 今天的演出非常精彩。

30. 这本书有点儿厚，看起来有几百页。

第18天

一 1-5. DEBCA　　6-10. ADBEC　　11-15. CADBE　　16-20. AEDBC

二 21. 他的性格跟爸爸的完全不一样。

22. 中国以北京时间为标准时间。

23. 酒后开车容易引起严重的交通事故。

24. 那个穿白色衬衫的小伙子是来应聘的。

25. 小李对自己的朋友非常友好。

三 26. 他很喜欢游泳，而且游得很好。

27. 罗兰经常锻炼身体，最喜欢的运动是打羽毛球。

28. 这位演员很有名，他演过很多电影。

29. 这三种饮料我都爱喝。

30. 学校附近有一个邮局。

第19天

一 1-5. BCDEA　　　6-10. EACBD　　　11-15. BADEC　　　16-20. DCEAB

二 21. 真正的友谊值得我们好好保护。

22. 父母都有责任照顾自己的孩子。

23. 每个周末田芳都会整理她的房间。

24. 这是一本非常好看的杂志。

25. 打乒乓球是很多中国人都喜欢的一种运动。

三 26. 他们的头和衣服都弄得很脏。

27. 这是我们全家的照片，有爷爷、奶奶、爸爸、妈妈、姐姐和我。

28. 杰克刚买了一台新的照相机，看起来很专业。

29. 这种植物看上去很漂亮。

30. 这个公司正在招聘高级技术员。

第20天

一 1-5. BAECD　　　6-10. BCAED　　　11-15. DBEAC　　　16-20. AECDB

二 21. 我们应该尊重我们的老师。

22. 他通过不断地努力终于考上了大学。

23. 多练习口语让我的汉语水平慢慢地提高了。

24. 我祝同学们明年五月顺利通过 HSK 考试。

25. 最好换一个你特别喜欢的专业。

三 26. 这些箱子太重了。

27. 天安门是北京最著名的建筑之一。

28. 剧场里有很多空座位。

29. 大家一起祝贺她生日快乐。

30. 这些学生正在仔细地写作业。

第21天

一

1. CAB	2. BCA	3. CBA	4. ACB	5. ACB
6. ACB	7. BAC	8. ACB	9. BAC	10. ACB
11. ACB	12. BCA	13. CAB	14. ACB	15. ABC
16. ABC	17. BAC	18. ACB	19. ABC	20. ACB
21. BAC	22. CBA	23. CAB	24. CBA	25. BCA

二

1-5. ACBCD　　6-10. CDBCD　　11-15. BDCCB

16-20. BBDBC　　21-25. BCBCC　　26-30. BACCD

三

1. 公司招聘了许多刚毕业的学生。

2. 他能听懂老师说的话。

3. 这本书的内容怎么样？

4. 这辆车的速度特别快。

5. 中国城市的生活水平正在慢慢地提高。

6. 这种服装是特别为小学生做的。

7. 体育老师的太极拳打得很漂亮。

8. 全市人口已经增加了 300 万。

9. 机场通知推迟起飞时间。

10. 他对客人很热情。

11. 喝牛奶对皮肤很有好处。

12. 她打算陪外国朋友去外滩看看。

13. 那个穿蓝衣服的女孩儿又累又渴。

14. 孩子们打篮球的声音把老人弄醒了。

15. 经常回答问题能提高口语水平。

16. 大风雪让他的商店不得不暂停营业。

17. 演员们的演出超出了他们现在的水平。

18. 你最好别派他访问中国。

19. 我希望顺利通过考试。

20. 难道你连这么简单的问题也不明白？

21. 领导们在会议室进行了讨论。

22. 那个学校打算减少留学生的数量。

23. 这次考试的通过人数非常多。

24. IP 卡是一种电话卡。

25. 妹妹难过得吃不下饭。

26. 那样写完全符合考试的具体要求。

27. 这本书对学习汉语十分有帮助。

28. 这篇文章引起了很多人的注意。

29. 学校决定举办一次文化活动。

30. 那位优秀的老师深受学生的欢迎。

四 1. 工作的事情让她很烦恼。

2. 大夫正在给她检查身体。

3. 他在认真研究这本书的内容。

4. 她打电话通知我明天去旅行。

5. 他正在画画儿。／他喜欢画画儿。

6. 他去了一家大公司应聘。

7. 今天的晚饭真丰富。

8. 她今天穿的衬衫很漂亮。

9. 今天是她的生日，爸爸妈妈给她买了一个好吃的生日蛋糕。

10. 今天的晚餐很浪漫，很让人感动。

11. 他爱好打篮球。／他的爱好是打篮球。

12. 她正在表演京剧呢。

13. 这几本书都很厚。

14. 她已经把床整理好了。

15. 这种饺子很好吃。

附　录

HSK 词汇大纲 1—4 级附表
HSK（一级）

附表 1：重组默认词

序号	重组默认词	拼音	大纲词	英文释义
1	八月	Bāyuè	八 月	August
2	茶杯	chábēi	茶 杯子	teacup
3	吃饭	chīfàn	吃 米饭	eat; have a meal
4	打车	dǎchē	打电话 出租车	take a taxi
5	大学	dàxué	大 学校	university; college
6	电影院	diànyǐngyuàn	电影 医院	cinema
7	汉字	Hànzì	汉语 字	Chinese characters
8	后天	hòutiān	后面 今天	the day after tomorrow
9	回来	huílái	回 来	return; come back
10	回去	huíqù	回 去	return; go back
11	今年	jīnnián	今天 年	this year
12	开车	kāichē	开 出租车	drive
13	里面	lǐmiàn	里 前面	inside
14	明年	míngnián	明天 年	next year
15	那里	nàlǐ	那 里	over there
16	你们	nǐmen	你 我们	you
17	上面	shàngmiàn	上 后面	above
18	书店	shūdiàn	书 商店	bookstore
19	他们	tāmen	他 我们	they
20	听见	tīngjiàn	听 看见	hear
21	午饭	wǔfàn	中午 米饭	lunch
22	下面	xiàmiàn	下 后面	below
23	星期一	xīngqīyī	星期 一	Monday
24	学车	xuéchē	学习 出租车	learn to drive
25	一些	yìxiē	一 些	some; a number of; a few; a little; certain
26	有点儿	yǒudiǎnr	有 一点儿	a little

27	这儿	zhèr	这 哪儿	here
28	住院	zhùyuàn	住 医院	in hospital
29	坐车	zuòchē	坐 出租车	take a bus/car
30	做饭	zuòfàn	做 米饭	do the cooking

附表 2：减字默认词

序号	减字默认词	拼音	大纲字
1	杯	bēi	杯子
2	客气	kèqi	不客气
3	车	chē	出租车
4	打	dǎ	打电话
5	点儿	diǎnr	一点儿
6	电话	diànhuà	打电话
7	店	diàn	商店
8	分	fēn	分钟
9	饭	fàn	米饭
10	后	hòu	后面
11	见	jiàn	看见
12	没	méi	没有
13	前	qián	前面
14	时	shí	时候
15	睡	shuì	睡觉
16	天	tiān	今天
17	学	xué	学习
18	雨	yǔ	下雨

附表 3：特例词

序号	特例词	拼音	说明
1	北京大学	Běijīng Dàxué	单位组织名
2	李老师	Lǐ lǎoshī	称呼
3	李明	Lǐ Míng	名字
4	钱先生	Qián xiānsheng	称呼
5	王医生	Wáng yīshēng	称呼
6	小李	Xiǎo Lǐ	称呼

序号	特例词	拼音	说明
7	小明	Xiǎomíng	名字
8	小王	Xiǎo Wáng	称呼
9	小月	Xiǎoyuè	名字
10	谢小姐	Xiè xiǎojiě	称呼

HSK（二级）

附表 1：重组默认词

序号	重组默认词	拼音	大纲词	英文释义
1	白色	báisè	白 颜色	white
2	病人	bìngrén	生病 人	patient
3	不错	búcuò	不 错	not bad
4	茶馆	cháguǎn	茶 宾馆	teahouse
5	出去	chūqù	出 去	go out
6	出院	chūyuàn	出 医院	leave hospital
7	电视机	diànshìjī	电视 手机	television
8	房子	fángzi	房间 桌子	house
9	鸡肉	jīròu	鸡蛋 羊肉	chicken
10	进站	jìn zhàn	进 火车站	pull in; draw up at a station
11	咖啡馆	kāfēiguǎn	咖啡 宾馆	coffee shop
12	旅馆	lǚguǎn	旅游 宾馆	hotel
13	那边	nàbiān	那 旁边	over there
14	奶茶	nǎichá	牛奶 茶	tea with milk; milk tea
15	男孩	nánhái	男 孩子	boy
16	女孩	nǚhái	女儿 孩子	girl
17	上课	shàngkè	上 课	attend class
18	它们	tāmen	它 我们	they; them
19	外面	wàimiàn	外 后面	outside
20	晚饭	wǎnfàn	晚上 米饭	dinner
21	下班	xiàbān	下 上班	get off work
22	下雪	xiàxuě	下雨 雪	snow
23	星期日	xīngqīrì	星期 日	Sunday
24	早饭	zǎofàn	早上 米饭	breakfast

附表 2：减字默认词

序号	减字默认词	拼音	大纲字
1	帮	bāng	帮助
2	笔	bǐ	铅笔
3	表	biǎo	手表
4	唱	chàng	唱歌
5	车站	chēzhàn	火车站
6	但	dàn	虽然……但是……
7	歌	gē	唱歌
8	火车	huǒchē	火车站
9	考	kǎo	考试
10	篮球	lánqiú	打篮球
11	跑	pǎo	跑步
12	汽车	qìchē	公共汽车
13	球	qiú	打篮球
14	肉	ròu	羊肉
15	事	shì	事情
16	手	shǒu	手表
17	踢	tī	踢足球
18	跳	tiào	跳舞
19	晚	wǎn	晚上
20	舞	wǔ	跳舞
21	羊	yáng	羊肉
22	游	yóu	游泳
23	右	yòu	右边
24	早	zǎo	早上
25	正	zhèng	正在
26	纸	zhǐ	报纸
27	足球	zúqiú	踢足球
28	左	zuǒ	左边

附表 3：特例词

序号	特例词	拼音	说明
1	《百家姓》	《Bǎijiāxìng》	书名
2	高新	Gāo Xīn	名字
3	乐乐	Lèle	名字

序号	特例词	拼音	说明
4	李雪	Lǐ Xuě	名字
5	王远	Wáng Yuǎn	名字
6	小白	Xiǎo Bái	称呼
7	小高	Xiǎo Gāo	称呼
8	小红	Xiǎohóng	名字
9	小晴	Xiǎoqíng	名字
10	笑笑	Xiàoxiao	名字
11	谢进	Xiè Jìn	名字

HSK（三级）

附表 1：重组默认词

序号	重组默认词	拼音	大纲词	英文释义
1	班级	bānjí	班 年级	class and grade
2	办公楼	bàngōnglóu	办公室 楼	office building
3	北门	běimén	北方 门	north gate
4	草地	cǎodì	草 地方	grassland; lawn
5	春季	chūnjì	春 季节	spring
6	蛋糕店	dàngāodiàn	蛋糕 商店	cake shop
7	地铁站	dìtiězhàn	地铁 火车站	subway station
8	电影节	diànyǐngjié	电影 节日	filmfest; film festival
9	电子词典	diànzǐ cídiǎn	电子邮件 词典	electronic dictionary
10	电子邮箱	diànzǐ yóuxiāng	电子邮件 行李箱	email box
11	电子游戏	diànzǐ yóuxì	电子邮件 游戏	computer game
12	东北	dōngběi	东 北方	northeast
13	东边	dōngbian	东 旁边	east
14	动物园	dòngwùyuán	动物 公园	zoo
15	放学	fàngxué	放 学校	after class
16	花瓶	huāpíng	花 瓶子	vase
17	花园	huāyuán	花 公园	garden; park
18	会议室	huìyìshì	会议 教室	assembly room; meeting room
19	开会	kāihuì	开 会议	have a meeting
20	楼梯	lóutī	楼 电梯	stairs

序号	重组默认词	拼音	大纲词	英文释义
21	门口	ménkǒu	门 口	gate; doorway
22	名单	míngdān	名字 菜单	list; roll
23	名人	míngrén	有名 人	celebrity; famous person
24	南方	nánfāng	南 北方	south
25	南面	nánmiàn	南 前面	in the south
26	前年	qiánnián	以前 年	the year before last
27	钱包	qiánbāo	钱 包	wallet; purse
28	书包	shūbāo	书 包	schoolbag
29	体育馆	tǐyùguǎn	体育 图书馆	gymnasium
30	外地	wàidì	外 地方	non-local; other places
31	夏天	xiàtiān	夏 今天	summer
32	箱子	xiāngzi	行李箱 杯子	box
33	校园	xiàoyuán	学校 公园	campus
34	以后	yǐhòu	以前 后来	afterwards
35	游客	yóukè	旅游 客人	tourist; visitor
36	雨季	yǔjì	下雨 季节	rainy season
37	雨伞	yǔsǎn	下雨 伞	umbrella
38	遇见	yùjiàn	遇到 看见	meet; come across
39	运动会	yùndònghuì	运动 会议	sports meet; athletic meeting
40	运动鞋	yùndòngxié	运动 皮鞋	sneakers
41	怎么办	zěnmebàn	怎么 办法	what to do
42	照相馆	zhàoxiàngguǎn	照相机 宾馆	photo studio; photo gallery
43	周日	zhōurì	周末 日	Sunday
44	字典	zìdiǎn	字 词典	dictionary
45	做客	zuòkè	做 客人	be a guest

附表 2：减字默认词

序号	减字默认词	拼音	大纲字
1	办	bàn	办公室
2	北	běi	北方
3	边	biān	一边
4	变	biàn	变化
5	查	chá	检查

序号	减字默认词	拼音	大纲字
6	常	cháng	经常
7	词	cí	词典
8	答	dá	回答
9	电子	diànzǐ	电子邮件
10	风	fēng	刮风
11	该	gāi	应该
12	刮	guā	刮风
13	河	hé	黄河
14	黄	huáng	黄河
15	会儿	huìr	一会儿
16	或	huò	或者
17	急	jí	着急
18	记	jì	记得
19	街	jiē	街道
20	节	jié	节日
21	斤	jīn	公斤
22	酒	jiǔ	啤酒
23	句	jù	句子
24	据	jù	根据
25	爬	pá	爬山
26	怕	pà	害怕
27	瓶	píng	瓶子
28	山	shān	爬山
29	市	shì	城市
30	刷	shuā	刷牙
31	头	tóu	头发
32	网	wǎng	上网
33	忘	wàng	忘记
34	相机	xiàngjī	照相机
35	鞋	xié	皮鞋
36	心	xīn	关心
37	行李	xíngli	行李箱
38	兴趣	xìngqù	感兴趣
39	选	xuǎn	选择

40	牙	yá	刷牙
41	应	yīng	应该
42	邮件	yóujiàn	电子邮件
43	遇	yù	遇到
44	照相	zhàoxiàng	照相机
45	周	zhōu	周末
46	总	zǒng	总是

附表 3：特例词

序号	特例词	拼音	说明
1	《汉语大字典》	《Hǎnyǔ Dàzìdiǎn》	书名
2	《历史上的今天》	《Lìshǐ Shang de Jīntiān》	节目名
3	《上下五千年》	《Shàngxià Wǔqiān Nián》	书名
4	《十五的月亮》	《Shíwǔ de Yuèliang》	歌名
5	《向左走向右走》	《Xiàng Zuǒ Zǒu Xiàng Yòu Zǒu》	书名/电影名
6	《月亮船》	《Yuèliang Chuán》	歌名
7	《月亮河》	《Yuèliang Hé》	歌名
8	白经理	Bái jīnglǐ	称呼
9	北京大学	Běijīng Dàxué	单位组织名
10	北京西站	Běijīng Xī Zhàn	地名
11	冬冬	Dōngdong	名字
12	高叔叔	Gāo shūshu	称呼
13	国家图书馆	Gúojiā Túshūguǎn	单位组织名
14	河南	Hénán	地名
15	花城	Huāchéng	地名
16	黄山	Huáng Shān	山名
17	老张	Lǎo Zhāng	称呼
18	刘阿姨	Liú āyí	称呼
19	南京	Nánjīng	地名
20	牛向东	Niú Xiàngdōng	名字
21	山西	Shānxī	地名
22	甜甜	Tiántian	名字
23	西南大学	Xīnán Dàxué	单位组织名
24	小黄	Xiǎo Huáng	称呼

序号	特例词	拼音	说明
25	小马	Xiǎo Mǎ	称呼
26	张爷爷	Zhāng yéye	称呼
27	中国银行	Zhōngguó Yínháng	单位组织名
28	中秋节	Zhōngqiū Jié	节日

HSK 四级

附表 1：重组默认词

序号	重组默认词	拼音	大纲词	英文释义
1	保修期	bǎoxiūqī	保证 修理 学期	warranty period/length; term of service; guarantee
2	餐桌	cānzhuō	餐厅 桌子	dinner/dining table
3	茶叶	cháyè	茶 叶子	tea leaves; tea
4	长处	chángchù	长 好处	forte; merit; strong point
5	车窗	chēchuāng	公共汽车 窗户	car/train window
6	车速	chēsù	出租车 速度	speed of a motor vehicle
7	成败	chéngbài	成功 失败	success or failure; make or break
8	乘客	chéngkè	乘坐 客人	passenger
9	传真机	chuánzhēnjī	传真 照相机	fax machine; facsimile machine
10	存放	cúnfàng	存 放	leave sth with sb; leave sth in sb's care; check; deposit; lodge
11	打败	dǎbài	打扫 失败	beat; defeat; vanquish; outplay
12	打印机	dǎyìnjī	打印 照相机	printer
13	大海	dàhǎi	大 海洋	sea
14	电视剧	diànshìjù	电视 京剧	TV play/drama; television play
15	房租	fángzū	房间 租	house rent; room charge; rental
16	肥胖	féipàng	减肥 胖	fat; corpulent; obese
17	丰富多彩	fēngfù-duōcǎi	丰富 多 精彩	rich and colorful; rich and varied
18	风速	fēngsù	刮风 速度	wind speed/velocity
19	服务区	fúwùqū	服务员 郊区	service area; service zone
20	父母	fùmǔ	父亲 母亲	father and mother; parents
21	付费	fùfèi	付款 免费	pay fee
22	复印机	fùyìnjī	复印 照相机	photocopier; copy/duplicating machine; duplicator; copier

序号	重组默认词	拼音	大纲词	英文释义
23	富有	fùyǒu	富有	rich; wealthy
24	购买	gòumǎi	购物 买	buy; purchase; effect/make a purchase/buy
25	观看	guānkàn	参观 看	watch; view; see
26	海水	hǎishuǐ	海洋 水	seawater; sea
27	寒冷	hánlěng	寒假 冷	cold; frigid
28	坏处	huàichù	坏 好处	harm; disadvantage
29	环保	huánbǎo	环境 保护	environmental protection
30	货物	huòwù	售货员 购物	goods; commodity; merchandise
31	获取	huòqǔ	获得 取	obtain; acquire; gain; win
32	加倍	jiābèi	增加 倍	double; be twice as much
33	加入	jiārù	参加 入口	add; mix; join
34	价钱	jiàqián	价格 钱	price
35	减轻	jiǎnqīng	减少 轻	lighten; lessen; ease; alleviate
36	奖学金	jiǎngxuéjīn	奖金 学习	scholarship; exhibition; fellowship
37	降价	jiàngjià	降低 价格	reduce/lower/cut/abate the price
38	降温	jiàngwēn	降低 温度	(of temperature) drop; fall
39	交谈	jiāotán	交流 谈	talk with each other; converse; chat
40	金钱	jīnqián	现金 钱	money
41	进入	jìnrù	进 入口	enter; get into; ingress
42	景点	jǐngdiǎn	景色 地点	scenic site/spot
43	警察局	jǐngchájú	警察 邮局	police station/office
44	举例	jǔlì	举 例如	cite/give/provide an example/instance
45	科技	kējì	科学 技术	science and technology
46	快速	kuàisù	快 速度	fast; quick; rapid
47	垃圾袋	lājīdài	垃圾桶 塑料袋	bin-liner; refuse/bin/trash/garbage bag
48	礼拜六	lǐbàiliù	礼拜天 六	Saturday
49	例子	lìzi	例如 句子	example; case; instance
50	留言	liúyán	留 语言	leave one's comments; leave a message

序号	重组默认词	拼音	大纲词	英文释义
51	旅程	lǚchéng	旅游 过程	itinerary; route; journey; trip
52	美好	měihǎo	美丽 好	(of life, future, wish, etc.) fine; glorious; good; happy
53	美景	měijǐng	美丽 景色	beautiful scenery/landscape; beautiful sight; beauty spot
54	美味	měiwèi	美丽 味道	delicious food; dainty delicacy
55	能够	nénggòu	能 够	(expressing ability) can; be in the position to do; be able to do; have the ability/capability to do
56	女性	nǔxìng	女 性别	woman; womankind
57	牌子	páizi	登机牌 筷子	brand; trademark
58	气温	qìwēn	天气 温度	temperature
59	亲情	qīnqíng	父亲 感情	emotional tie; affectionate feelings
60	取得	qǔdé	取 获得	gain; acquire; get; obtain; attain; achieve
61	全身	quánshēn	全部 完全 身体	whole body
62	入睡	rùshuì	入口 睡觉	fall asleep; fall/sink into sleep; go to sleep
63	入学	rùxué	入口 学校	enter a school/college
64	山区	shānqū	爬山 郊区	mountainous district/area/region
65	商场	shāngchǎng	商店 机场	department store
66	时速	shísù	小时 速度	speed per hour
67	售票员	shòupiàoyuán	售货员 票	ticket seller; (of a bus) conductor; (of a railway station) booking-office clerk; ticket clerk; (of a theater) box-office clerk
68	树叶	shùyè	树 叶子	tree leaf
69	孙女	sūnnǔ	孙子 女	granddaughter
70	谈话	tánhuà	谈 说话	talk/chat/converse (about sth with sb)
71	谈论	tánlùn	谈 讨论	discuss; talk about
72	提交	tíjiāo	提 交	submit (a problem, etc.) to; refer to

序号	重组默认词	拼音	大纲词	英文释义
73	体温	tǐwēn	身体 温度	(body) temperature
74	听众	tīngzhòng	听 观众	listener; audience
75	停车	tíngchē	停 出租车	park (a car)
76	停止	tíngzhǐ	停 禁止	stop; cease; halt; end; suspend
77	网页	wǎngyè	网站 页	webpage
78	网址	wǎngzhǐ	网站 地址	web address; website
79	午餐	wǔcān	中午 餐厅	midday meal; lunch
80	细心	xìxīn	仔细 小心	careful; attentive; meticulous
81	下降	xiàjiàng	下 降落	descend; go/come down; drop; fall; decline
82	香味	xiāngwèi	香 味道	(fragrant) aroma; fragrance; scent
83	信箱	xìnxiāng	信封 行李箱	postbox; mailbox
84	选购	xuǎngòu	选择 购物	choose and buy
85	选取	xuǎnqǔ	选择 取	select
86	研究生	yánjiūshēng	研究 学生	postgraduate; graduate
87	用处	yòngchù	用 好处	use; good
88	友情	yǒuqíng	友谊 爱情	friendship; friendly sentiments
89	原价	yuánjià	原来 价格	original price/cost
90	暂停	zàntíng	暂时 停	pause; stop temporarily
91	增多	zēngduō	增加 多	grow in number/quantity; increase
92	增进	zēngjìn	增加 进	enhance; promote; improve
93	增长	zēngzhǎng	增加 长	increase; enhance; rise; grow
94	之后	zhīhòu	之 后来	later; after; afterwards; thereafter
95	之间	zhījiān	之 中间	between; among
96	之前	zhīqián	之 以前	before; prior to; ago
97	之所以	zhīsuǒyǐ	之 因为……所以……	the reason why... ; the reason that...
98	指出	zhǐchū	指 出	point out; indicate
99	住址	zhùzhǐ	住 地址	address
100	租金	zūjīn	租 现金	rent; rental
101	做梦	zuòmèng	做 梦	have a dream; dream

附表 2：减字默认词

序号	减字默认词	拼音	大纲字
1	按	àn	按照
2	报	bào	报名
3	表	biǎo	表格
4	并	bìng	并且
5	超	chāo	超过
6	成	chéng	成为
7	乘	chéng	乘坐
8	此	cǐ	因此
9	粗	cū	粗心
10	袋	dài	塑料袋
11	得	dé	获得
12	登机	dēngjī	登机牌
13	堵	dǔ	堵车
14	队	duì	排队
15	反	fǎn	相反
16	放假	fàngjià	放暑假
17	费	fèi	免费
18	封	fēng	信封
19	负	fù	负责
20	付	fù	付款
21	改	gǎi	改变
22	钢琴	gāngqín	弹钢琴
23	公路	gōnglù	高速公路
24	购	gòu	购物
25	盒	hé	盒子
26	活	huó	生活
27	货	huò	售货员
28	获	huò	获得
29	既	jì	既然
30	加	jiā	增加
31	加油	jiāyóu	加油站
32	减	jiǎn	减少

序号	减字默认词	拼音	大纲字
33	江	jiāng	长江
34	将	jiāng	将来
35	奖	jiǎng	奖金
36	降	jiàng	降低
37	仅	jǐn	不仅
38	竟	jìng	竟然
39	距	jù	距离
40	可	kě	可是
41	拒	jù	拒绝
42	聚	jù	聚会
43	烤	kǎo	烤鸭
44	垃圾	lājī	垃圾桶
45	凉	liáng	凉快
46	量	liàng	数量
47	列	liè	排列
48	另	lìng	另外
49	落	luò	降落
50	美	měi	美丽
51	免	miǎn	免费
52	暖	nuǎn	暖和
53	排	pái	排队
54	普通	pǔtōng	普通话
55	其	qí	其中
56	弃	qì	放弃
57	全	quán	全部
58	缺	quē	缺少
59	仍	réng	仍然
60	入	rù	入口
61	稍	shāo	稍微
62	生	shēng	出生
63	受	shòu	受到
64	售	shòu	售货员
65	熟	shú	熟悉

序号	减字默认词	拼音	大纲字
66	暑假	shǔjià	放暑假
67	塑料	sùliào	塑料袋
68	填	tián	填空
69	弹	tán	弹钢琴
70	通	tōng	通过
71	同	tóng	相同
72	桶	tǒng	垃圾桶
73	卫生	wèishēng	卫生间
74	味	wèi	味道
75	信	xìn	信封
76	修	xiū	修理
77	鸭	yā	烤鸭
78	演	yǎn	表演
79	引	yǐn	引起
80	羽毛	yǔmáo	羽毛球
81	优	yōu	优点
82	原	yuán	原来
83	约	yuē	大约 约会
84	增	zēng	增加
85	招	zhāo	招聘
86	招呼	zhāohu	打招呼
87	折	zhé	打折
88	针	zhēn	打针
89	值	zhí	值得
90	祝	zhù	祝贺

附表 3：特例词

序号	特例词	拼音	说明
1	《北京爱情故事》	《Běijīng Àiqíng Gùshi》	电影名
2	《海洋馆的约会》	《Hǎiyángguǎn de Yuēhuì》	电影名
3	《红楼梦》	《Hónglóu Mèng》	书名
4	《寄小读者》	《Jì Xiǎo Dúzhě》	书名
5	《人与自然》	《Rén yǔ Zìrán》	节目名

序号	特例词	拼音	说明
6	《十万个为什么》	《Shíwàn Gè Wèishénme》	书名
7	《现代汉语词典》	《Xiàndài Hànyǔ Cídiǎn》	书名
8	《勇敢的心》	《Yǒnggǎn de Xīn》	电影名
9	《长江之歌》	《Cháng Jiāng zhī Gē》	歌名
10	《周公解梦》	《Zhōugōng Jiě Mèng》	书名
11	《走四方》	《Zǒu Sìfāng》	歌名
12	冰心	Bīngxīn	名字
13	长白山	Chángbái Shān	山名
14	长江大桥	Cháng Jiāng Dà Qiáo	建筑名
15	电影艺术节	diànyǐng yìshùjié	节名
16	广东	Guǎngdōng	地名
17	国家大剧院	Guójiā Dà Jùyuàn	单位组织名
18	海南	Hǎinán	地名
19	红叶节	Hóngyè jié	节名
20	黄奶奶	Huáng nǎinai	称呼
21	江西省	Jiāngxī Shěng	地名
22	九江市	Jiǔjiāng Shì	地名
23	李博士	Lǐ bóshì	称呼
24	李洋	Lǐ Yáng	名字
25	丽江	Lìjiāng	地名
26	丽丽	Lìlì	名字
27	"六一"儿童节	"Liù-Yī" Értóngjié	节日名
28	马记者	Mǎ jìzhě	称呼
29	民族大学	Mínzú Dàxué	单位组织名
30	南京路106号	Nánjīng Lù 106 hào	街道名
31	南京市	Nánjīng Shì	地名
32	爬山虎	páshānhǔ	植物名
33	三亚	Sānyà	地名
34	山西	Shānxī	地名
35	上海	Shànghǎi	地名
36	世纪宾馆	Shìjì Bīnguǎn	单位组织名
37	首都机场	Shǒudū Jīchǎng	单位组织名
38	首都体育馆	Shǒudū Tǐyùguǎn	单位组织名

序号	特例词	拼音	说明
39	孙师傅	Sūn shīfu	称呼
40	汤教授	Tāng jiàoshòu	称呼
41	王护士	Wáng hùshi	称呼
42	王小帅	Wáng Xiǎoshuài	名字
43	西安	Xī'ān	地名
44	西山森林公园	Xīshān Sēnlín Gōngyuán	地名
45	西直门	Xīzhí Mén	地名
46	香山	Xiāng Shān	山名
47	小林	Xiǎo Lín	称呼
48	小云	Xiǎo Yún	名字
49	亚洲艺术节	Yàzhōu Yìshùjié	节名
50	幽默大师	yōumò dàshī	称呼
51	云南	Yúnnán	地名
52	张大夫	Zhāng dàifu	称呼